校企合作财经商贸专业系列丛书
互联网+创新型“十四五”精品教材

跨境电子商务视觉设计

（微课版）

主　编◎孔庆民　黄　玮　杜春雷
副主编◎丁梦寒　曾　琦　杨　磊
何涵聃　刘迎春　刘君茹

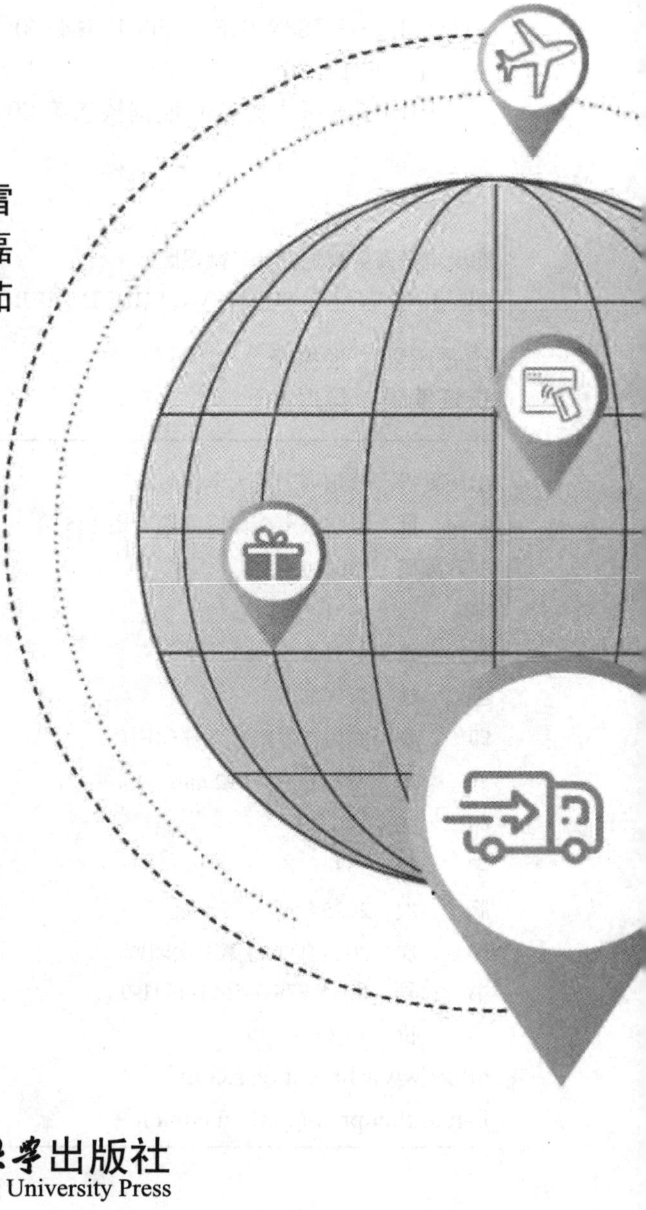

哈尔滨工程大学出版社
Harbin Engineering University Press

内 容 简 介

本书以“项目 + 任务”的形式，从视觉设计的角度来探讨跨境电子商务的营销策略。本书共九个项目，主要包括跨境电子商务视觉设计概述、色彩设计、图片拍摄、图片处理、短视频的拍摄与编辑、跨境电子商务店铺详情页视觉设计、跨境电子商务文案视觉设计、视觉营销与无线端的关系、店铺视觉诊断与优化。

本书可作为职业院校电子商务相关专业的教材，也可供相关从业人员参考。

图书在版编目（CIP）数据

跨境电子商务视觉设计 ： 微课版 / 孔庆民，黄玮，杜春雷主编. -- 哈尔滨 ： 哈尔滨工程大学出版社，2025. 1. -- ISBN 978-7-5661-4641-0

Ⅰ. F713.36

中国国家版本馆 CIP 数据核字第 20250YV601 号

跨境电子商务视觉设计（微课版）

KUAJING DIANZI SHANGWU SHIJUE SHEJI（WEIKE BAN）

选题策划 张林峰
责任编辑 吴振雷

出版发行 哈尔滨工程大学出版社
社　　址 哈尔滨市南岗区南通大街 145 号
邮政编码 150001
电　　话 0451-82519328
传　　真 0451-82519699
经　　销 新华书店
印　　刷 廊坊市广阳区九洲印刷厂
开　　本 787 mm×1 092 mm　1/16
印　　张 14
字　　数 358 千字
版　　次 2025 年 1 月第 1 版
印　　次 2025 年 1 月第 1 次印刷
书　　号 ISBN 978-7-5661-4641-0
定　　价 49.80 元

http://www.hrbeupress.com
E-mail:heupress@hrbeu.edu.cn

前　言

党的二十大报告指出，“坚持尊重劳动、尊重知识、尊重人才、尊重创造，实施更加积极、更加开放、更加有效的人才政策”“着力形成人才国际竞争的比较优势，加快建设国家战略人才力量”“深化人才发展体制机制改革……把各方面优秀人才集聚到党和人民事业中来”。

跨境电子商务的迅猛增长使得用户的个性化需求日益凸显，电子商务平台前端页面的视觉设计与用户体验成为决定网络消费者决策的关键因素。视觉营销在争夺稀缺流量、增强产品吸引力、激发用户购买欲望以及塑造品牌识别力方面发挥着无可替代的作用。

视觉设计是一项系统工程，涵盖了用户、产品、活动等多元主体。通过科学的信息架构设计，能够有序地分类和分层信息，确保信息逻辑清晰，从而有效地传递给客户。同时，借助视觉传达设计，能够精准地传达企业的营销意图。而精心的交互体验设计则能够为用户提供便捷、舒适的购物体验，进而提升复购率。

本书特色如下。

（1）结构新颖、模块丰富。本书在每个项目中安排了学习目标、思政目标、知识链接、实训分析等模块，不仅可以增强学生的学习动力，还能激发学生的创造性思维，从而提升课堂参与度和思维活跃度，体现了以学生为主体的指导思想。

（2）理论与实践相结合。本书注重理论、案例与实践相结合。在各项目末都设有思考练习模块，以增强学生的实践操作能力。体现了理论系统性和结构严谨性，突出学科的应用性和创新性。

（3）教学与学习辅助。本书提供的微课、PPT 课件、教案等教学资源与纸质教材无缝对接，便于学生理解，掌握各知识点的深度和广度。

本书由孔庆民（广西大学工商管理学院）、黄玮（苏州高等职业技术学院）、杜春雷（山东商务职业学院）担任主编；由丁梦寒（河南机电职业学院中原美术学院），曾琦（广州松田职业学院），杨磊（湖南科技职业学院），何涵聃（重庆理工职业学院），刘迎春、刘君茹（成都光华技工学校）担任副主编。本书的相关资料和售后服务可扫描封底微信二维码或登录 www.bjzzwh.com 下载获得。

编者在编写本书的过程中参考了大量资料，在此向相关人员表示感谢。由于编者水平有限，书中难免存在不足之处，恳请广大读者批评指正并提出宝贵意见。

编　者

目　录 CONTENTS

项目一

跨境电子商务视觉设计概述

项目导读

跨境电子商务视觉设计不仅是一门艺术，更是一门科学。通过精心设计的视觉元素，可以有效提升品牌识别度，增强用户信任感，从而在激烈的全球市场竞争中脱颖而出。本项目旨在探讨跨境电子商务视觉设计，以提升用户体验和增强在线零售业务竞争力。通过四个任务，涵盖视觉设计概述、重要因素、工作内容和影响因素，全面了解跨境电子商务视觉设计的重要性和实际操作，为优化用户体验和促进销售增长提供指导。

学习目标

☆知识目标

1. 理解跨境电子商务视觉设计的概念及重要性。
2. 掌握跨境电子商务视觉设计的主要因素，如色彩搭配、字体选择。
3. 了解跨境电子商务视觉设计的工作内容，如网店设计策划、页面元素布局。
4. 了解影响跨境电子商务视觉与体验的因素。

☆能力目标

1. 能够进行跨境电子商务视觉设计的规划和实现。
2. 能够根据商品特点和目标用户需求，合理选择色彩、字体、版面布局等元素。
3. 具备网店设计的策划、调研、分析和设计能力。
4. 能够运用创意思维和良好的审美观念，进行跨境电子商务视觉设计。

☆素质目标

1. 具备较好的团队协作能力，能够与同学和客户进行有效沟通。
2. 具备较强的学习和自我提升意识，能够及时关注行业动态和设计趋势，不断提高自身设计能力。

3. 具备较强的创意思维和创新精神，能够不断探索新的设计方法和风格。

4. 具备一定的跨文化交际能力和社交能力，能够适应不同用户文化背景的需求。

思政目标

通过融入影响跨境电子商务的新兴技术，如大数据、区块链、人工智能等及相关工具引导学生使用一些计算机的工具，来解决跨境电子商务的问题，并进一步培养学生的独立思考和科研的能力。最终培养出具有深厚文化修养、扎实的理论基础、科学的思维方法、较强动手能力的跨境电子商务创新型创业人才。本课程将价值塑造、知识传授和能力培养三者融为一体。让价值引导的成分在课程设计和课堂教学中有效融合，达到春风化雨、润物无声的育人效果。

任务一　视觉设计概述

任务描述

通过本任务帮助学生建立对视觉设计的基本认知和了解。

任务分析

学生在学习本任务时，可能难以准确理解视觉设计的定义和它在跨境电子商务中的作用，特别是如何将设计与商业目标相结合。

知识积累

视觉设计是针对眼睛功能的主观形式的表现手段和结果，又称视觉传达设计，既传达给视觉观众，又传达给设计者本人。深入的视觉传达研究已经关注到视觉方方面面的感受，因此称其为视觉设计更加贴切。

就目前的设计状况分析，视觉传达设计的主要内容依然是平面设计。“视觉传达设计”和“平面设计”所包含的设计范畴在现阶段并无大的差异，并且两者在概念范畴上的区分与统一并不存在矛盾与对立。

视觉设计的分类如下。

1. 标志设计

标志设计分为政治性、公益性、文化性、商业性设计。标志设计如图 1-1 所示。

2. 包装设计

包装设计是指选用合适的包装材料，运用巧妙的工艺手段，为包装商品进行的容器结构造型和包装的美化装饰设计如图 1–2 所示。

图 1-1 标志设计

图 1-2 包装设计

3. 字体设计

字体设计是针对不同的字体来进行设计，字体设计具有简明、直观、易识别的特点，如图 1–3 所示。

4. 图像设计

图像设计是指运用视觉设计手段，通过标志的造型和特定的色彩等表现手法，使企业的经营理念、行为观念、管理特色、产品包装风格、营销准则与策略等形成一种整体形象。图像设计如图 1–4 所示。

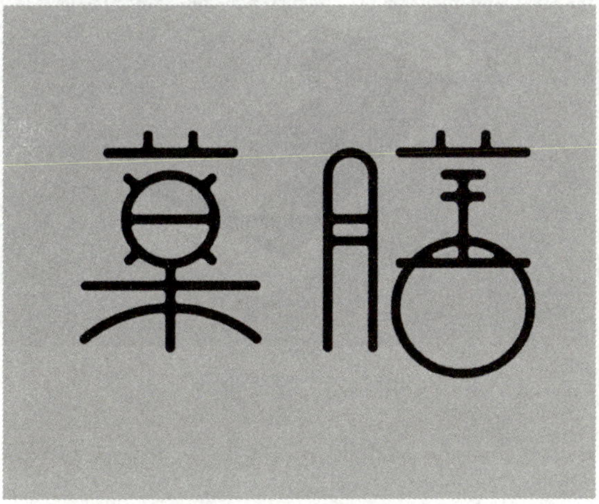

图 1-3 字体设计

图 1-4 图像设计

5. 书籍设计

书籍设计是指为达到有效传达企业特定信息和提高读者阅读兴趣的目的，对文字的笔画、结构、造型、色彩以及封面和编排等方面进行一定的艺术处理，使其具有鲜明的个性，达到易认易记的目的。书籍设计如图 1–5 所示。

6. 广告设计

广告设计是指利用各种手工或计算机的绘画手段或影像技术以及复合方式进行创造性的图像设计，达到构思巧妙、表现独特的效果。广告设计如图 1–6 所示。

图 1-5　书籍设计

图 1-6　广告设计

7. 装潢设计

装潢设计是商品与消费者的媒介，它起着保护商品、介绍商品、美化商品、指导消费，以及便于储运、销售、计量等方面的作用。装潢设计如图 1–7 所示。

8. 界面设计

界面设计又称 GUI 设计，包括网页视觉设计和各类手执设备（手机、iPad 等）系统的界面视觉设计（不含交互体验），是近些年兴起的新兴设计学科。界面设计如图 1–8 所示。

图 1-7　装潢设计

图 1-8　界面设计

知识链接

视觉设计案例欣赏

1. Coco 奶茶

Coco 奶茶的 Logo 设计理念是时尚与传统的完美结合。通过简洁、时尚的线条和形状，Logo 传达出了品牌的年轻、活力；而通过融入传统元素，Logo 又展现了品牌对品质和传统的尊重。这种独特的设计理念使得 Coco 奶茶在竞争激烈的市场中独树一帜，赢得了广大消费者的喜爱和追捧。Coco 奶茶标志设计如图 1-9 所示。

2. 百瑞悦享

百瑞悦享是一家主要经营瑞士商品的跨境电子商务平台，其标志以具有代表性的瑞士吉祥物奶牛为基本造型进行演变设计。百瑞悦享标志设计如图 1-10 所示。

图 1-9 CoCo 奶茶标志设计

图 1-10 百瑞悦享标志设计

3. 澳团妈咪

澳团妈咪是一家跨境电子商务平台，主要经营来自澳大利亚、新西兰的母婴类产品。其标志以澳大利亚代表性动物袋鼠为基础进行设计，颜色采用黄色，象征着健康与温暖，如图 1-11 所示。

4. 你也来

你也来是一家新兴的互联网电子商务平台，其标志图形紧扣品牌名称，手部造型灵感来自迪士尼卡通造型，避免了写实带来的呆板与烦琐，整体丰满有趣。你也来标志设计如图 1-12 所示。

图 1-11 澳团妈咪标志设计

图 1-12 你也来标志设计

资料来源：http：//www. logosj. com/article/18158. html，有改动。

实训分析

设计辣子鸡 Logo

【实训目的】

（1）学会根据不同文化和用户需求进行视觉设计策略的制定和实施。

（2）掌握跨境电子商务领域的视觉设计原理和实践。

（3）探究和实践跨境电子商务视觉设计案例。

【实训描述】

学生将参与辣子鸡 Logo 设计实训，通过实际操作学习 Logo 设计的基本原则和技巧，以及如何通过图形元素传达品牌特点来吸引目标受众。

【实训步骤】

（1）品牌理解：学生研究辣子鸡品牌的特点、目标受众和定位，了解其文化内涵和市场竞争环境。

（2）标识元素设计：学生利用形状、颜色、字体等设计元素，创造性地表达辣子鸡品牌的特点和形象，注重与目标受众的共鸣。

（3）创意表达：学生发挥创意，设计各种可能的辣子鸡 Logo 图形，通过多次实践和修改，找到最具代表性和吸引力的设计方案。

（4）技术操作：学生运用设计工具（如 Illustrator、CorelDRAW 等），将设计理念转化为具体的 Logo 设计，注重图形处理和视觉效果的呈现。

（5）成果提交：学生将提交设计稿和设计思路说明，通过小组评审和老师点评，评选出最佳辣子鸡 Logo 设计作品。

【实训反思】

此实训将为学生提供一个具体的设计任务，并结合品牌特点和市场竞争环境，帮助他们锻炼设计能力和创意思维。在实践中，学生将学会与他人合作、接受反馈和优化设计。

任务二　跨境电子商务视觉设计

任务描述

本任务旨在深入探讨跨境电子商务领域的视觉设计原理和实践，提升品牌在跨境电子商务平台上的竞争力和用户体验。通过学习跨境电子商务视觉设计认知和主要因素，学生将掌握制定和实施适应不同文化和用户需求的视觉设计策略。通过完成任务，学生能够提供吸引人和具有影响力的视觉设计方案，提升品牌的竞争力和用户体验。

任务分析

跨境电子商务的核心在于跨越国界，与全球消费者建立联系。因此，设计师需具备敏锐的文化敏感度，深刻理解不同国家和地区在视觉审美、色彩偏好、符号意义等方面的差异，以避免因文化误解而导致的设计失误。

知识积累

一、跨境电子商务视觉与体验设计

跨境电子商务视觉设计

（一）视觉效果

了解什么是视觉营销，发现视觉营销中图片、短视频等对购物的拉动作用，是做好用户视觉营销体验的第一步。

1. 视觉营销的作用与意义

视觉营销以商品计划（营销策略）为核心，以消费者为目标群体，以商品为主，综合所有视觉要素并作为营销信息传达与展现的载体，表现品牌、商品或服务的特性及差异化。

视觉营销承载了卖家的营销策略，体现了卖家的产品营销技术与方法，同时通过买家的可视化体验，提高对产品或品牌的忠诚度与黏性，卖家以强烈的视觉冲击和审美视觉感观提高顾客的兴趣，最终达到推广产品或品牌的目的。

2. 视觉营销的目的

视觉营销涉及多个用户维度，不同维度的用户有不同的目标诉求，根据不同的目标诉求，视觉营销会有不同的营销重点。不同维度用户的视觉营销诉求如表 1-1 所示。

表 1-1　不同维度用户的视觉营销诉求

用户角色	目标诉求	营销重点
商家	把商品的价值和效果最大化，并且通过凸显品牌之间的差异来提升销售利润	产品卖点
设计者	打造一个让目标顾客容易看、容易选、容易买的卖场时空，让商品与销售额产生直接联动，达到顾客与导购员双方在买与卖之间均可获得方便的效果	竞争力
顾客	容易看到、看懂、选择与顾客购买有直接的联系，有一种身临其境的氛围与人物设定感	代入感
导购	商品容易看、容易体验等，有一种娓娓道来、引人入胜的意境，用户体验直接与销售相联系	体验感
品牌	容易形成品牌意识、品牌归属与信任，容易在终端产生销售	品牌感

3. 视觉营销的表现形式及内容

图片海报、短视频、HTML5，还有眼下非常火热的 cinemagraph 静态照片中神奇的细微运动技术和表情符号，都可看成视觉营销的形式。在阿里巴巴国际站的网店运营中，视觉营销表现在产品主图、产品详情页、海报、旺铺首页等方面。

视觉营销常见的表现内容有主题风格、模特、字体、色彩、构图等，这些都是需要被发现并重点进行观察分析的核心内容。

（二）感知体验设计

视觉由视觉符号、色彩、光感、场景等视觉要素构成，触动客户视觉，引发情感、意识等心理而产生的信息流即是视觉体验。而蕴含在这股信息流中的产品、品牌、服务等通过店铺布局、导购、交互设计等方式便组成了客户感应到的营销信息流。不同的客户主体会触发不同的视觉流，形成差异化的营销信息流。所有可以触动视觉产生视觉流的视觉要素，都是传递营销信息流的载体与通道。因此，客户体验设计是卖家引导客户达成转化的重要因素。

1. 交互设计体验的定义

交互设计是定义、设计人造系统的行为的设计领域，它定义了两个或多个互动的个体之间交流的内容和结构，使之互相配合，共同达成某种目的。

交互设计起源于网站设计和图形设计，但现在已经成长为一个独立的领域。现在的交互设计师不仅仅负责文字和图片，而是负责创建在屏幕上的所有元素，即所有用户可能会触摸、点按或者输入的东西，简而言之，就是产品体验中的所有交互。

2. 交互设计体验的准则

（1）伦理的：（能体谅人，有帮助）不伤害、能改善人的状况。

（2）有意图的：能帮助用户实现他们的目标。

（3）注重实效：能帮助委托的组织实现他们的目标。

（4）优雅的：采用最简单的、完整的方案，拥有内部的一致性、合适的容纳量和情感。

3. 国内外交互体验设计差异

与国内用户相比，国外用户的搜索及浏览习惯不一样，对应的设计风格等也有一定差异。国外客户交互体验比较注重简洁和功能精练，软件体验也相对没有那么复杂。国内大公司对交互设计师的需求量较大，分工也比较细，视觉设计师、交互设计师、用户调研员、产品经理都有专门的分工，很多交互设计师都要涉猎视觉、用户调研等内容。在跨境电子商务网店运营中，交互设计要以围绕国外用户的体验设计为主。

二、跨境电子商务视觉设计的主要因素

（一）文案内容

文案创作是一门很细腻的学问，就像说话的艺术，对于同一个道理，人们的表达方式有多种，可以娓娓道来，可以直截了当，也可以天花乱坠，关键在于如何根据不同的场合和目的选择合适的表达方式。在商业图片中所用的文案类型如下。

（1）互动性文案。文案的互动性越强，就越能引起客户的关注。

（2）情感性文案（图 1–13）。当活动没有明确的卖点，如折扣或者全球首发之类的卖点时，可以使用一些情感性文案、能够互动的文案来打动客户。

（3）品牌有效性文案。有知名度的品牌有效性明显，但是如果商品 Logo 已经够清楚了，就没有必要在内容里反复强调了。对于知名度低的商品，强调品牌不如强调其他参数和利益点有效果。

（4）易读性文案。描述简洁、字号较大、宽度适宜、阅读区域集中的文案更容易阅读。

（二）图片内容

1. 场景与纯色

即使文案相同，图片不同也会造成转化率不同。

2. 模特与产品

对于客户熟悉的产品，大图效果更好；而对于客户不熟悉的产品，若能适当使用模特图，则能更好地让客户了解产品。

3. 单品类与多品类

单品类的图片，图片本身的吸引力更强，数量的影响并不那么重要；多品类的图片，图片本身的吸引力不如单品类，图片的数量至关重要。

图 1-13　情感性文案

（三）注意事项

好的海报有一些共性，如图文匹配、产品清晰等。图文匹配能够让客户有更好的购物体验，增强愉悦感。此外，颜色轻快、整体对比度高更容易受客户欢迎。

在设计时要尽量避免产生以下问题，以减少不必要的损失。

（1）图文不符。

（2）图文关系不清楚。

（3）图文的节奏感和空间感不强。

（4）折扣与价格不明确。

实训分析

发现视觉效果

【实训目的】

（1）了解跨境电子商务中的视觉营销原理和实践。

（2）掌握寻找视觉营销机会以提高店铺销售业绩的技能。

（3）具备实战视觉营销能力和经验积累，提高跨境电子商务店铺的视觉营销效果。

【实训描述】

在本次实训中，学生将扮演一名跨境电子商务店铺的视觉营销专员，负责为店铺设计出一套具有吸引力的视觉营销方案。

【实训步骤】

（1）教师通过PPT和案例分析的方式进行理论讲解，包括跨境电子商务视觉设计的概念、分类，以及举例说明其在实际中的应用。

（2）将学生分为若干组，每组选择一个跨境电子商务项目，探讨其中的视觉设计因素以及其在吸引客户上的应用。组内讨论结束后，每个组派一名代表进行汇报分享。

（3）将学生分成若干个团队，每个团队根据一个指定的主题，利用设计软件进行网店页面功能元素的布局设计。邀请专业的设计师现场提供技巧的建议和指导。

（4）评委进行评分及点评，评委将对每个团队进行打分，并在评分结束后进行点评和建议。

【实训反思】

通过本次实训活动，使学生对跨境电子商务视觉设计的重要性和实际应用有了更为深刻地认识。通过团队协作和实际操作，学生不仅提升了自己的设计能力，还优化了思维方式，为未来的学习和工作奠定了坚实基础。

任务三　跨境电子商务视觉设计的工作内容

任务描述

在跨境电子商务的视觉设计中，版面布局设计是不可或缺的一环。本任务要求设计团队根据网店的需求，负责各个页面的版面布局设计，以达到优化用户体验、提升视觉吸引力和信息传达的效果。

任务分析

色彩、字体、图片等元素的运用需要考虑国际化因素，如何在保持品牌一致性的同时，使设计内容更具国际吸引力，是一个重要课题。

知识积累

一、网店设计策划

网店设计是为了提升销量而不是为了满足店主的审美要求，不是店主想怎样设计就怎样设计的。一个网店设计得再漂亮、功能再健全，如果不能满足客户的需求，那么这个网店的设计就是失败的。店铺装修首先要满足客户也就是买家的需求，让买家以自己习惯的方式在店铺中畅快地选购，更有可能促成最后的购买，并将买家变为自己店铺的常客，买家还可能会成为店铺的忠实宣传者。

（一）网店设计策划的作用

网店设计如果没有一个全局策划，那么操作起来就会很盲目，不知该从哪里下手，最后也不会得到理想的结果。网店的设计要符合市场需求，页面符合买家使用习惯，整体符合运营规范。

对网店设计进行专业的详细策划，可以为店主带来以下几点好处。

1. 提高运营效率

很多网店店主并非网页制作方面的专业人士，他们总是在不断地修改网店页面。因此，为了避免以后不停地修改网店页面，事先对本店的各个环节的设计进行细致的策划是非常有必要的。

2. 节约运营成本

网店整体设计完成，上线运营一段时间后为何没有很多买家？有时进行了大范围推广，收效仍然甚微，这时就应该反思店铺各个环节设计的问题，尤其是用户习惯环节的问题。反思网店自身的定位，做好网店设计的策划，能节省运营成本。

3. 提高成功率

在开店之前应该做好关于本店的详细策划，如市场考察、买家群体的定位、盈利模式的研究，只有这样，才可以使自己的投资有所回报。

（二）网店栏目设计策划

相对于网店页面及功能规划，网店栏目规划的重要性更容易被忽略。网店栏目规划与网店的成败有着直接的关系，网店栏目应兼具以下两个功能，即提纲挈领，点题明义；指引迷途，清晰导航。

1. 提纲挈领，点题明义

现如今，网速越来越快，网络上的信息越来越丰富，浏览者越来越缺乏浏览耐心。浏览者如果在 10 s 内找不到自己所需的信息，就会毫不客气地关掉网页。要想让浏览者停下匆忙的脚步，就要给他们网店内容的“提纲”，也就是网店的栏目。

网店栏目的规划其实也是对网店内容的高度提炼。文字再优美的图书，如果缺乏清晰的纲要和结构，恐怕也会被淹没在书籍的海洋中。网店也是如此，不管网店的内容有多精彩，如果缺乏准确的栏目提炼，也难以引起浏览者的关注。因此，网店的栏目规划首先要做到提纲挈领，点题明义，用最简练的语言提炼出网店中每一个栏目的内容，清晰地告诉买家网店在卖什么，有哪些信息和功能。

2. 指引迷途，清晰导航

网店的商品越多，买家就越容易迷失。除了“提纲”的作用之外，网店栏目还应该为买家提供清晰直观的导航指引，帮助买家方便地找到网店所有商品的页面。网店栏目的导航作用通常包括以下几种情况。

（1）店铺招牌上的固定分类导航。店铺招牌上的固定分类导航可以帮助买家快速找到所需的栏目。通常此类导航都是与店铺招牌捆绑在一起的，位置也会固定在网店的顶部，目的是让买家以最快的方式找到自己想要的商品。店铺招牌上的固定分类导航如图 1–14 所示。

图 1-14　店铺招牌上的固定分类导航

（2）商品栏目导航。商品栏目导航也就是所谓的宝贝分类，分类越详细，越能让买家快速找到想要的商品。商品栏目导航如图 1–15 所示。

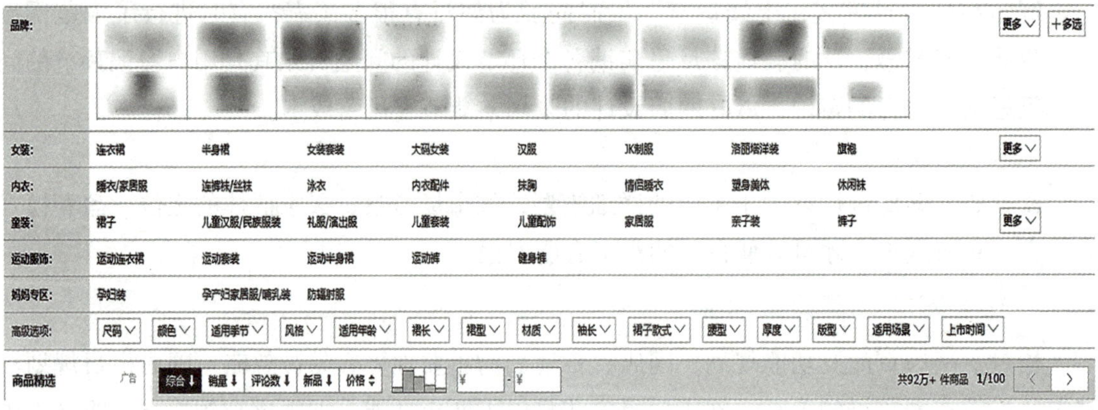

图 1-15　商品栏目导航

（3）搜索类导航。对于店铺的老顾客而言，店铺招牌上的固定分类导航与商品栏目导航已经没有太大意义，老顾客进入店铺的目的就是以最直接的方式快速找到他们想要的商品，此时就可以通过店铺中“搜索店内宝贝”进行快速搜索，目的是节省时间，提升浏览效率。搜索类导航如图 1–16 所示。

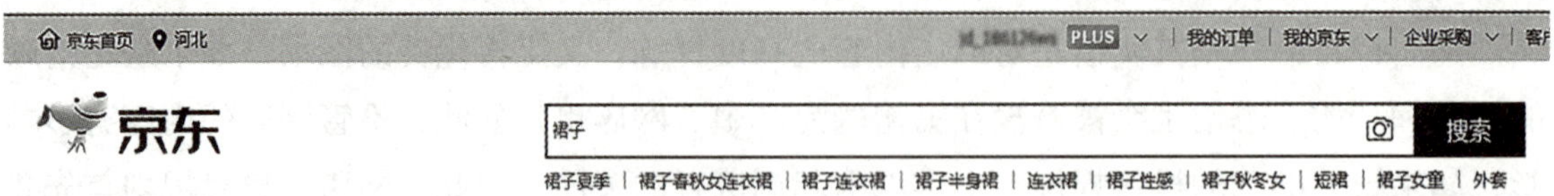

图 1-16　搜索类导航

（三）网店页面设计策划

网店页面是网店销售商品的最终表现层，也是买家访问网店的直接接触层。对网店页面设计的评估，最有发言权的当然是网店的买家，然而买家却无法明确地告诉店主他们想要的是什么样的网店页面，继续浏览或者马上离开网店是他们表达意见的最直接方法。优秀的网店策划者不仅要听取团队中各个角色的意见，还要善于从买家的购买行为中捕捉买家的意见。

除此之外，网店策划者在做网页设计时需遵循以下原则。

1. 符合买家的心理特点

让买家在打开网店的一瞬间能直观地感受到网店所要传递的理念及特征，可以通过页面色彩、图片、布局等来表现。例如，与生日有关的网店页面设计如图 1–17 所示。

2. 符合买家的浏览习惯

根据重要性对网店内容进行排序，让买家用最少的视线移动和鼠标移动找到所需信息，如图 1–18 所示。

图 1-17　与生日有关的网店页面设计

图 1-18　符合买家的浏览习惯的网页设计

3. 符合买家的使用习惯

根据网店买家的使用习惯，将买家最常使用的功能放在醒目的位置，以便于买家快速查找及使用，如图 1–19 所示。

4. 图文搭配、重点突出

买家对图片的认知程度往往高于对文字的认知程度，适当地使用图片可以提高买家的关注度。此外，确定页面的视觉焦点也很重要，过多的干扰元素会让买家不知所措。图文搭配、重点突出的网页设计如图 1–20 所示。

图 1-19　符合买家的使用习惯的网页设计

图 1-20　图文搭配、重点突出的网页设计

5. 利于搜索引擎优化

多用文字及描述，以便于搜索引擎收录网店，让买家更容易找到自己所需内容。利于搜索引擎优化的网页设计如图 1–21 所示。

图 1-21　利于搜索引擎优化的网页设计

二、网店页面功能元素布局设计

一个完整的网店页面是由各个功能元素组成的，每个元素都具有独特的功能。网店页面的主要功能元素有店铺招牌、促销广告、宝贝分类、联系方式、店铺收藏、店铺公告、宝贝展示、宝贝排行和宝贝描述等。

（一）店铺招牌

店铺招牌是网店的灵魂，必须放在网店页面的顶部，用来说明经营项目，招揽买家，如图 1-22 所示。

图 1-22　店铺招牌

对于实体店来说，店铺招牌就是店铺的招牌，从品牌推广的角度来看，一个好的店铺招牌不仅是店铺坐落地的标志，更能起到户外广告的作用。

网店不需要实体门面，店铺招牌就相当于网店的门面。店铺招牌都有统一的大小，一般为 950 像素 ×150 像素，单独店铺招牌高度为 120 像素，加上默认导航的 30 像素，整个店铺招牌的高度为 150 像素。店铺招牌图片的格式一般为 JPG、GIF。网店的门面当然是越吸引人越好，所以网店美工的工作也就应运而生了。一个好的店铺招牌完全可以体现出本店和所售商品的特点，在让买家牢记后，自然会增加商品的销量。

（二）促销广告

在网店页面上把商品直观地展现给浏览者，并留出展示相应广告的区域，应该是最受买家关注的区域之一。促销广告如图 1-23 所示。

（三）宝贝分类

如果网店中上传的商品过多，查看起来就会非常麻烦，此时如果将相同类型的商品进行归类，再进行查找就会变得十分轻松。网店中的宝贝分类就是为了让买家以最便捷的方式找到自己想买的宝贝，如图 1-24 所示。

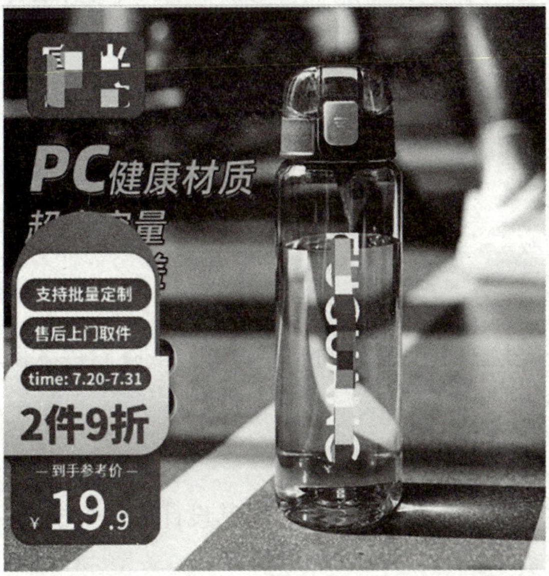

图 1-23　促销广告

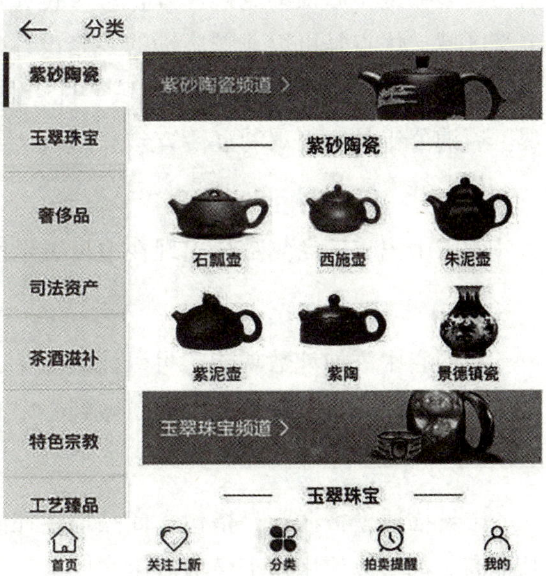

图 1-24　宝贝分类

（四）联系方式

在店铺中添加联系方式可以让买家对浏览的店铺更加信任。联系方式可以按照店铺的设计类型放在合适的位置，可以是单独的标准通栏，也可以随左侧或右侧促销广告一同展现。联系方式如图 1–25 所示。

（五）店铺收藏

在店铺中设置收藏按钮的意义在于引起买家的注意，吸引更多的人自愿收藏店铺。在设计与制作网店页面时要求收藏店铺的按钮醒目，如图 1–26 所示。

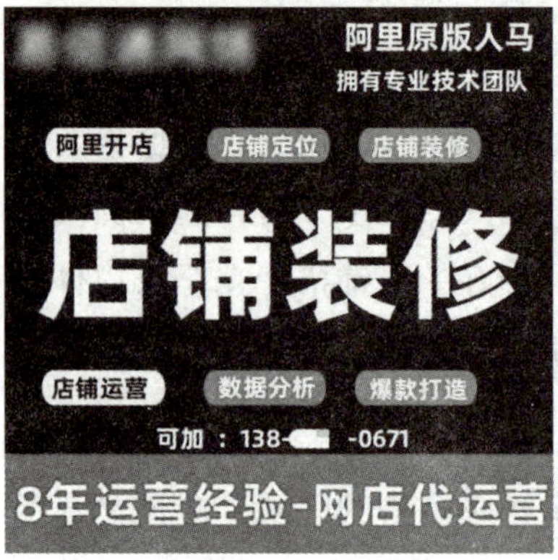

图 1-25　联系方式

图 1-26　店铺收藏

（六）店铺公告

如何才能让买家在浏览网店时知道本店的促销活动呢？最好的方式就是宣传。宣传的方式主要有三种：一是直接在页面右侧自定义区域键入文字，优点是内容醒目、直接，缺点是会影响整个店铺的装修设计；二是将促销文字与图片相结合，以图片的方式出现在自定义区域，优点是可以兼顾店铺的装修设计，缺点是更换图片不是很便利；三是以公告文字的形式动态地展示在自定义区域，优点是直观、醒目、内容替换方便，缺点是不够美观。店铺公告是最直观的宣传方式。

（七）宝贝展示

网店中出售的商品都会出现在宝贝展示区域。

（八）宝贝排行

在网店中添加计数功能，可以让店主十分轻松地了解买家的购买心理，或查看爆款商品的销售行情，以此来管理网店，做到心中有数。

（九）宝贝描述

宝贝描述模板通常是指包含商品描述在内的商品介绍页面。可以将其设计成一个模板，其他商品都可以使用这个模板展示。

在网店中如果每种商品都有自己的一个描述样式，那么整个店铺看起来会非常不统一。为不同的商品制作一个通用的描述模板，就能使整个店铺看起来非常协调，让买家看起来比较舒服。

三、版面布局设计

网店版面布局设计主要在编排和布局上，虽然网店版面布局设计不如网页页面设计灵活，但是它们有许多相近之处，最终的目的都是在视觉上达到一个满意的效果，让买家一进入店铺就能被吸引。

（一）版面布局原则

网店版面布局就像传统的报刊版面布局一样，可以将网店页面看作一张报纸、一本杂志来进行排版布局。它们的基本原理是相通的，人们可以领会要点，举一反三。

版面布局就是以最适合买家浏览的方式将图片和文字摆放在页面的不同位置。网店页面排版布局在设计时可以按照以下几个原则进行。

1. 主次分明，中心突出

在设计网店版面布局时，必须考虑整个页面的视觉中心，大多数网店都会以促销广告作为页面的第一视觉点，通常会将其放在页面的中心或中心偏上位置，在视觉中心以外的区域可以放置稍微次要的内容，这样页面中就会形成主次分明的效果。

2. 图文搭配，相互照应

对于重点推销的商品，一般应制作一张促销广告放在版面的显眼部位。如果只有一张图片，会使广告看起来比较突兀，令买家不知道店主想要表达的内容；如果只用文字进行说明，则会让买家比较迷茫。此时要将图片和文字相结合，让人看得清晰，看得赏心悦目。

3. 控制好背景色彩

考虑到大多数人使用 256 色显示模式，因此一个页面中的色彩最好控制在 3 个色系以内，如果颜色太多，会让页面看起来主次不明。

4. 保持简洁性、一致性

保持简洁性的常用方法是使用醒目的标题，标题常常会采用图形表示，但图形同样要求简洁。此外，保持简洁性的另一种常用方法就是限制字体与颜色的数目。

要保持一致性，可以从页面的版式排列入手，每个区域的文本、图形之间保持相同的间距，主要图形、标题或符号旁边留下相同的空白。

（二）页面内容的排版

网店页面内容的排版除了使用跨境电子商务平台本身提供的布局格式以外，更加细致的内容排版要依靠文字和图片。页面内容的排版如图 1–27 所示。

1. 文字排版的作用

相对于图片，文字同样具有吸引力，在浏览一个网店的时候，能够直接吸引用户目光的有时并不是图片，而是文字。大多数通过偶然点击进入网店的用户是来寻觅相关信息的，因此，保证网店页面设计凸显出最重要的信息版块，是设计的首要原则。

2. 图片排版的作用

买家通过图片可以直接看到商品的效果，因此在排版时应该对图片进行详细的设置，如为缩短浏览者在本网店浏览时的等待时间，一定要对图片的大小进行相应的控制，这样才能让浏览者以最快的速度浏览商品图片。

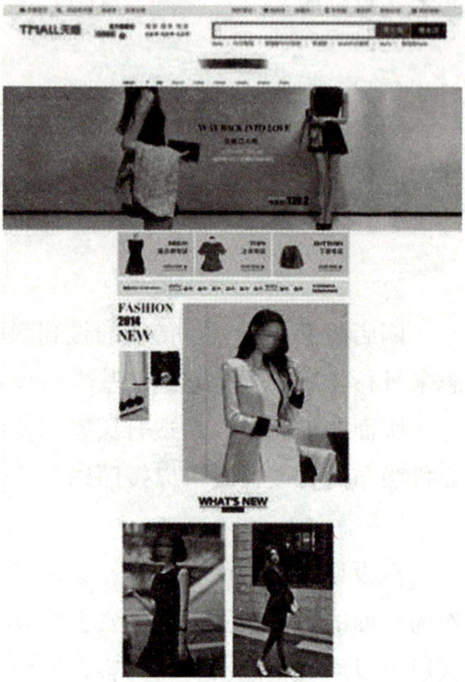

图 1-27　页面内容的排版

（三）设计网店页面布局的注意事项

（1）从上向下，从左向右，按照内容的重要性优先有序地展开。

（2）买家的目光第一时间聚焦于页面的左上角，因此重要的内容放在左上角。

（3）花哨的文字字体和颜色常常会被忽视。

（4）避免长篇大论，简短的段落相对于长段落有更好的表现力。

（5）根据视觉锁定原理，一栏格式比多栏格式拥有更好的表现力。

（6）图片越大越能吸引更多的注意力。

（7）干净、清晰的特写图片能吸引更多的注意力。

四、商品基本构图设计

（一）横式构图

横式构图是商品呈横向放置或横向排列的构图方式。这种构图方式给人的感觉是稳定和可靠，是一种常用的构图方式。

（二）竖式构图

竖式构图是商品呈竖向放置或竖向排列的构图方式。这种构图方式给人的感觉是高挑和秀朗，常用来展示长的或者竖立的商品，也是一种经常使用的构图方式。

（三）斜式构图

斜式构图是商品呈斜向摆放的构图方式。这种构图方式的特点是富有动感、个性突出，对于造型、色彩或者理念等较为突出的商品，斜式构图方式较为常用，使用得当可以得到不错的画面效果。

（四）黄金分割法构图

在摄影构图中一般比较忌讳将拍摄的主体置于画面正中间位置。在黄金分割法构图方式中，画面的长宽比例通常为 1∶0.7，由于按此比例设计的造型十分优美，因此该比例被称为“黄金分割”，在黄金分割的九宫格内相交的四个点处是放置主体的位置，这样可以使画面更加完美，如图 1–28 所示。

图 1-28　黄金分割示意图

（五）对称式构图

对称式构图具有平衡、稳定和相呼应的特点，缺点是表现呆板、缺少变化。为了防止这种呆板的表现形式，常常在对称中构建一些不对称因素。

（六）其他形式的构图

商品的摆放其实也是一种陈列艺术，同一种商品按照不同风格摆放会得到意想不到的视觉效果。

实训分析

跨境电子商务店铺页面设计策划

【实训目的】

（1）能够掌握跨境电子商务店铺页面设计策划的内容。

（2）能够独立完成跨境电子商务店铺的页面设计策划。

（3）掌握独立思考和分析问题的方法。

【实训描述】

（1）按每组 3 ～ 5 人进行分组，每个小组设组长一名，负责统筹工作。每个小组在组长的带领下完成对跨境电子商务店铺页面设计策划相关知识点的学习。

（2）以小组为单位，组长分配任务，小组人员通力合作完成网店页面设计。

【实训步骤】

（1）以小组为单位学习网店页面设计策划相关的知识点。

（2）以小组为单位，任务分配到个人，每个人都要完成网店功能元素与版面布局设计的一个环节。

（3）小组内每个成员都要形成书面文件，写出自己所完成环节的难点与心得，以小组为单位进行交换、点评。

【实训反思】

在这次跨境电子商务店铺页面设计策划的实训中，学生学习到了很多相关知识，并通过实践加深了理解，提升了学生的能力和技巧。

任务四　探究影响视觉与体验的因素

任务描述

视觉营销运用得好不好，不仅体现设计者技巧成熟的程度，而且直接影响视觉营销的成效，以及客户进入视觉场后的体验。因此，视觉设计在视觉营销中是必要的，尤其在大海报首页版式、详情页及其他二级页面上。视觉设计是从选取最佳视域创作第一视觉焦点捕捉注意力开始，规划视觉体验，从而吸引客户的。视觉设计的关键环节是目光捕捉、信息传达、印象留存。在这些关键环节中，需要学生去探究影响视觉与体验的因素。

影响视觉与体验的因素主要包含三大部分：营销信息的识别、合适的产品与模特、符合主题营销信息的视觉传达（字体、色彩、构图与文字排版）。

任务分析

跨境电子商务视觉设计需要考虑不同国家和地区的文化背景、审美偏好、消费习惯等差异。这些差异可能导致同一设计在不同市场中的接受度大相径庭，因此如何准确理解和把握这些差异是一大难点。

知识积累

一、营销信息的识别

在当前的营销环境中，海报作为一种视觉传播工具，承载了丰富的营销信息。要想准确识别海报中的相关营销信息，需要对海报中涉及的品牌、产品、目标受众、活动时间、活动主题等进行深入剖析。

首先，要关注海报中呈现的品牌。品牌是企业的重要资产，它能传递企业的价值观、理念和品质。在海报中，品牌通常以 Logo、名称等形式出现，通过对品牌的识别，可以初步判断海报的背景企业和其想要传达的形象。

其次，需要识别海报中展示的产品。产品是营销活动的核心，海报往往通过视觉元素和文字描述来展示产品的特点、优势和卖点。对这些信息进行梳理，可以了解活动的重点和产品的竞争力。

再次，要关注海报的目标受众。营销活动的成功与否，很大程度上取决于目标受众的定位。通过对海报中呈现的风格、语言、画面元素等方面的分析，可以推测出目标受众的年龄、性别、职业等特征，进而判断营销活动的针对性。

最后，活动时间和活动主题也是海报中重要的营销信息。活动时间揭示了营销活动的持续时间，以便安排参与计划；活动主题则传达了营销活动的核心理念，有助于了解活动的目的和内容。

总之，通过对海报中品牌、产品、目标受众、活动时间和活动主题等信息的识别和分析，可以全面了解海报承载的营销信息，为参与营销活动提供有力支持。同时，这种分析方法也有助于企业有针对性地制定营销策略，提升营销效果。在实际操作中，可以结合市场调查、竞争对手分析等手段，进一步优化海报营销策略。

二、合适的产品与模特

（1）模特及产品须符合目标人群审美特征，思考客户的基本特征：国家、性别、年龄、人群定位等。

（2）模特及产品须符合目标人群的心理期望，模特应与目标人群特征相符，也要与产品特点相吻合。

（3）投射效应：让消费者把自己想象成画面中的模特，或想象自己使用产品后的效果。

三、符合主题营销信息的视觉传达

（1）字体：确定字体的类型，主标题与副标题字体大小分明、有层次。

（2）色彩：思考主题、产品适合什么主题色。色彩具有感情，与健康相关的一般会选用绿色，与清洁和科技相关的一般会选用蓝色，与促销相关的一般会选择红色或者橙色等。主色和辅助色应该呼应和统一。

（3）构图与文字排版：把关联性高的主要信息组合在一起方便一次性传达。常规构图方式有左中右结构、左右结构、三角构图。文字排版以左对齐及居中对齐为主。

实训分析

探究影响视觉与体验的因素

【实施目的】

（1）了解视觉与体验的影响因素。

（2）深入理解如何有效地结合视觉设计和用户体验。

【实训描述】

通过前面的调研及分析，我们已经深刻了解到视觉营销及用户体验设计的重要性，那么应该如何做好视觉营销跟用户体验设计呢？它们又受到了哪些因素的影响呢？只有了解其影响因素，才能使后续的优化方案更准确有效。

【实训步骤】

（1）搜索一张你认为视觉营销做得较好的产品海报进行视觉体验分析，如图 1-29 所示。

（2）营销信息分析：主题清晰明了，新品上市，对产品的优势进行分点描述，条理清晰。

（3）产品展示：产品大小合适，适当的产品精修，光影效果明显，更好地凸显产品品质。

（4）字体选择：字体类型选择黑体类型，文字统一左对齐，排版整齐，有大有小，有粗有细，主次分明。

（5）色彩搭配：产品主色以纯白底为主，干净、简洁、大气，辅助色结合产品及行业特性选择蓝色，整体画面色调统一而不杂乱。

（6）构图与画面排版：视觉中心统一在中间形成清晰的文字板块和产品板块，左右结构构图，布局整齐，按钮处增加了视觉引导，吸引客户点击。

图 1-29　产品海报

【实训反思】

通过本次实训，学生学会了视觉营销和用户体验设计的影响因素。同时，学生在实践中锻炼团队合作能力，学会有效沟通、协作和资源管理。

项目小结

本项目主要是通过对视觉设计概念、分类和跨境电子商务视觉设计的认知进行学习和探讨。首先介绍了视觉设计的重要性以及在跨境电子商务领域的应用；其次介绍了影响视觉与体验的因素和跨境电子商务视觉设计的主要工作内容；最后介绍了网店设计策划、页面功能元素布局设计、版面布局设计和商品构图设计等内容。通过本项目的学习，帮助读者拓展了对视觉设计的认识，还提升了在跨境电子商务领域的设计能力和应用水平，为未来的设计工作打下了坚实基础。

思考练习

一、选择题

1. 在阿里巴巴国际站网店运营中，影响点击量的视觉营销最核心的是网站中的（　　）部分。

A. 主图　　　　B. 详情页

C. 旺铺首页　　　　D. 活动页

2．在阿里巴巴国际站网店运营中，视觉营销跟以下（　　）数据无关。

A．点击量　　B．曝光量

C．反馈率　　D．TM 咨询量

3．考虑到文字排版需要符合阅读习惯，所以文字的排版方式一般有（　　）。

A．分散对齐　　B．右对齐

C．居中对齐　　D．参差不齐

4．对网店设计进行专业的详细策划，可以为店主带来好处，以下错误的是（　　）。

A．提高运营效率　　B．节约运营成本

C．提高成功率　　D．提高商品的价格

二、名词解释

1．视觉设计。

2．装潢设计。

3．竖式构图。

4．界面设计。

项目二

色彩设计

项目导读

本项目旨在探讨色彩设计在跨境电子商务中的重要性和应用。通过对色彩基本属性、色彩心理学和色彩在跨境电子商务店铺搭配以及视觉营销中的应用进行系统性研究和总结，更好地利用色彩设计来提升品牌形象、吸引用户注意力、提高点击率和转化率。通过深入探讨不同国家的色彩文化和偏好，以及色彩对消费者心理的影响，提供更具指导性和实用性的色彩应用技巧和建议。

学习目标

☆知识目标

1. 理解色光三原色和色料三原色的原理，以及它们在色彩设计中的应用。
2. 掌握色彩的基本属性，包括色调、明度和饱和度等概念。
3. 学习色彩心理学中各种颜色对情绪和行为的影响，如红色的激发和蓝色的冷静等。
4. 理解跨境电子商务店铺色彩搭配的技巧，包括网店页面的配色和色彩分类等知识。
5. 了解色彩在跨境电子商务视觉营销中的应用，包括不同国家的色彩文化和偏好。

☆能力目标

1. 能够运用色光三原色和色料三原色的原理，进行有效的色彩选择和组合。
2. 能够根据不同情境和目标，选择合适的色调、明度和饱和度来传达特定的情感和信息。
3. 能够根据色彩心理学的原理，设计出可以引起目标用户情感共鸣的色彩方案。

4. 能够运用跨境电子商务店铺色彩搭配技巧，创造出独特而又符合目标市场偏好的品牌形象。

5. 能够将色彩应用于跨境电子商务视觉营销中，提升品牌知名度和用户体验。

☆素质目标

1. 培养学生审美能力和创意思维，懂得如何运用色彩来创造独特而与众不同的品牌形象。

2. 培养学生跨文化沟通和理解能力，通过对不同国家色彩文化的研究，了解不同文化背景下的色彩偏好和意义。

3. 培养学生以用户为导向的思维，通过理解色彩心理学，能够更好地满足用户的情感需求和行为预期。

4. 培养学生跨团队合作和项目管理能力，通过合理规划和协调将色彩设计应用于跨境电子商务运营中。

5. 培养学生持续学习和创新精神，跟进最新的色彩设计趋势和技术，不断提升自身的专业能力和竞争力。

思政目标

作为一个设计技术工作者应当深知自己是一个传播者，设计的作品是一股传播的力量，色彩是这股力量中的一个符号，能传递情感，传达美学意识，引起人的想象与共鸣。设计技术人员自身及其作品应当有社会责任感，有担当意识，有家国情怀。对此，教师应当在课程实施中对学生循序渐进、潜移默化地进行传达。

任务一　色彩基本属性

任务描述

在本任务中，将深入探讨色彩设计的基础知识，包括色光三原色和色料三原色原理、色彩的基本属性等内容。通过学习本任务，学生将建立对色彩基础知识的扎实理解，为后续更深入的色彩设计内容打下坚实的基础。

任务分析

学生可能会混淆色光三原色（红、绿、蓝）和色料三原色（青、品红、黄）之间的区别，因为它们的混合原理是相反的。

知识 积累

颜色是人们认识世界的一种方式，是通过眼、脑和生活经验所产生的对光的视觉效应。人们肉眼所见到的光线，是由波长范围很窄的电磁波产生的，不同波长的电磁波表现为不同的颜色，对色彩的辨认是肉眼受到电磁波辐射能刺激后所引起的一种视觉神经的感觉。

色彩设计

三原色是组成众多颜色的基础，由于表现的介质不同，三原色又被分为色光三原色和色料三原色。

一、色光三原色——加色法原理

色光三原色是红色（red）、绿色（green）和蓝色（blue），这三种光以相同比例混合达到一定的程度，就会呈现白色；若三种光的强度均为零，则呈现黑色。色光三原色如图 2–1 所示。色光三原色遵循加色法原理，普遍应用于电视、显示器等发光显示的商品中。

二、色料三原色——减色法原理

色料三原色是青色（cyan）、品红色（magenta）和黄色（yellow）。和色光三原色（加色法原理）相反，当把三种颜色同比例混合在一起时，呈现黑色。色料三原色如图 2–2 所示。色料三原色遵循减色法原理，在打印、印刷绘画中广泛使用。

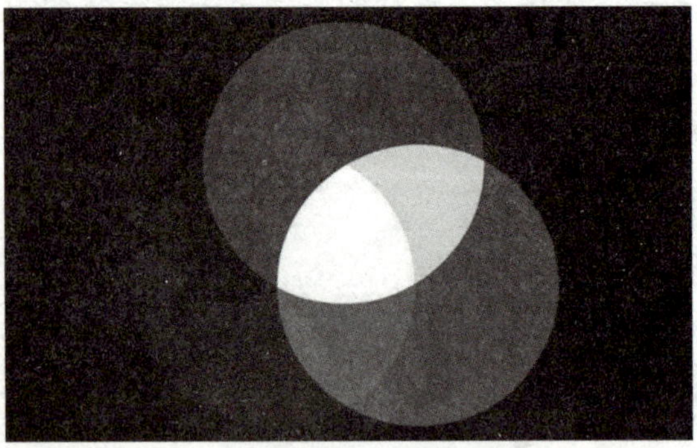

图 2-1　色光三原色

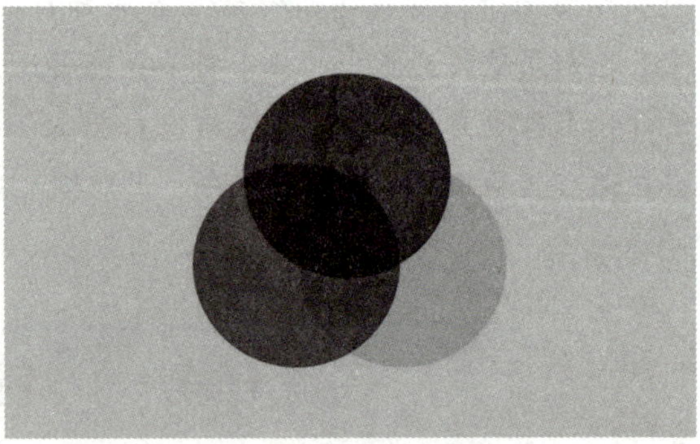

图 2-2　色料三原色

三、色彩的基本属性

每种色彩都同时具备三个基本属性，即色相、饱和度、明度，如图 2–3 所示。

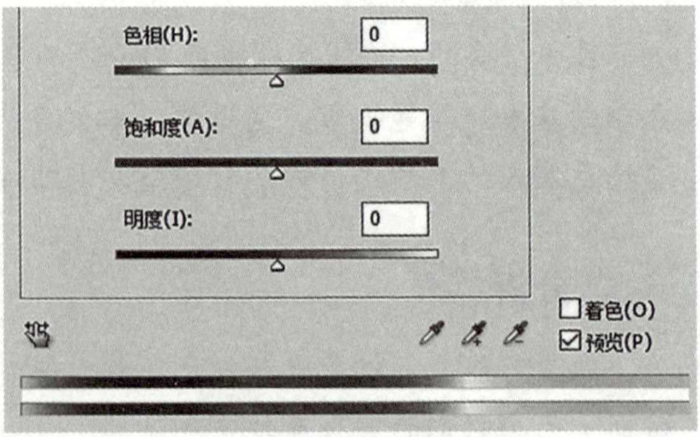

图 2-3　色彩的三个基本属性

（一）色相

色彩是物体上物理性的光反射到人眼视神经上所产生的感觉。颜色的不同是由光的波长长短所决定的，色相则是指这些不同波长的颜色的属性。简单来说，色相即色彩的相貌，是区分色彩的主要依据。

（二）饱和度

饱和度用来表示颜色的鲜艳程度。饱和度越高，表现越鲜艳；饱和度越低，表现越黯淡；饱和度最低时，呈现黑白灰状态。

（三）明度

明度指色彩的明暗程度，是表现色彩层次感的基础。在无彩色系中，白色明度最高，黑色明度最低；在有彩色系中，黄色明度最高，紫色明度最低。任何一个有彩色的颜色，当它加入白色时，明度提高，当它加入黑色时，明度降低。

四、国际标准色彩体系

国际上常用的国际标准色彩体系有以下三个。

1. 日本的 PCCS 色彩体系

色彩体系（practical color-ordinate system，PCCS）（图 2-4）是日本色彩研究所研制的，其最大的特点是将色彩的三属性关系综合成色相与色调两种观念来构成色调系列。从色调的观念出发，展示了每一个色相的明度关系和纯度关系，从每一个色相在色调系列中的位置明确地分析出色相的明度、纯度的成分含量。

2. 美国的 Munsell 色彩体系

蒙塞尔（Munsell）色彩体系于 1898 年由美国艺术家蒙塞尔发明，它是另一种常用的颜色测量系统，如图 2-5 所示。蒙塞尔的目的在于创建一种“描述色彩的合理方法”。1905 年，他出版了一部颜色数标法的书，并多次再版，被当作比色法的标准。Munsell 色彩体系模型为一球体，在“赤道”上是一条色带，球体轴的明度为中性灰，“北极”为白色，“南极”为黑色。从球体轴向水平方向延伸出来的是不同级别明度的变化，从中性灰到完全饱和。Munsell 色彩体系的三个因素（品质）为色相、明度和纯度，用这三个因素来判定颜色，可以全方位定义千百种色彩。

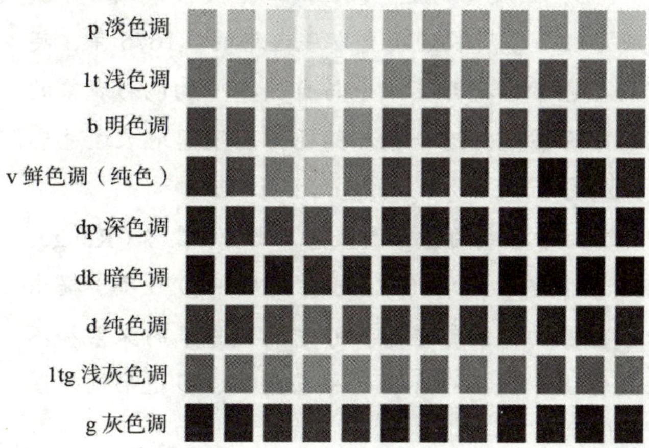

图 2-4　PCCS 色彩体系

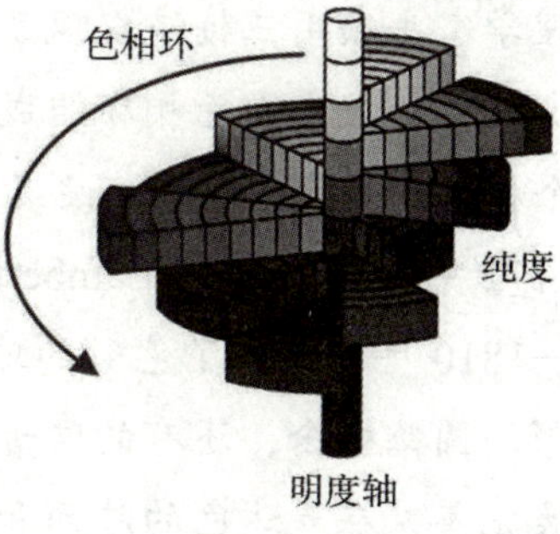

图 2-5　Munsell 色彩体系

3. 德国的奥斯特瓦德色彩体系

奥斯特瓦德色彩体系（Ostwald system）是以赫林的生理四原色黄（yellow）、红（red）、蓝（blue）、绿（green）为基础，将四色分别放在圆周的四个等分点上，成为两组补色对，然后在两色中间依次增加橙（orange）、紫（purple）、蓝绿（turquoise）、黄绿（leaf-green）四色相，总共 8 色相，每一色相再分为 3 色相，成为 24 色相的色相环。色相顺序顺时针为黄、橙、红、紫、蓝、蓝绿、绿、黄绿。取色相环上相对的两色在回旋板上回旋成为灰色，所以相对的两色为互补色，并把 24 色相的同色相三角形按色环的顺序排列成为一个复圆锥体，就是奥斯特瓦德色立体。奥斯特瓦德色彩体系如图 2-6 所示。

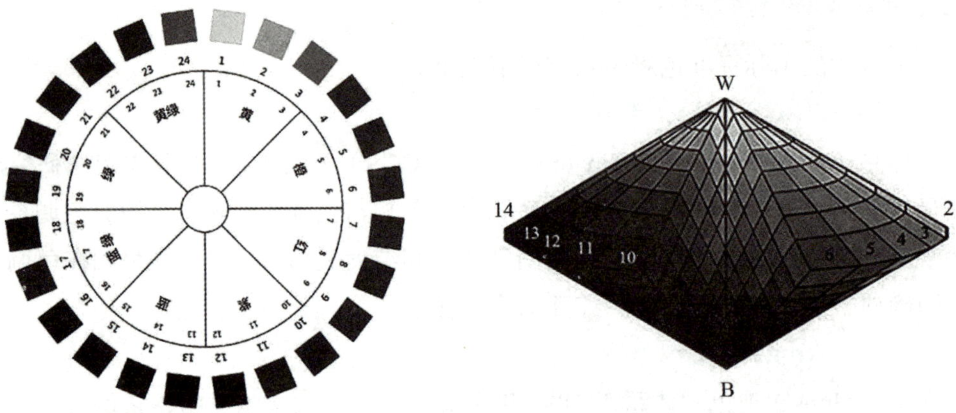

（a）奥斯特瓦德色彩体系色相环　　（b）奥斯特瓦德色立体

图 2-6　奥斯特瓦德色彩体系

知识链接

标准的色彩设计的定义颜色可以这样表示（括号内是 Window 的颜色名称）：H：色相（色调）；S：纯度（饱和度）；B：明度（亮度），把这三个要素作成立体坐标，就构成色立体。色立体学说的形成是经历了漫长的历史发展道路的。1676 年，英国物理学家牛顿用三棱镜发现了日光的七色带，揭开了阳光与自然界一切色彩现象的科学奥秘，形成了由色相环组成的色彩平面图。但这一色相环还不能理想地表述色彩的三个属性（明度、色相、纯度）的相互关系。

1772 年，拉姆伯特（Lambert）提出了金字塔式的色彩图概念。此后，栾琴（Runge，1771—1810 年）提出了色彩的球体概念。接着，冯特（Wundt，1832—1920 年）提出了色彩的圆锥概念，还有的学者提出了色彩的双圆锥概念。经过三百年来的探索和不断发展完善，在表达色的序列和相互关系上，便从一开始的平面圆锥、多边形色彩图发展到空间的立体球形色彩图——色立体。

实训分析

色彩实践探索

【实训目的】

（1）加深对色彩理论的理解。

（2）提升色彩搭配和表达能力。

（3）培养创造力和审美观。

（4）促进交流与学习。

【实训描述】

通过实践活动，学生将深入了解和探索色彩的基本属性，包括色调、明度、饱和度等。活动将结合实际案例和创意任务，提供实际操作和应用的机会，以帮助学生巩固所学知识。

【实训步骤】

（1）理论学习：在活动开始前，学生将接受关于色彩基本属性的简要理论讲解，包括色光三原色和色料三原色的原理，以及色调、明度、饱和度的概念解释。

（2）实际观察：学生将观察不同场景或对象中的色彩，并注意观察和记录其中的色调、明度和饱和度变化。

（3）色彩搭配练习：学生将从提供的色彩板或调色盘中选择不同色调、明度和饱和度的色彩进行搭配练习。学生将尝试使用不同的色彩组合来传达不同的情感和信息。

（4）创意任务：学生将接受一个创意任务，需要学生运用所学的色彩基本属性知识来设计并表达特定的情感或主题。学生可以选择绘画、平面设计、场景布置等方式来呈现创意作品。

（5）分享和讨论：学生分享创意作品，并与其他同学讨论不同色彩选择带来的感觉和效果，以及如何进一步改进作品。

【实训反思】

通过本次实训，学生将亲身实践和应用色彩的基本属性，加深对色彩概念的理解，并发展出一定的色彩搭配和表达能力。同时，通过分享和讨论，学生可以从其他学生的作品中获得触发灵感和改进自己作品的机会。

任务二　色彩心理学

任务描述

通过学习色彩心理学，了解色彩对人们情绪、行为和心理状态的影响，掌握在跨境电子商务店铺页面设计中运用色彩心理学的方法和技巧，提升页面吸引力和用户体验。

任务分析

色彩在不同文化中的意义可能大相径庭，因此学生需要深入研究不同国家的文化背景，以便正确解读色彩的意义。

知识积累

每种颜色都有属于自己的性格特点，可以结合实际给具体的商品进行拍摄和设计，以确定适合商品的主要颜色。

一、红色

红色是色光三原色之一，也是一种强有力的色彩。

在远古时代，人类还没有掌握文明之前，黑夜是寒冷和危险的，而火的出现则让人感到无比的安全、温暖和自信。红色象征着激情，能使人勇气倍增，西方常用红色作为战争的象征，表示牺牲之意。在东方，红色则代表吉祥、乐观、喜庆之意。红色容易让人产生热血沸腾的感觉，所以在商品拍摄和设计时，常选择用红色表示一些需要给消费者建立强大自信的类别。红色看久了会给视觉产生巨大的压力，容易引起视觉疲劳，因此使用时面积不宜过大。

二、蓝色

蓝色是色光三原色之一（颜料色中，一般使用青色代替蓝色），蓝色系颜色多样，包括天蓝、湖蓝、宝蓝、粉蓝、冰蓝、碧蓝等。

天蓝色代表宁静、清新、自由，和粉红色一样，是安抚色，能让人的心情感到放松；湖蓝色是海的颜色，代表忧郁、深邃、冷淡；宝蓝色即宝石蓝，是最深也是最亮的蓝色，又称海军蓝，代表冷静、智慧等。在商品拍摄和设计时，经常用蓝色表示一些高科技，或者强调安全、让人放松的商品。

三、绿色

绿色是色光三原色之一，也是非常特殊的颜色。它既不是冷色，也不是暖色，属于中立的颜色。

绿色代表清新、希望、安全、自由、舒适，有新生之意。犹如在一片一望无际的沙漠中，突然看到一片绿洲，会让人感到安全，充满希望。在现实生活中，绿灯、安全出口等也是利用了绿色代表安全的属性。在商品拍摄和设计时，绿色常常用来表示一些食品类目、母婴类目的商品，寓意安全放心、纯天然无添加等。

四、黄色

黄色是色料三原色之一，它的亮度最高，很容易被白色冲淡。

黄色能给人轻快、充满希望和活力的感觉，同时黄色还代表丰收、财富和权力。在中国古代，黄色是“帝王之色”，也是“正义之色”。由于黄色明度极高，能刺激大脑中与焦虑有关的区域，而且具有警告的效果，故而也成了国际通用的警示色彩。鉴于黄色十分醒目，在商品拍摄和设计时，促销或时尚类商品可以考虑使用黄色，这些商品页面需要让人第一眼就有强烈感知。

五、橙色

橙色是由红色和黄色组成的，也可以称为橘色。

橙色代表时尚、青春、快乐、活力四射。在自然界中，一些成熟的果实往往会呈现出橙色，而富有营养的食品（如面包、糕点）也多是橙色，因此橙色容易引起人们对营养、香甜等方面的联想，也是易于被人们所接受的颜色。在商品拍摄和设计时，橙色经常出现在体育、运动、健康相关的商品页面上，给人一种充满能量、随时战斗的感觉。

六、紫色

紫色是由蓝色和红色组成的，紫色的光波最短，在自然界中较少见到。紫色系有淡紫色、深紫色、粉紫色和灰紫色。

紫色是神秘、高贵、浪漫的象征。淡紫色和粉紫色代表浪漫优雅，而深紫色和灰紫色充满性感狂野。在商品拍摄和设计时经常用紫色表示一些性感的、浪漫的商品，例如女士内衣、香水、精油。

七、粉色

粉色是由红色和白色组成的，也是广大女性喜爱的颜色。

粉色温柔、甜美，可以软化攻击、安抚浮躁，深浅由淡粉色到中粉色再到艳粉色，也有很多象征意义：可爱、温馨、娇嫩、青春、明快、美丽、恋爱等。这种颜色用途很广泛，经常是花朵、少女装饰品的颜色，在电子商务商品拍摄和设计时，经常用粉色表示一些少女类目的商品，如少女的服装、配饰。

除了以上常用的颜色之外，还有黑色、白色和灰色，它们被称为调和色。调和色很少单独大面积地使用，一般会用其他颜色中和。在电子商务广告中经常作为文字的颜色出现。黑色往往给人一种深沉、庄重的感觉；白色则给人一种纯洁、轻松、愉悦的感觉；灰色则呈现出高雅、简素、质朴的感觉，代表寂寞、冷淡、成熟，灰色也常使人有现实感。

在商品拍摄和设计中要根据商品的特性，正确地选择拍摄和设计的主要色彩才会让消费者感知到商家想要赋予商品的属性和卖点价值，从而提高商品的销量。

实训分析

跨境电子商务店铺页面设计

【实训目的】

（1）熟悉色彩心理学的基本知识。

（2）能够完成跨境电子商务店铺页面设计任务，并提升自己的设计能力和技巧。

【实训描述】

假设小组是一家新兴的跨境电子商务平台的设计团队，小组任务是设计一个虚拟的跨境电子商务店铺页面，以吸引不同国家和文化背景的用户，并提供良好的用户体验。这家电子商务平台专注于销售手工艺品，希望通过精美的页面设计和色彩心理学的运用，展示产品的独特魅力，同时引起用户的购买欲望。

【实训步骤】

步骤一：知识点讲解

简要介绍色彩心理学、用户体验设计和版面布局规划等相关知识，强调它们在跨境电子商务店铺页面设计中的重要性。

步骤二：设计案例分析

（1）展示一些成功的跨境电子商务店铺页面设计案例，分析其色彩运用、版面布局和用户体验设计。

（2）学生讨论案例中的设计亮点和可借鉴之处，从中汲取灵感和经验。

步骤三：小组合作设计

（1）将学生分成小组，每个小组负责设计一个虚拟的跨境电子商务店铺页面。

（2）要求每个小组结合已学知识，包括色彩心理学、用户体验设计和版面布局规划，进行页面设计，并设计相应的产品展示、购物流程等功能模块。

步骤四：设计讨论和完善

（1）每个小组展示他们的设计成果，解释所使用的设计原理和技巧。

（2）其他小组成员提出意见和建议，共同完善设计方案，例如针对色彩搭配、交互设计等方面进行讨论和改进。

步骤五：方案展示和反馈

（1）每个小组展示经过讨论完善后的设计成果。

（2）教师和其他学生提供反馈，讨论每个方案的优势和改进之处，促进学生之间的交流和学习。

步骤六：设计成果分享

（1）每个小组分享他们的最终设计成果及完成本次实训的心得体会。

（2）教师进行总结和点评，鼓励学生分享彼此的设计感悟和经验，促进学习交流。

【实训反思】

通过本次实训应用色彩心理学和相关知识，学生将共同努力设计一个能吸引用户并提供优秀用户体验的页面。

任务三 跨境电子商务店铺色彩搭配技巧

任务描述

本任务旨在帮助学生掌握跨境电子商务店铺页面设计中色彩搭配的技巧，以提升页面吸引力和用户体验。通过学习和实践，学生将能够理解不同颜色在页面设计中的作用、选择适合的色彩搭配方案，并运用色彩心理学知识创造具有吸引力的页面设计。

任务分析

避免使用在某些文化中可能被视为禁忌或不适当的色彩组合，需要细致的研究和考虑。

知识积累

一、网店页面配色

页面中最先刺激浏览者记忆并最持久的元素就是色彩搭配。色彩是人们生活多姿多彩的表现，是互联网生机的来源。

跨境电子商务的店铺装修是一种特殊的视觉设计，它对色彩的依赖性很高。一个店铺如果想吸引买家，好的色彩搭配是必不可少的，如果缺少了色彩，整个店铺就会变得死气沉沉，没有生机。色彩设计还是店铺风格设计的决定性因素之一。合理的色彩搭配能够将网店中的商品凸显得更加高贵，使浏览者观看后不仅对此页面印象深刻，而且回味无穷。反之，如果页面中的颜色搭配不合理，则会使浏览者产生厌烦的感觉。

在网店页面设计中，色彩搭配是树立网店形象的关键，店面色彩处理得好，可以使页面锦上添花，同时达到事半功倍的效果。网页店面色彩搭配一定要合理，要与自己的商品特征相符，这样会给人一种和谐、愉快的感觉，一定要避免使用容易使人产生视觉疲劳的纯度过高的单一色彩。

（一）自定义页面的主色与辅助色

自定义页面的主色与辅助色是传达给消费者的第一视觉，所以一定要与商品相呼应。在店铺页面中能够定义为主色的是整体的色调，也就是面积最大的色系，其次是辅助色和点缀色，在页面中起陪衬、点缀的作用。

（二）网店色调与配色

色彩与人的心理感觉和情绪有一定的关系，利用这一点，可以在设计网店页面配色时形成自己独特的色彩效果，从而给浏览的消费者留下深刻印象，增加商品的售出概率。不同的色系在网店页面中也会有自己的独特之处，网店页面色调分类主要有按照色相分类和按照印象分类两种。

1. 按照色相分类

常见的色彩搭配可按照色相归类。每类都以该色相为主，配以其他色相或者同色相的其他颜色，应用对比和调和的方法，并按照从轻快到浓烈的顺序排序。

（1）红色。红色容易引起人的注意，也容易使人兴奋、激动、紧张、冲动，也是一种容易造成视觉疲劳的颜色。

在网页颜色的应用中，纯粹以红色为主色调的网站相对较少，红色多作为辅助色、点睛色，以达到陪衬、醒目的效果。

红色可以和蓝色混合成紫色，可以和黄色混合成橙色。红色和绿色是对比色，红色的补色是青色。红色是三原色之一，它能和绿色、蓝色混合调出任意色彩。

应用红色的网店多数以婚庆商品店铺为主，红色还会出现在女装、化妆品及店庆页面中，主要目的是醒目，吸引买家的目光，以促使达成交易，而通过配色产生的粉色页面会给人一种温馨的感觉。

（2）橙色。橙色在空气中的穿透力仅次于红色，而色感比红色更暖，鲜明的橙色是色彩中最暖的颜色。历史上许多权贵和宗教界人士都用橙色装点自己，在现代社会，人们往往将其作为标志色和宣传色，不过它也是容易造成视觉疲劳的颜色。橙色明视度高，在工业安全用色中，橙色即警戒色，用于登山服装、登山背包、救生衣等。橙色一般可作为喜庆的颜色，同时可作为富贵色。橙色还可作为餐厅的布置色，据说在餐厅里多用橙色可以增加顾客食欲。

橙色主要应用于与食品有关的店面中。橙色是积极、活泼的色彩，除了用于食品类店铺外，还经常在家具用品、时尚品牌、运动以及儿童玩具等网店的页面中出现。

橙色的对比色是蓝色，这两种颜色色彩倾向越明确，对比强度就越大。除了蓝色外，橙色和绿色随着纯度的升高，对比效果也越来越强烈。

（3）黄色。黄色是阳光的色彩，亮度最高，具有活泼与轻快的特点。浅黄色具有柔弱的特点，灰黄色具有病态的特点。

黄色能和众多颜色相配，但是和白色的搭配要谨慎，因为白色会吞没黄色，使人分不清楚黄和白。另外，深黄色最好不要与深紫色、深蓝色、深红色相配，否则会使人感觉晦涩与失望。淡黄色也不要与明度相当的色彩搭配，要拉开明度上的层次。黄色与红色搭配，可以营造一种吉祥喜悦的气氛；黄色与绿色搭配，会显得有朝气、有活力；黄色与蓝色相配，可以显得美丽、清新；淡黄色与深黄色相配，可以衬托出高雅的气质。

黄色与某些食品的色彩相似，可以应用于食品类的店铺。另外，黄色是前进色，有扩张的感觉，又代表权力和财富，是一种骄傲的色彩，因此很多店铺都会使用黄色来体现自己商品的高档与华贵。

（4）绿色。绿色的明度在黄色和蓝色之间，属于较中庸的颜色，给人的感觉为平和、安稳、大度、宽容，是一种柔顺、恬静、优美、受欢迎之色，也是网店页面中使用最广泛的颜色之一。

在绿色中黄色成分较多时，就趋于活泼、友善、幼稚；在绿色中加入少量的黑色，就趋于庄重、老练、成熟；在绿色中加入少量的白色，就趋于洁净、清爽、鲜嫩。

绿色通常与环境意识有关，也经常让人联想到与健康有关的事物，所以绿色系经常会用在与自然、健康有关的网店，还经常用于生态特产、护肤品、儿童商品及保健食品网店。

（5）蓝色。蓝色是色彩中比较沉静的颜色，象征着永恒与深邃、高远与博大、壮阔与浩渺，是令人心情畅快的颜色。

蓝色朴实、稳重、内向，搭配那些性格活跃、具有较强扩张力的色彩，可以使页面显得活跃。蓝色与红、黄等色搭配得当，能取得和谐的对比调和关系。

蓝色是冷色调最典型的代表色，是网店页面中运用得最多的颜色，也是许多人钟爱的颜色。在蓝色中添加少量的红、黄、橙、白等颜色，均不会对蓝色的性格构成较明显的影响。如果蓝色中黄色成分较多，就会使其趋于甜美、亮丽、芳香。在蓝色中混入少量的白色，可使蓝色的知觉趋于焦躁、无力。蓝色多用于科技商品、家用电子商品、化妆品及旅游类物品网店。

（6）紫色。紫色表现有时优雅、高贵，有时又极具时尚性，不同的搭配显示出紫色的百变魔力。然而紫色并不好驾驭，如果搭配不当，则会显得过于老气。

紫色中红色成分较多时，会让人产生压抑感、威胁感。在紫色中加入少量的黑色，就趋于神秘、难以捉摸、高贵。在紫色中加入白色，可使紫色沉闷的性格减弱，变得优雅、娇气，并充满女性的魅力。

紫色通常用于以女性为对象和以艺术品为主的网店。另外，紫色是高贵华丽的色彩，很适合表现珍贵、奢华的商品。

2. 按照印象分类

色彩搭配看似复杂，但并不神秘。既然每种色彩在印象空间都有自己的位置，那么色彩搭配得到的印象可以用加减法来估算。例如，如果每种色彩都是高亮度的，那么它们叠加的效果自然会是柔和、明亮的；如果每种色彩都是浓烈的，那么它们叠加的效果就会是浓烈的。当然，在实际设计过程中，设计师还要考虑到乘除法，比如同样亮度和对比度的色彩，在色环上的角度不同，搭配起来就会得到千变万化的色彩。

（1）柔和、明亮、温柔的印象。亮度高的色彩搭配在一起会有柔和、明亮、温柔的感觉。为了防止刺眼，设计师一般会用低亮度的前景色调和。同时，色彩在色环之间的距离也有助于避免沉闷。此类色彩常用于与女性有关的网店。柔和、明亮、温柔的网店页面如图 2–7 所示。

图 2-7　柔和、明亮、温柔的网店页面

（2）柔和、洁净、爽朗的印象。对于表现柔和、洁净、爽朗的效果，色环上蓝到绿之间的颜色应该是最适合的，并且亮度偏高，几乎每个组合都有白色参与。在实际设计时，可以用与蓝绿色相相反的高亮度有彩色系代替白色。此类色彩常用于与厨卫有关的网店。柔和、洁净、爽朗的网店页面如图 2–8 所示。

图 2-8　柔和、洁净、爽朗的网店页面

（3）可爱、快乐、有趣的印象。可爱、快乐、有趣的色彩搭配特点是色相分布均匀，冷暖搭配，饱和度高，色彩分辨率高。此类色彩搭配常用于与儿童有关的网店。可爱、快乐、有趣的网店页面如图 2–9 所示。

（4）活泼、快乐、有趣的印象。活泼、快乐、有趣相对可爱、快乐、有趣，色彩选择更加广泛，最重要的变化是用低饱和度有彩色或者灰色取代纯白色。此类色彩搭配常用于与儿童有关的网店。活泼、快乐、有趣的网店页面如图 2–10 所示。

图 2-9 可爱、快乐、有趣的网店页面

图 2-10 活泼、快乐、有趣的网店页面

（5）运动、轻快的印象。运动的色彩要强化激烈、刺激的感受，同时还要体现出健康、快乐、阳光，因此饱和度较高、亮度偏低的色彩在这类场景中经常出现。此类色彩搭配常用于与运动有关的网店。运动、轻快的网店页面如图 2–11 所示。

图 2-11 运动、轻快的网店页面

（6）轻快、华丽、动感的印象。华丽的印象要求页面充斥有彩色，并且饱和度偏高，而亮度适当减弱则能强化这种印象，此类色彩搭配常用于与户外运动有关的网店。轻快、华丽、动感的网店页面如图 2–12 所示。

图 2-12　轻快、华丽、动感的网店页面

（7）狂野、充沛、动感的印象。狂野的印象空间中少不了低亮度的色彩，甚至可以用适当的黑色搭配。其他色彩则应选择饱和度高的色彩，以形成鲜明的对比效果。此类色彩搭配常用于与户外运动有关的网店。狂野、充沛、动感的网店页面如图 2–13 所示。

（8）华丽的印象。女性化的页面中紫色和品红是主角，粉红、绿色也是常用色彩。一般它们之间要进行高饱和度的搭配。此类色彩搭配常用于与女性有关的网店。华丽的网店页面如图 2–14 所示。

图 2-13　狂野、充沛、动感的网店页面

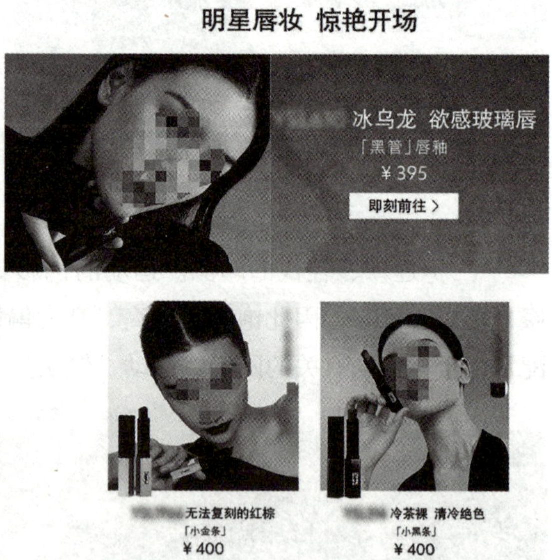

图 2-14　华丽、花哨、女性化的网店页面

（9）优雅的印象。要营造优雅的感觉，色彩的饱和度一般要降下来，一般以蓝、红两色为主，调节亮度和饱和度进行搭配。此类色彩搭配常用于与女性有关的网店。优雅的网店页面如图 2–15 所示。

（10）高尚、自然、安稳的印象。这类印象一般要用低亮度的黄绿色营造，色彩亮度要降下去，注意色彩的平衡，页面就会显得安稳。此类色彩搭配常用于老年人相关的网店。高尚、自然、安稳的网店页面如图 2–16 所示。

图 2-15　优雅的网店页面

（三）色彩推移

在网店页面中采用色彩推移的方式组合色彩，通常是构成页面统一色调的最好方法之一。色彩推移是指将色彩按照一定的规律有秩序地排列、组合，分为色相推移、明度推移、纯度推移、互补推移、综合推移。设计师可以通过色彩推移的方法使页面色彩看起来更加统一、和谐。色彩推移同样可以运用到图片的局部。

图 2-16　高尚、自然、安稳的网店页面

1. 色相推移

色相推移是将色彩按色相环上的顺序，由冷到暖或由暖到冷进行排列组合的一种渐变形式。

2. 明度推移

明度推移是将色彩按明度等差系列的顺序，由浅到深或由深到浅进行排列组合的一种渐变形式。一般选用单色系列组合，也可选用两个色彩的明度系列，不宜选用太多，否则效果容易适得其反。

3. 纯度推移

纯度推移是将色彩按纯度等差系列的顺序，由鲜到灰或由灰到鲜进行排列组合的一种渐变形式。

4. 互补推移

互补推移是将色相环上相距 180° 的一对色相的纯度组合推移的形式。

5. 综合推移

综合推移是将色彩按色相、明度、纯度推移进行综合排列组合的渐变形式。由于色彩三要素同时加入，其效果要比单项推移复杂、丰富得多。

在使用颜色综合推移为网页搭配色彩时，要注意色调之间的和谐。

二、网店页面与色彩

色彩是很微妙的东西，它们本身的独特表现力可以传达信息、情感、思想。色彩给人的感受具有特定性，但色彩的色相变化、明度变化、纯度变化，加上各种组合变化，又赋予了色彩不定性。

（一）色彩对比

生活中的色彩往往不是单独存在的。人们观察色彩时，或是在一定的背景下观察，或是几种色彩并列观察，或是先看某种色彩再看另一种色彩。这样所看到的色彩就好像发生了变化，形成色彩对比现象，影响心理感觉。色彩对比主要分为色相对比、明度对比、纯度对比、冷暖对比及色彩的面积对比。

1. 色相对比

（1）类似色对比属于色相的弱对比，反差小、柔和、舒缓，适合表现柔软的婴幼儿用品等。

（2）邻近色对比可应用于妇婴用品、日用品、食品等类目网店中，给人典雅、明晰、干净的感觉。

（3）对比色对比有非常醒目的宣传效果，可应用于运动商品、科技商品、节庆用品等类目网店中。

（4）网店页面色彩对比为互补色，可以使广告更加突出。

2. 明度对比

以明度差别为主而产生的对比称为明度对比。人们通常把无彩色从黑到白的明度变化分为 9 个等级，称为明度梯尺（图 2–17）。在明度梯尺上也可以找到有彩色对应的明度位置。除黑色和白色之外，明度为 1 ～ 3 级的颜色称为低明度颜色，4 ～ 6 级的称为中明度颜色，7 ～ 9 级的称为高明度颜色，不同明度的同种颜色在同一页面中给人的感觉有很大的不同。

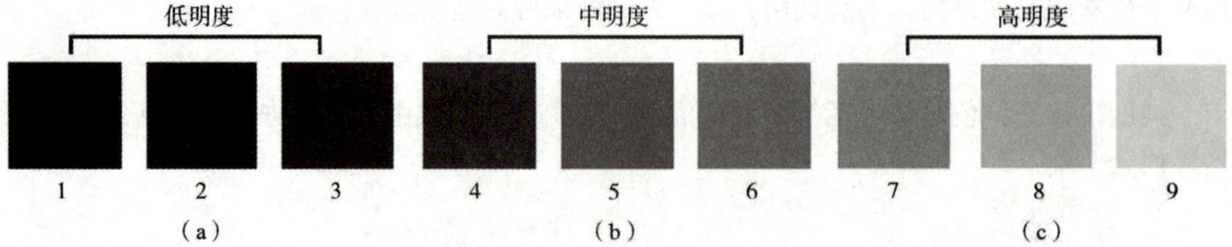

图 2-17　明度梯尺

对于色彩应用来说，明度对比是决定配色的光感、明快感、清晰感以及心理作用的关键。对网店色彩进行搭配时一定要先对无彩色系中的黑、白、灰进行对比研究，还要对有彩色系之间的明度对比进行研究，从而将店面色调调整到与商品相符。

3. 纯度对比

在某一色相的纯色中按比例逐渐加入无彩色，即可形成由若干个色阶组成的纯度系列。纯度可分为高纯度、中纯度和低纯度三个层次，即纯色和接近纯色的色彩为高纯度色阶，接近灰色的色彩为低纯度色阶，两者之间的为中纯度色阶。将三个层次的色阶相互组合，可以形成不同的对比模式。

（1）鲜强对比——主体色为高纯度色，陪衬与点缀色为中纯度和低纯度色。

（2）灰强对比——主体色为低纯度色，陪衬与点缀色为高纯度和中纯度色。

（3）中弱对比——主体色为中纯度色，其他色为接近中纯度色。

（4）鲜弱对比——主体色为高纯度色，其他色为接近高纯度色。

4. 冷暖对比

冷暖对比是通过颜色的冷暖差别而形成的对比。冷暖本身是人皮肤对外界温度的感受，色彩的冷暖感主要来自人的生理与心理感受。

在色彩搭配中，冷色比暖色看起来更舒适，不易造成视觉疲劳。蓝色、绿色是冷色系中主要的颜色，也是最常用的颜色，使用这类色彩制作的网店页面会给人一种清新、祥和、安宁的感觉。

由于冷暖色系的对立性很明显，因此在设计时最好选择一种色系的颜色作为主色，另一色系的颜色作为辅助色，从而起到陪衬的作用，使页面色彩保持协调。

5. 色彩的面积对比

色彩的面积对比是指两种或两种以上色彩的面积对比关系，是一种多与少、大与小的对比。

（二）色彩调和

两种或两种以上的色彩合理搭配，产生统一、和谐的效果，称为色彩调和。

1. 同种色的调和

相同色相、不同明度和纯度的色彩调和，称为同种色的调和。同种色的调和要在明度、纯度上形成强弱、高低的对比，以消除单调感。

2. 类似色的调和

色相接近的某些色彩，如红与橙、蓝与紫等的调和，称为类似色的调和。类似色的调和主要靠类似色之间的共同色来产生作用。

3. 对比色的调和

色相相对的某些色彩，如红与绿、黄与紫、蓝与橙的调和，称为对比色的调和。调和方法有：选用一组对比色，将其中一种色彩的纯度提高，或降低另一种色彩的纯度；在对比色之间插入分割色（金、银、黑、白、灰等），使两种对比色面积大小不同，以达到对比中的和谐；若对比色之间具有类似色的关系，也可起到调和的作用。

三、网店页面色彩的分类

网店页面的色彩根据其作用的不同可以分为三类：静态色彩、动态色彩和强调色彩。其中，静态色彩和动态色彩各有用途，相互影响，相互协作，只有处理好两种色彩之间的关系，才能使网店页面色彩达到统一、和谐的视觉效果，从而使买家对网店多一份好感。

（一）静态色彩与动态色彩

网店页面中的静态色彩并不是静态的意思，而是指结构色彩、背景色彩和边框色彩等带有特殊识别意义的、决定店面色彩风格的色彩。动态色彩也不是指动画中运动物体携带的色彩，而是指插图、照片和广告等复杂图片中带有的色彩，这些色彩通常无法用单一色相去描绘，并且带有多种不同色调，随图片在不同页面的位置而变化。静态色彩与动态色彩如图 2–18 所示。

图 2-18　静态色彩与动态色彩

（二）强调色彩

强调色彩又称突出色彩，是在网店页面设计中有特殊作用的色彩，是为了达到某种视觉效果而与静态色彩对比反差较大的突出色彩，或者是在店铺招牌中带有广告意义的特殊色彩，也包括在一段文字中为了突出重点而给文字加的特殊色彩等。强调色彩如图 2–19 所示。

图 2-19　强调色彩

实训分析

跨境原木家具店铺色彩搭配设计

【实训目的】

（1）掌握色彩的基础知识。

（2）根据原木家具这一类产品的色彩基调选择店铺页面的搭配色。

（3）掌握独立思考和分析问题的方法。

【实训描述】

（1）按每组3～5人进行分组，每个小组设组长一名，负责统筹工作。每个小组在组长的带领下完成对色彩基础知识的复习。

（2）小组成员运用学到的色彩知识来给跨境原木家具店铺的首页进行配色。

【实训步骤】

（1）组长带领小组成员复习所学的色彩的基础知识。

（2）小组对原木家具店铺适合什么样的配色展开谈论并记录。

（3）组内成员各自完成对原木家具店铺首页的配色工作。

（4）小组内就各成员的工作成果进行讨论并选出最适合原木家具店铺首页的配色方案进行学习讨论，并形成书面文件。

【实训反思】

通过本次实训，学生不仅锻炼了色彩搭配设计的能力，也提高了团队合作和独立思考问题的能力。

任务四　跨境电子商务视觉营销中的色彩应用

任务描述

在跨境电子商务平台中，除上述内容所讲到的色彩搭配的基本原理外，还要考虑到商品目标客户所在国家或地区的文化和颜色使用习惯。

任务分析

每个市场都有其独特的色彩偏好，这需要具体分析每个国家的文化特点和消费习惯。

知识积累

一、阿根廷

在阿根廷黑色、紫色和紫褐色应避免使用，流行的包装颜色是黄色、绿色和红色。阿根廷小镇如图 2–20 所示。

二、挪威

挪威冬季漫长，在颜色的使用上更偏爱鲜明的颜色，特别是红色、蓝色、绿色。挪威人毫不掩饰在衣物方面对于红色的热爱，如女孩的大衣、儿童的滑雪衫或男士毡帽的镶边全是红色。挪威小镇如图 2–21 所示。

图 2-20　阿根廷小镇

图 2-21　挪威小镇

三、爱尔兰

爱尔兰人喜爱绿色，忌用红色、白色、蓝色组合（英国国旗的颜色），爱尔兰国旗是由绿色、白色、橙色三个相等的垂直长方形构成的。国旗左边为绿色，右边为橙色，白色居中。绿色代表天主教派，橙色代表新教派，白色象征希望。爱尔兰邮政总局是一座具有历史意义的建筑物。每年 3 月 17 日爱尔兰国庆日时，都要在这座高大的花岗石大楼里举行庆祝活动，在屋顶上升起绿、白、橙三色国旗。爱尔兰建筑如图 2–22 所示。

四、希腊

希腊人喜爱蓝色、白色相配及颜色鲜明的色彩，如黄色、绿色、蓝色等，禁忌黑色。希腊建筑如图 2–23 所示。

以上这些颜色的使用场景，都是各个国家自己特有的文化特色和历史背景造成的，商家应该提前做好相应的准备工作，避免出现误会，影响商品销售。

图 2-22　爱尔兰建筑

图 2-23　希腊建筑

实训分析

跨境电子商务视觉营销中的色彩应用

【实训目的】

（1）理解不同国家文化与色彩的关联，培养学生对国际市场的视觉营销理解能力。

（2）学习如何运用色彩塑造品牌形象，提高产品在跨境电子商务中的吸引力。

（3）培养学生对于色彩在跨境电子商务中的实际运用能力。

【实训描述】

学生需要深入研究目标市场的文化特点，了解当地消费者对色彩的喜好和禁忌，同时结合产品的特性和定位，选择合适的色彩进行搭配和设计。

【实训步骤】

（1）介绍四个国家（阿根廷、挪威、爱尔兰、希腊）的国旗、文化和色彩特点，以及在跨境电子商务中的视觉营销应用案例分析。

（2）学习色彩的基础知识，包括各种色彩的情感表达和文化内涵。

（3）分组进行实际操作，根据所学知识，设计跨境电子商务页面配色方案，以展示不同国家文化特点和色彩运用的差异。

（4）展示和交流各组设计的配色方案，讨论不同设计对目标受众的影响和吸引力。

（5）结合案例分析和讨论结果，总结不同国家文化与色彩在跨境电子商务视觉营销中的应用策略和注意事项。

【实训反思】

本次实训可以帮助学生结合理论知识和实际操作，提高学生对于跨境电子商务中色彩应用的理解和实际能力，并培养学生的文化意识和国际视野。

项目小结

本项目致力于深入探讨跨境电子商务视觉营销中的色彩设计环节。首先，详细阐释了色彩的基本属性，即色光三原色与色料三原色，为后续的分析奠定理论基础。其次，逐一分析了色彩设计中常用的主色，并深入探讨了它们各自所代表的意义，以及它们所能引发的心理暗示与感受。再次，对商品设计中的色彩搭配及其技巧进行了详细的说明，以期帮助读者更好地掌握色彩在实际应用中的运用。最后，强调了在进行跨境电子商务色彩设计时，必须尊重不同国家或地区民族的文化历史习惯，以避免因色彩使用不当而引发的误解和冲突，从而确保销售和声誉不受影响。

思考练习

一、选择题

1．色光三原色是（　　）。

A．红色、绿色和蓝色　　B．红色、绿色和黄色

C．红色、白色和蓝色　　D．红色、白色和黄色

2．每种色彩都同时具备三个基本属性，即色相、（　　）、明度。

A．对比度　　B．色调

C．饱和度　　D．对称度

3．互补推移是将色相环上相距（　　）的一对色相的纯度组合推移的形式。

A．180°　　B．270°

C．90°　　D．60°

4．明度为（　　）的颜色称为低明度颜色。

A．1～2 级　　B．1～3 级

C．1～4 级　　D．1～5 级

二、名词解释

1．色相。

2．明度。

3．色相推移。

4．强调色彩。

项目三

图片拍摄

项目导读

本项目主要介绍了拍摄器材、明确拍摄任务和实际拍摄。通过逐步学习相机按键、常用参数，明确公司和产品图片任务，并实际操作拍摄，提升拍摄技能，掌握拍摄技巧，取得更好的成果。

学习目标

☆知识目标

1. 了解相机器材的基本构造和按键功能。
2. 掌握相机的常用参数，如快门速度、光圈大小、ISO 等。
3. 了解不同类型主题图片的拍摄方法和技巧。
4. 了解后期制作的基本知识、如光影、色彩等。

☆能力目标

1. 能根据拍摄主题，确定合适的器材和参数，完成图片拍摄。
2. 能根据需要进行后期制作，如增加亮度、修改色彩等。
3. 能运用拍摄技巧，取得照片的层次感，同时保持清晰度。
4. 能进行摄影排练，保证摄影现场的效果。

☆素质目标

1. 培养学生敏锐的审美意识，可以定位主题和自然环境。
2. 培养学生坚韧不拔的工作态度，能在艰难的拍摄环境下完成任务。
3. 培养学生良好的团队合作精神，能与他人分享、学习和探讨经验。
4. 培养学生严谨的工作态度，能对细节和技术细节进行注意和把握。

思政目标

我国的历史光辉灿烂，改革开放成绩斐然，科学技术突飞猛进。在教学中，通过选择能够展现中国精神、中华文化、风土人情的人文主题，比如时代人物、科技成就、工业创举、城市建设、社会发展等，让学生通过欣赏或拍摄，直观感受以民族主义为核心的爱国主义精神和以改革开放为核心的时代精神的强大凝聚力和号召力，以此激励学生充分发掘自身潜力，砥砺前行，奋发作为，积极投身到新时代改革开放伟大事业中去，成为社会主义伟大事业的接班人。

任务一　拍摄器材

任务描述

在本任务中，学生将学习相机器材的基本构造以及常用按键功能，并理解它们在实际拍摄中的作用。通过学习，学生会了解相机的基本构造和组成，掌握相机的各个部分及它们的作用。在完成本任务后，学生将具备相机操作的基本技能，为后续的拍摄任务做好准备。

任务分析

市场上存在多种类型的相机和配件，学生需要花费时间去了解每种器材的特点及其适用场景。

知识积累

一、相机的基本按键

相机的基本按键包括反光镜、手柄、快门按钮、内置闪光灯、镜头安装标志、镜头释放按钮、镜头卡口，如图 3-1 所示。

图片拍摄

1. 反光镜

反光镜用于将从镜头射入的光线反射至取景器。反光镜上下可动，在拍摄前一瞬间将升起。

2. 手柄

手柄是相机的握持部分。当安装镜头后，相机整体质量会略有增加。应牢固握持手柄，并保持稳定的姿势。

3. 快门按钮

按下快门按钮将释放快门拍下照片。按按钮的过程分为两个阶段；半按时自动对焦功能将启动，全按下时快门将被释放。

4. 内置闪光灯

在昏暗的场景中，可根据需要使用闪光灯来拍摄，在部分拍摄模式下会自动闪光。

5. 镜头安装标志

在装卸镜头时，将镜头一侧的标记对准镜头安装标志。红色标志为 EF 镜头的标志。

6. 镜头释放按钮

在拆卸镜头时按下镜头释放按钮。按下按钮后镜头固定销将下降，可旋转镜头将其卸下。

7. 镜头卡口

镜头与机身的接合部分。通过将镜头贴合镜头卡口进行旋转，安装镜头。

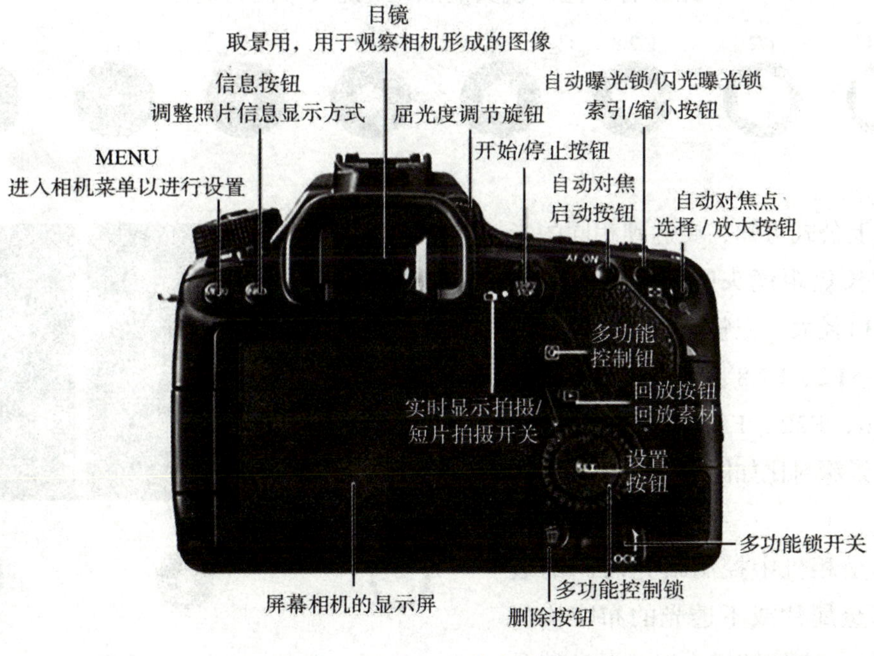

图 3-1　相机的基本按键

知识链接

照相机的含义

照相机简称相机，是一种利用光学成像原理形成影像并使用底片记录影像的设备，是用于摄影的光学器械。在现代社会生活中有很多可以记录影像的设备，它们都具备照相机的特征，比如医学成像设备、天文观测设备。

被摄景物反射出的光线通过照相镜头（摄景物镜）和控制曝光量的快门聚焦后，被摄景物在暗箱内的感光材料上形成潜像，经冲洗处理（即显影、定影）构成永久性的影像，这种技术称为摄影术，分为一般照相与专业摄像。

2018 年 9 月，世界海关组织协调制度委员会将无人机归类为“会飞的照相机”。

二、相机的常用参数

相机的常用参数有光圈、快门、感光度、焦距。

1. 光圈

光圈是一个用来控制光线透过镜头进入机身内部感光元件光量的相机装置。它通常位于镜头内部的小叶片集合中，有虚化背景等作用。光圈大小示意图如图 3-2 所示，通常用 F 或 f 值来表示光圈的大小。光圈孔径越小，进光量越少。

光圈的 F 值 = 镜头的焦距 / 镜头口径的直径

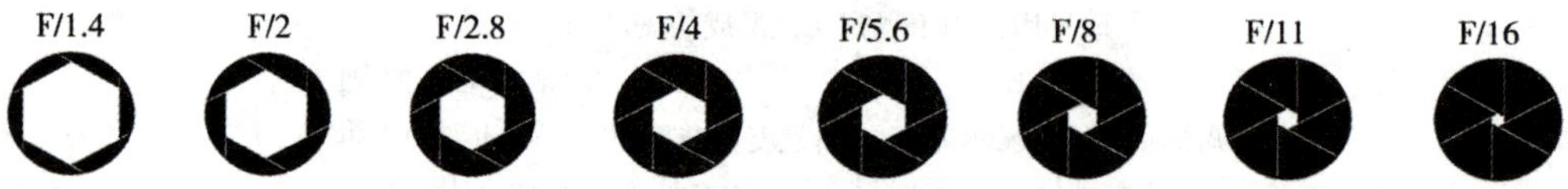

图 3-2 光圈大小示意图

由以上公式可知，要达到相同的光圈 F 值，长焦距镜头的口径要比短焦距镜头的口径大。完整的光圈值系列为 F1、F1.4、F2、F2.8、F4、F5.6、F8、F11、F16、F22、F32、F44、F64。各档光圈景深对比如图 3-3 所示。

图 3-3 各档光圈景深对比

2. 快门

快门是相机中控制曝光时间的装置，由薄金属片或不透光的布帘构成（图 3-4）。它的结构、形式及功能是衡量照相机档次的一个重要因素。快门类似一个帘子，挡在镜头光圈和感光元件之间，按下快门的一瞬间，快门帘打开。拍照时快门的开启时间可以是数秒、一秒、几分之一秒以至千分之一秒或更短。如果将进光量比喻成水的话，那么光圈就是水管，而快门就是控制水管的阀门。

快门的速度单位是“秒”。常见的快门速度有 1、1/2、1/4、1/8、1/15、1/30、1/60、1/125、1/250、1/500、1/1 000、1/2 000 秒。专业 135 相机的最高快门速度甚至可达到 1/16 000 秒。一般而言，快门的时间范围越大越好。相邻两级的快门速度的曝光量相差一倍，一般常说“相差一级”，如 1/60 秒比 1/125 秒的曝光量多一倍，即 1/60 秒比 1/125 秒速度慢一级或称低一级。快门速度效果对比如图 3–5 所示。

图 3-4　快门

图 3-5　快门速度效果对比

3. 感光度

感光度是国际标准化组织（international standardization organization，ISO）对感光度做的量化规定。感光度衡量底片对于光的灵敏程度，由敏感度测量学及测量数个数值决定，国际标准化组织标准为 ISO6。对于光较不敏感的底片，需要曝光更长的时间以达到跟较敏感底片相同的成像效果，通常称为慢速底片；高度敏感的底片被称为快速底片。

ISO 感光度越高，照片就越亮，噪点也就越多。

ISO 感光度越低，照片就越暗，噪点也就越少。

常见的 ISO 感光度值如图 3–6 所示，不同 ISO 感光度值的拍摄效果如图 3–7 所示。

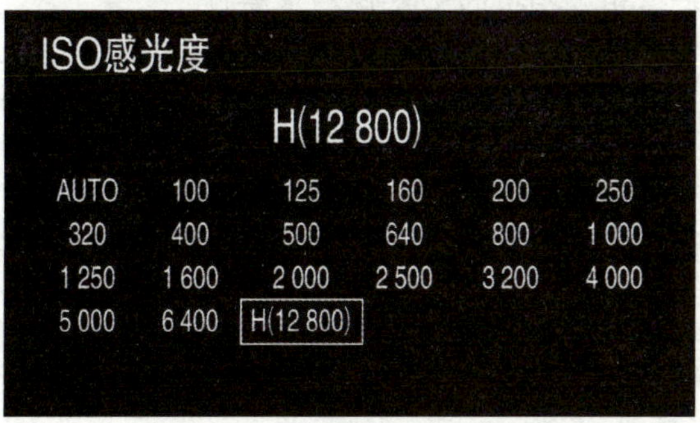

图 3-6　常见的 ISO 感光度值

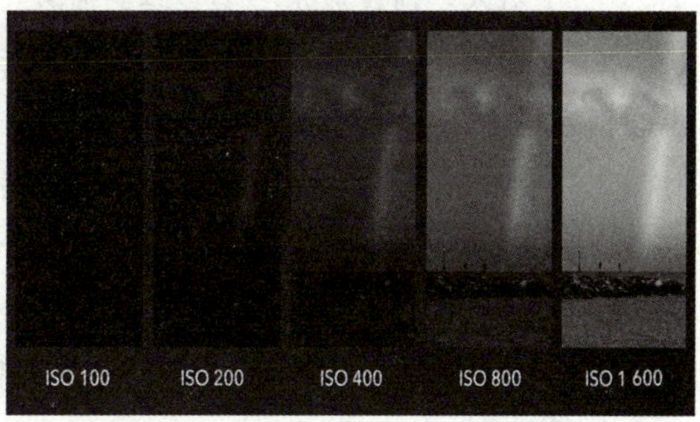

图 3-7　不同 ISO 感光度值的拍摄效果

4. 焦距

如图 3–8 所示，焦距是从镜头的镜片中间点到光线能清晰聚焦的那一点之间的距离，是相机中从镜片中心到底片或 CCD 等成像平面的距离。

焦距值越小，拍摄画面的范围就越大；焦距值越大，拍摄画面的范围就越小。不同焦距下拍摄的效果对比图如图 3–9 所示。

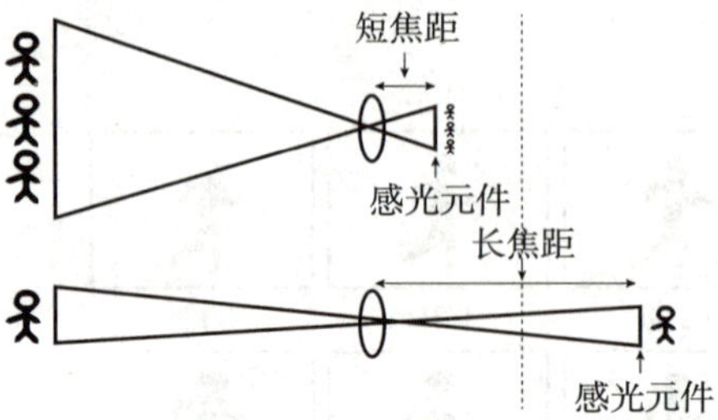

图 3-8　焦距原理图

图 3-9　不同焦距下拍摄的效果对比图

实训分析

了解相机器材和基本按键

【实训目的】

通过实训活动，学生将掌握相机器材的基本构造和常用按键功能，理解它们在实际拍摄中的应用，培养学生的相机操作技能，为后续的拍摄任务做好准备。

【实训描述】

这次活动的目的是让学生通过实际操作，运用所学知识拍摄校园的美景，并展示和分享拍摄作品。老师将指导学生熟悉相机器材和基本按键功能，并帮助学生在拍摄过程中运用所学技巧。

【实训步骤】

（1）引入：通过展示一些经典的照片，介绍相机拍摄的必要性和重要性。

（2）知识讲解：讲解相机器材的基本构造和组成、常用按键的功能和操作方法，并结合图片展示让学生更加直观地了解各个部位的作用。

（3）演练：分发相机，让学生亲自操作，熟悉相机按键的功能和操作方法。

（4）实践：让学生在校内或院外选择一个主题，运用所学知识进行拍摄，并互相分享经验，共同进步。

（5）总结：回顾本次实训内容，总结收获，展示并欣赏拍摄作品。

【实训反思】

本次实训不仅使学生掌握了相机的操作技巧，更重要的是培养了学生的观察力和审美能力。学生开始学会用摄影的眼光去发现生活中的美，用镜头去记录那些值得珍藏的瞬间。

任务二　明确拍摄任务

任务 描述

本任务旨在帮助学生明确拍摄任务，分为公司图片和产品图片两个部分。在公司图片方面，学生需要确定拍摄内容、地点、角度和道具，以展现公司形象；在产品图片方面，学生需了解产品特点、选择拍摄背景、设置相机参数和展示产品细节。

任务 分析

将抽象的想法具象化为实际的拍摄方案，需要较强的创意思维和艺术感。

知识 积累

跨境电子商务网店运营图片主要分为两大类：公司图片和产品图片。

一、公司图片

公司图片一般用于旺铺装修及详情页通用模块，主要包含公司信息、工厂图片、成功案例、资质证书等相关图片。

（1）公司信息：包含公司简介、办公环境、公司团队等相关图片。

（2）工厂图片：包含工厂环境、生产器械、生产工艺、流水线、仓库物流等相关图片。

（3）成功案例：包含参展案例、展会信息、客户拜访、客户评论、交易数据等相关图片。

（4）资质证书：包含公司资质证书、荣誉证书、产品认证证书、研发能力证书等图片。

通过适当的渠道展示公司的宣传图片，可提高企业知名度，促进产品销售。有以下几个方面作用。

（1）有利于树立良好的公司形象，扩大公司的知名度，增强合作者对公司的好感和信心。

（2）在最短时间内快速地让客户了解公司产品的特点、优势。

（3）得到公众的信赖，为公司的商品和服务创造出一种消费心理。

（4）辅助传统营销手段，使营销行为更加生动直观、深入有力。

二、产品图片

产品图片需根据跨境电子商务 B2B 平台对产品图片的要求进行拍摄。

产品图片一般通过产品系列进行归类，再通过产品型号进行细分。产品图片包含产品主图、产品详情页图片及产品海报等。

（1）主图：不少于 6 张，一般展示产品卖点、不同角度、使用效果等。

（2）产品详情页图片：建议 15 张以内，一般展示产品尺寸、产品细节、产品优势、产品包装等。

（3）产品海报：展示产品核心卖点或产品活动。

三、拍摄方案

跨境电子商务公司一般都需要进行公司宣传照和商品图片的拍摄，拍摄之前，需要制定一套拍摄方案，确定公司需要拍摄照片的场景和需要拍摄的产品组，做好预算，供摄影师等相关人员参照执行，也可供企业领导验收做参考。图片拍摄主要分四步：确定产品拍摄标准，制定拍摄方案，拍摄工具准备，根据拍摄方案进行拍摄。

（1）确定产品拍摄标准，如表 3-1 所示。

表 3-1　产品拍摄标准

拍摄标准	具体要求及标准
要求	确定图片的用途及要求，包括产品及数量
构图	构图必须完整，不得裁边角，拍摄产品位于画面中心并居中
曝光	保证商品图片曝光正常，尽量还原真实色彩
细节	局部构图要体现产品细节、做工、卖点
布光	布光角度要合理，拍摄主体位置应控制在两灯交叉点
角度	对产品进行不同角度拍摄，全方位展示产品

（2）制定拍摄方案：明确拍摄的目标产品、拍摄目的及要求、拍摄道具、用光、器材、拍摄方法等。

（3）拍摄工具准备：静物箱、灯光、光源、三脚架、背景幕布、构图小工具等。

（4）根据拍摄方案进行拍摄。

实训分析

摄影实训课堂

【实训目的】

（1）帮助学生掌握摄影基础知识和技能。

（2）提供实践机会，让学生能够应用所学知识进行实际拍摄。

（3）培养学生的创意与观察力，培养艺术感知和审美能力。

【实训描述】

为了帮助学生更好地掌握摄影技巧和拍摄准备事项，班级开展了多样化的实训任务。这些任务情景的设定旨在模拟真实的摄影场景，让学生能够在实践中发现问题、解决问题，从而提升自己的综合素质。

【实训步骤】

步骤一：活动前准备

（1）确定活动时间、地点和参与人员。

（2）准备必要的摄影器材，包括相机、镜头、三脚架等。

（3）设计活动所需的讲义、练习题和案例分析材料。

步骤二：理论讲座

（1）提供关于摄影基础知识的讲座，包括光线、曝光、构图等。

（2）介绍不同类型的摄影，如人像、风景、静物等，并讲解各自的特点和技巧。

步骤三：实践拍摄

（1）分组进行实践拍摄，每组准备一个摄影主题或拍摄任务。

（2）指导学生选择合适的拍摄场景、角度和构图，引导他们尝试不同的拍摄方式。

（3）提供实时反馈和指导，帮助学生改进拍摄技巧。

步骤四：图片评选

（1）学生分享并展示自己的拍摄作品，介绍拍摄思路和经验。

（2）鼓励学生互相欣赏和评价作品，提供建设性的反馈和意见。

（3）评选出优秀作品，并给予表彰和奖励。

【实训反思】

本次实训促进了学生自身能力的提高与职业能力的增强，有效实现了理论和实践的结合，为更好地提高学生的技能和素质奠定了良好基础。

任务三　图片的拍摄

任务描述

本任务包含了拍摄前的准备工作和实际的拍摄过程。在整个拍摄过程中，学生需要根据拍摄任务的要求，结合合适的拍摄角度和构图，调整相机设置和控制光线，保证拍摄稳定性。此外，还需要多角度拍摄，以增加图片的多样性和选择性。

任务分析

在不同的拍摄环境中（室内、室外、自然光、人造光等），调整相机设置以获得最佳效果，需要丰富的经验和实践。

知识积累

一、拍摄前准备

根据预先敲定的拍摄方案，发动各部门布置拍摄场景、准备商品、联系模特准备等。

（一）布置拍摄场景

1. 公司照片拍摄场景

公司照片拍摄场景主要有公司团队、工作场景、会议场景、研发部、办公室、生产场景、物流车队、仓储环境。根据公司图片宣传的需要和传达的思想精髓，在可能的拍摄地提前做好卫生清洁、物品摆放、辅助道具的添加与摆放等工作。

2. 产品图片拍摄场景

产品图片拍摄主要有产品静物拍摄、产品加人物拍摄，其相应的场景应提前布置。

（1）产品静物拍摄：专门拍摄实体性的产品或者产品外包装。将被摄主体嵌入一种气氛或环境之中，并通过装饰品、底景和背景的布置来实现更理想的视觉效果，如珠宝首饰、服装、手表、化妆品、食品、汽车、家居产品等。产品静物拍摄的对象是用于实体商业推销或网络营销展示的实物，拍摄方式分为两种：一种是单品拍摄，不需要搭配道具和背景的退底照片，主要用来向消费者及代理商展示产品细节；另一种是传播品牌文化的概念海报拍摄，选择最具有代表性的单品，同时搭配相关主题的道具及场景，用光与拍摄要求更为精确考究。

（2）产品加人物拍摄：利用人物形象作为主体或者陪衬商品的商业广告摄影，如常见的化妆品广告、服装穿搭广告、鞋包人物陪衬广告。产品加人物拍摄又分为产品加人物部分拍摄和产品加人物整体拍摄。人物只是作为一个载体，依托人物形象、知名度、穿搭效果等来吸引消费者进行购买。产品加人物拍摄的场景可根据产品拍摄需要选择或创设摄影棚场景、工作或办公场景、街拍场景休闲娱乐场景等。

（二）准备商品

敲定要拍摄的产品或产品线，联系工厂或仓库，把需要拍摄的产品运送到拍摄地。

（三）联系模特准备

模特准备包括挑选辅助产品拍摄的模特（图 3-10），联系模特沟通拍摄事宜，拍摄前模特化妆打扮，产品拍摄模特的穿搭准备等。

选用的模特应具备各方面的优秀综合素质，如体型、相貌、气质、文化基础、职业感觉、展示能力。

1. 体型

身高是模特所具备的最基本的条件。女性服装模特一般身高在 1.72 ~ 1.85 m，其他女性模特一般身高在 1.66 m 以上。男性模特的身高一般在 1.80 ~ 1.90 m，胸围 86 ~ 90 cm，腰围 63 ~ 78 cm，体重在 70 ~ 80 kg。和谐的身体比例是模特最重要的生理基础，对于体现人体形式美的模特来说，在评判他们的体型是否和谐时，可以以“黄金分割律”来作为参考。

图 3-10　女模特

2. 相貌

相貌虽然不像身材那么突出，但也是十分重要的形象因素。对于模特而言，理想的头型是椭圆形，脸型不宜宽，可以稍长一些。五官端正是最起码的要求，不用十分漂亮，只要有个性，照样可以脱颖而出。

3. 气质

一名优秀的模特往往具有与众不同的气质，包括姿势、表情、神态、言谈举止方面。作为一名模特，仅有良好的身材和五官是远远不够的，只有具备了良好的气质，才能烘托出时装的风格。所以，对于模特来说，时刻注意自己的内在修养和外表仪态是十分重要的。

4. 文化基础

尽管受教育程度与文化素养不是绝对一致的，但是没有进入过高等学校学习的模特，还是需要通过其他途径获得一些必要的知识。试想，一名有文化基础的模特，他（或她）对不同的服装风格就有各种独特的表演方式，以便于形成自己的个性，在职业上也更容易发展。其实，有很多文化知识是跟模特表演有莫大的关系的，如音乐知识、舞蹈知识、服装设计、摄影艺术、舞台灯光等，都是从事模特专业的人所必须知道的，这些知识即使无法做到精通，至少也应该熟悉。

5. 职业感觉

模特的职业感觉一般包括服装感觉和舞台感觉。所谓服装感觉，就是对服装的一种直觉判断，即熟悉服装潮流；懂得哪种款式适合哪种形体和气质的人；精通自己形象的个性要求。通俗来说，就是凭着自己的直觉能摸索到最新潮流，并依据潮流信息进行穿着打扮。

6. 展示能力

展示能力一般包括舞台表演技巧和展示服装能力两个方面。无论哪种模特，都应具备在 T 形台上走台的技巧，即要会走猫步。舞台表演技巧一般都是靠专业的训练培养出来的。时装表演一般要求模特能理解设计师的设计意图及编导安排音乐、走台方式的目的所在。这些要求的内容就是模特所必须具备的展示服装能力。

以上几点是成为一名合格的模特所必须具备的基本条件。作为一名优秀的模特，不仅要具备较好的生理条件、文化基础，还要对服装设计、制作与面料、配件及音乐、舞台灯光等具有一定的领悟能力。模特的工作场所在T形台上，若要在台上取得成功，就必须在台下进行各种与之相关的素质培养。

选好模特后，联系模特沟通拍摄事宜，告诉模特需要其做好哪些准备（妆容、穿搭、道具等）。

二、拍摄图片

在拍摄中，根据取景选择恰当的拍摄范围，使景物能够合理地被安排在画面的某个位置或范围，使拍摄出来的照片具有一定的艺术效果。

（一）图片拍摄基本要求

图片拍摄基本要求：形准、色准、质优。

（1）形准：指商品的形态、造型特征及画面的构图形式准确。

（2）色准：指商品拍摄时要色彩统一，无明显色差。

（3）质优：指商品的质地、质量、质感均优秀。

（二）场景搭建与拍摄取景

产品拍摄取景主要涉及两大元素：一个是主体，另一个是背景。在产品拍摄中，背景又可以分为两部分：一个是单色背景；另一个是搭建背景，也叫场景。

不同的产品拍摄需做不同场景的搭建，如小而精的产品可以使用静物台搭配灯箱；大件的产品可以搭建背景幕布；服装、鞋包类目的产品则可以选择模特场景实拍。

注意：产品背景应与产品颜色有一定反差，这样才能更突出产品，如白色产品不建议在白色背景内进行拍摄。

1. 单色背景拍摄

单色背景拍摄是指常用的白色、灰色和黑色等系列的单色拍摄，其中以白色背景为主。因为背景颜色简单统一，拍摄出来的画面主体会很好地被凸显出来，不足之处在于画面会显得单调。单色背景拍摄效果如图3-11所示。

单色背景拍摄要注意产品主体颜色和背景颜色不能太接近，如白色产品用白色的底。没有颜色对比时，产品很难被凸显出来。

2. 场景拍摄

场景拍摄是指画面中除主体商品外，背景还有一些其他物体或元素作为衬托，从而使画面更生动。此时的背景元素如果用得好，就可以起到渲染氛围的作用，更加突出主体的美感与特性。场景拍摄效果如图3-12所示。

图 3-11　单色背景拍摄效果

图 3-12　场景拍摄效果

场景拍摄时要注意控制背景物体或元素的颜色和大小，避免主次不分，使得主体商品不能被凸显。

3. 光线选择与布光技巧

（1）光线选择。光线的主要类型有自然光源和人造光源。

① 自然光源：一般用于实拍，避免产品色差引起的纠纷，如图 3–13 所示。

② 人造光源：用于产品拍摄，方便后期修图，如图 3–14 所示。

图 3-13　自然光源

图 3-14　人造光源

（2）布光技巧。布光的主要技巧有正面两侧布光，两侧 45° 角布光，单侧 45° 角不均衡布光，前后交叉布光和后方布光等。

① 正面两侧布光：是商品拍摄中最常用的布光方式，正面投射出来的光线全面而均衡，能全面地表现商品，不会出现暗角，如图 3–15 所示。

② 两侧 45° 角布光：将使商品的顶部受光，正面没有完全受光，适合拍摄外形扁平的小商品，不适合拍摄立体感较强且有一定高度的商品，如图 3–16 所示。

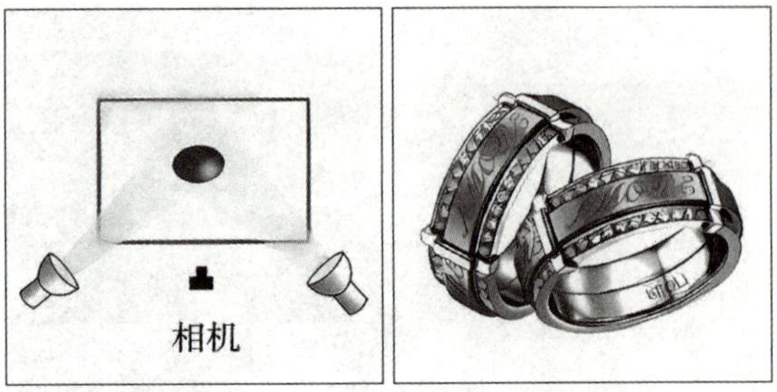

（a）　　（b）

图 3-15　正面两侧布光

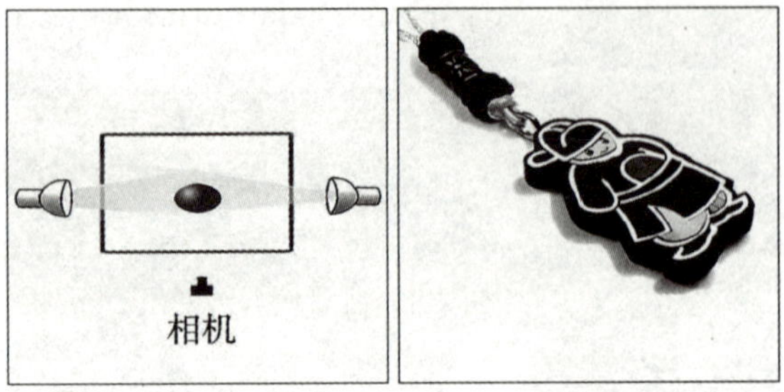

（a）　　（b）

图 3-16　两侧 45°　角布光

③ 单侧 45°　角不均衡布光：将会使商品的一侧出现严重的阴影，底部的投影也很深，商品表面的很多细节无法得以呈现。同时，由于减少了环境光线，反而增加了拍摄的难度，如图 3–17 所示。

④ 前后交叉布光：从商品后侧打光可以表现出表面的层次感，如果两侧的光线还有明暗的差别，那么，就能既表现出商品的层次又保全了所有的细节，比单纯关掉一侧灯光的效果更好，如图 3–18 所示。

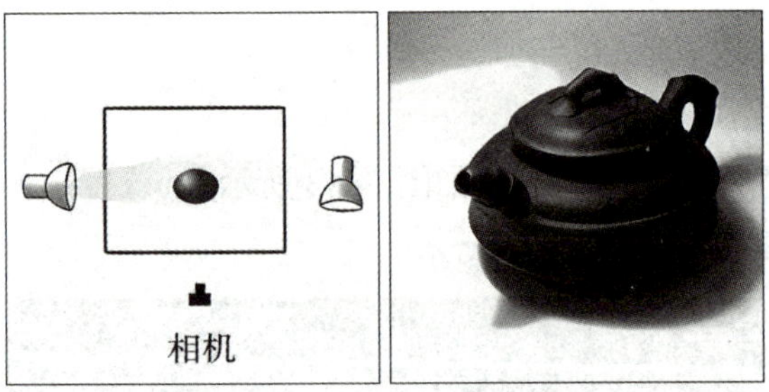

（a）　　（b）

图 3-17　单侧 45°　角不均衡布光

（a）　　（b）

图 3-18　前后交叉布光

⑤ 后方布光：从背后打光，商品的正面因没有光线而产生大片阴影，无法看清商品的全貌。因此，除拍摄需要表现如琉璃、镂空雕刻等具有通透性的商品外，最好不要轻易尝试这种布光方式。同样的道理，如果是采用平摊摆放的方式来拍摄的话，我们可以增加底部的灯光，即通过从商品的后方打光来表现出这种通透的质感，如图 3–19 所示。

（a）　　（b）

图 3-19　后方布光

在实际拍摄中，可根据产品的颜色和风格去搭配相应的背景或场景，尽量做到简洁大方，颜色和风格相统一，且突出主体。

4. 构图方式及构图技巧

（1）构图方式。常用的构图基本方式有横式构图、竖式构图、斜线构图、对称式构图、框架式构图、黄金分割法构图。

① 横式构图：是商品呈横向放置或者横向排列的横幅构图方式。这种构图方式能够给人一种稳定、可靠的感觉，多用来表现商品的稳固，并给人安全感，是一种常用的构图方式。

② 竖式构图：是商品呈竖向放置和竖向排列的竖幅构图方式，这种构图方式可以表现出商品的高挑、秀朗，常用来拍摄长条的或者竖立的商品。竖式构图在商品的拍摄中也是经常被使用的构图方式。

③ 斜线构图：又称为对角线构图，即将产品安排在画面的对角线上，其特点是富有动感张力，个性活泼突出。对于表现造型、色彩或者理念等较为突出的商品，斜线构图方式较为实用，会有更好的纵深效果和立体效果。

④ 对称式构图：对称式构图有上下对称、左右对称等，具有稳定平衡的特点。对称式构图多用于建筑、倒影拍摄等，常在建筑摄影中用于表现建筑的设计平衡、稳定性。此方式还广泛应用于镜面倒影中，以表达唯美意境。此构图法还可应用于公司图片拍摄。

⑤ 框架式构图：选择一个框架作为画面的前景，引导观众视线到拍摄主体上从而突出主体。框架式构图会形成纵深感，让画面更加立体直观，更有视觉冲击，也让主体与环境相呼应。常用门窗、树叶间隙、网状物等来作为框架。

⑥ 黄金分割法构图：简单地说，就是将摄影主体放在位于画面大约 1/3 处，让人觉得画面和谐、充满美感、富有意境。所以，黄金分割法构图又称为三分构图法则或九宫格构图。一般由两横两竖将画面均分，使用时将主体放置在线条四个交点上，或者放置在线条上。大部分相机上都直接配备有这个构图辅助线。此构图方式应用广泛，多用于风景、人像等。

（2）构图技巧。摄影构图的画面设计，最重要的一点就是构图的均衡美。构图时需注意对称和均衡的运用。结构均衡是指画面中各部分的景物要有呼应、有对照，以达到平衡和稳定。画面结构的均衡，除了大小、轻重以外，还包括明暗、线条、空间等。

构图中的主次关系：设计画面时要注意主体和陪衬物的关系、主要人物和次要人物的关系、人物与背景的关系，做到虚实对比、动静对比、大小对比等。

5. 拍摄角度

拍摄角度主要有平摄、仰摄、俯摄、微距。

（1）平摄。平摄就是机位跟被摄的物体大致在一个平行线上，这种角度接近人眼的习惯。主要特点是透视效果好，不易产生变形，会相对真实地还原产品形态。在拍摄物体的时候要先观察一下被摄的主体是正面还是侧面好看，然后再确定角度进行拍摄。

（2）仰摄。仰摄是从下往上进行拍摄，被拍摄的主体高于相机的机位，这个角度拍出的照片具有很大的视觉冲击力，可以很好地表现出被摄物体的高大。可以使得环境变得干净，更容易在拍摄的时候突出主体，如灯饰拍摄。

（3）俯摄。俯摄和仰摄机位正好相反，从高角度进行拍摄，这种拍摄方式比较适合大场景，可以表现出场景的辽阔。在拍摄产品时，俯摄拍摄多用于拍摄产品顶面。

（4）微距。微距特别适合拍摄野花、鸟鱼虫等细小的东西，对细节可以充分展示，产品拍摄中一般用于拍摄小而精的商品，以表现其做工精细程度，如珠宝首饰等。

实训分析

产品图片拍摄比赛

【实训目的】

（1）了解拍摄产品图片的基本知识和技能。

（2）提高学生实际操作能力。

【实训描述】

假设班级决定通过展示照片来装饰教室的墙壁，以展示班级文化和活动。为了激发学生的创造力和参与热情，老师决定组织一场别开生面的照片评比活动。

【实训步骤】

（1）组建小组，每个小组需要3～5人。

（2）确定拍摄主题和场景，例如手机、笔记本电脑、书包等。

（3）给每个小组提供一个相机、三脚架、反光板等器材，并讲解器材的基本使用方法。

（4）给每个小组规定一个时间，让他们在规定时间内完成拍摄任务。

（5）在拍摄的过程中，可以邀请一些具有拍摄经验的老师进行指导和辅助。

（6）拍摄结束后，每个小组派出一名成员来展示他们的照片，并给出他们的创意和拍摄技巧的讲解。

（7）全班投票选出最佳产品图片照片。

（8）最后，老师给出评价意见和技巧建议，并颁发奖品。

【实训反思】

通过本次实训，让学生对拍摄照片的技巧和要点有了更为深刻的认识，并对摄影的精神和品质产生了更为深厚的敬意。

项目小结

本项目主要旨在让读者了解和掌握拍摄器材和技巧，进一步提高拍摄美术类画面的能力。在本项目中，通过三个任务的设计，分别让读者了解了相机的基本按键和常用参数、明确了拍摄任务并制定了对应的拍摄方案、完成了图片的拍摄，最终实现了项目的目标。

思考练习

一、选择题

1. 在拍摄美食照片时，以下哪个因素对照片效果影响最大？（　　）

A. 光线　　B. 拍摄角度

C. 相机品牌　　D. 背景选择

2. 拍摄公司图片时，下列哪个内容适合包括在公司图片中？（　　）

A. 产品特写照片　　B. 公司团队合照

C. 抽象艺术作品　　D. 风景景观照片

3. 在拍摄中，ISO 是用来调节什么参数的？（　　）

A. 光圈大小　　B. 快门速度

C. 相机感光度　　D. 曝光补偿

4. 拍摄产品图片时，以下哪个是比较重要的拍摄技巧？（　　）

A. 多角度拍摄　　B. 使用低分辨率

C. 忽略光线影响　　D. 不考虑产品细节

二、名词解释

1. 光圈。
2. 快门。
3. 焦距。
4. 黄金分割法构图。

项目四

图 片 处 理

项目导读

本项目将系统学习关于图片处理的相关知识和Photoshop软件的运用。通过该项目，将了解到Photoshop的基本入门知识、正确的文件格式应用、图片大小与分辨率的重要性，以及如何进行图片的美化与精修等。

学习目标

☆知识目标

1. 了解Photoshop软件的基本功能和操作方法。
2. 理解不同文件格式的特点及应用场景。
3. 掌握图片大小和分辨率的概念，能正确调整图片尺寸。
4. 理解图层、路径、通道和蒙版在Photoshop中的作用和应用方法。
5. 理解图片修复工具的原理和色彩属性的基本概念。
6. 熟悉图像切片的概念和处理方法。

☆能力目标

1. 能够熟练使用Photoshop进行基本的图片处理和编辑操作。
2. 能够根据不同需求选择合适的文件格式保存图片。
3. 能够调整和优化图片的大小和分辨率。
4. 能够利用图层、路径、通道和蒙版实现复杂的图像编辑效果。
5. 能够运用修复工具修复图片中的缺陷和瑕疵。
6. 能够切割图像并对不同部分进行独立编辑和处理。

☆素质目标

1. 培养学生对图像处理的兴趣和热情，持续学习和提升相关技能。
2. 培养学生耐心和细致的工作态度，确保每一步操作都准确无误。
3. 培养学生团队合作意识，能够与他人分享和交流学习成果。
4. 培养学生创新思维和审美能力，能够设计出符合需求的优秀作品。
5. 培养学生对细节的关注和专注能力，确保每一次编辑都达到预期效果。

思政目标

通过 Photoshop 课程的教学，可以引导学生树立正确的创作态度和价值观念，强调技术是为了服务于创意和设计，而不是为了追求技术本身。教育学生在图像处理的过程中要注重原创性和个性化，避免盲目模仿和刻意迎合。帮助学生树立正确的设计理念和审美观，注重创意的重要性和设计的独特性，从而提高学生对设计与创作的认知和理解。

任务一 Photoshop 的基本知识

任务描述

本任务旨在帮助学生快速了解 Photoshop 软件的基本功能和操作方法，掌握基本的图像处理技能，包括图像的调整、编辑和保存等。

任务分析

Photoshop 界面复杂，初次接触的读者需要时间来熟悉各个面板和工具的位置。

知识积累

Photoshop，简称“PS”，是由 Adobe Systems 开发和发行的图像处理软件，如图 4-1 所示。

图片处理

Photoshop 主要处理用像素构成的数字图像。使用其众多的编修与绘图工具，可以有效地进行图片编辑工作。Photoshop 的功能涉及图像、图形、文字、视频、出版等多个方面。

Adobe 支持 Windows、Android 与 macOS，Linux 操作系统用户可以通过使用 Wine 来运行 Photoshop。

图 4-1 Photoshop 标识

一、Photoshop 快速入门

（一）Photoshop 的界面

打开 Photoshop 软件进入操作界面如图 4–2 所示。

图 4-2　Photoshop 操作界面

左侧是工具箱调板。可以用左键单击相应的工具栏选择使用工具，进行图片处理操作，如图 4–3 所示。

右侧是窗口菜单调板，如图 4–4 所示。窗口菜单调板可以自由选择添加项，单击顶部菜单栏中的“窗口菜单”按钮，在下拉列表中选择需要的模块完成相应调板的显示或隐藏。

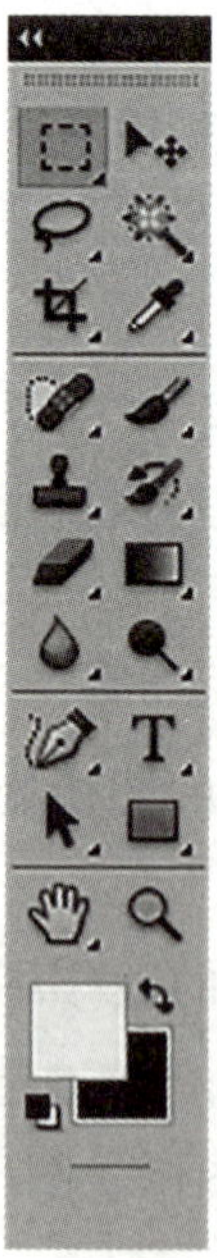

图 4-3　工具栏

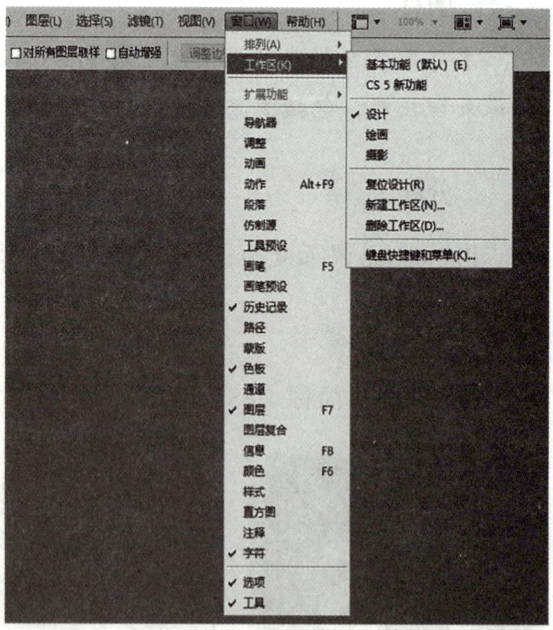

图 4-4　选择需要展示在窗口调板的模块

顶部的菜单栏中包含了 Photoshop 的全部操作，可以根据图片修改的需求进行选择使用，如图 4–5 所示。

图 4-5　菜单栏

菜单栏的下方是属性栏。属性栏显示当前正在使用的工具的属性如图 4–6 所示。

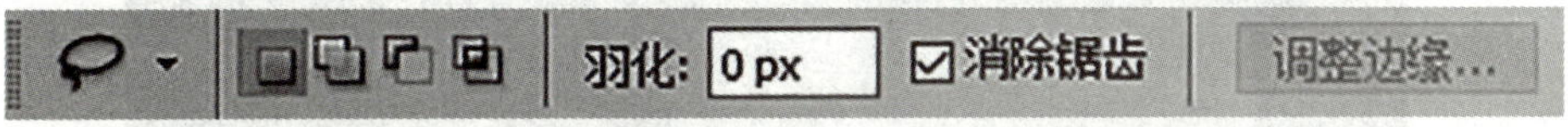

图 4-6　属性栏

（二）Photoshop 常用操作

1. 图片的打开方法

图片的打开方法有以下几种。

（1）使用“文件”菜单中的“打开”命令。

（2）使用快捷键“Ctrl+O”。

（3）双击 Photoshop 界面的中心。

（4）将需要处理的图片拖动到 Photoshop 中打开。

（5）鼠标右键单击需要处理的图片，选择打开方式为 Photoshop。

2. 图片的保存方法

Photoshop 中保存图片的快捷键是“Ctrl+S”，也可使用“文件”菜单中的“保存”命令。根据图片格式的需要，可以将图片保存为“JPEG、PNG、GIF、PSD”等格式，其中“PSD”格式是 Photoshop 的专用格式，它能保存当前图片处理的所有步骤，方便下次打开继续进行编辑。

3. 历史记录面板的使用方法

图片处理时可能需要反复修改才能获得最佳的效果，偶尔可能会出现操作失误，这时需要返回处理前的图片，在这种情况下可以用到“历史记录”工具，返回操作失误前的图片状态如图 4–7 所示。

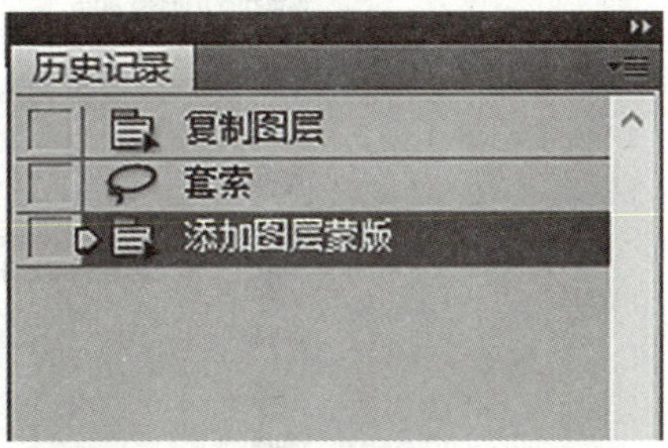

图 4-7　历史记录面板

（三）Photoshop 的使用技巧

1. 前景色和背景色互换

图 4–8 为前景色和背景色的标识，黑色是前景色，白色是背景色，可以按下键盘上的“X”键进行前景色和背景色的互换。

图 4-8　前景色和背景色标识

2. 图片移动操作

当需要将一张图片移动到另一张图片中时，首先在左侧工具栏中选择“缩放”工具■，直接用鼠标选中需要移动的图片，拖动至另一张图片中，如图 4–9 所示。

图 4-9　图片移动示例

3. 图片放大缩小

在左侧工具栏选择“缩放”工具，鼠标左键单击图片并左右移动进行图片放大或缩小；也可以按住键盘的“Alt”键，进行放大或缩小的切换。

二、正确应用文件格式

编辑完成的图片可以根据需求选择不同的文件格式进行保存，如图 4-10 所示。

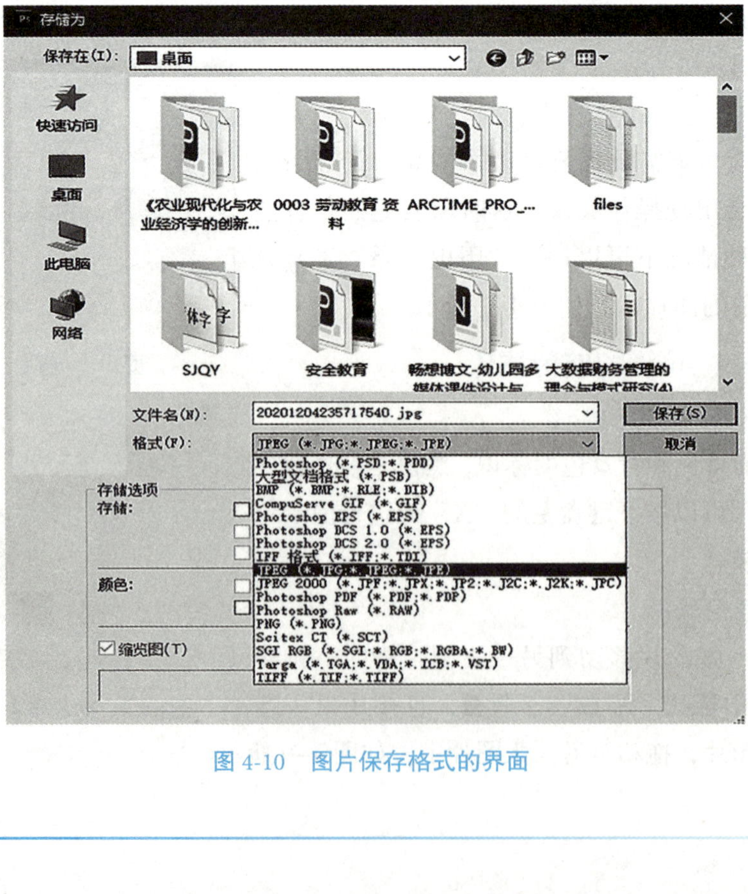

图 4-10　图片保存格式的界面

1. PSD 格式

PSD 格式是 Photoshop 默认的文件格式，它可以保留文档中的所有图层、蒙版、通道、路径、未栅格化的文字、图层样式等。通常图片保存完成以后，需要将文件另保存一份 PSD 格式，方便后期修改图片。

2. PSB 格式

PSB 格式是 Photoshop 的大型文档格式，可支持高达 300 000 像素的超大图像文件。如果创建一个 2 GB 以上的 PSD 文件，可以使用该文件格式进行保存。

3. BMP 格式

BMP 格式是一种用于 Windows 操作系统的图像格式，主要用于保存图文文件。该格式可以处理 24 位颜色的通道，支持 RGB、位图、灰度和索引模式，但不支持 Alpha 通道。

4. GIF 格式

GIF 格式俗称“动图”，是基于在网络上传输图像而创建的文件格式。GIF 格式采用 LZW 无损压缩方式，并支持透明背景的动画。

5. DICOM 格式

DICOM（医学数字成像和通信）格式通常用于传输和存储医学图像，如超声波和扫描图像。DICOM 文件包含图像数据和标头，其中存储了相关病人的医学图像信息。

6. EPS 格式

EPS 格式是为方便在 PostScript 打印机上输出图像而开发的文件格式，几乎所有的图形、图表和页面排版程序都支持该格式。EPS 格式可以同时包含矢量图形和位图图像，支持 RGB、CMYK、位图、双色调、灰度、索引和 Lab 模式，但不支持 Alpha 通道。

7. JPEG 格式

JPEG 格式是由联合图像专家组开发的文件格式。它采用有损压缩方式，具有较好的压缩效果，但是将压缩品质数值设置得较大时，会损失掉图像中的某些细节。JPEG 格式支持 RGB、CMYK 和灰度模式，不支持 Alpha 通道。

8. PCX 格式

PCX 格式采用 RLE 无损压缩方式，支持 24 位、256 色的图像，适合保存索引和线画稿模式的图像。该格式支持 RGB、索引、灰度和位图模式，以及一个颜色通道。

9. PDF 格式

PDF 格式（便携文档格式）是一种通用的文件格式，支持矢量数据和位图数据，同时具有电子文档搜索和导航功能，是 Adobe Illustrator 和 Adobe Acrobat 的主要文件格式。PDF 格式支持 RGB、CMYK、索引、灰度、位图和 Lab 模式，但不支持 Alpha 通道。

10. Raw 格式

Raw 格式是一种灵活的文件格式，能支持 Photoshop 的全部信息：α 通道、专色通道、多图层、路径和剪贴路径，它还支持 Photoshop 使用的任何颜色深度和图像模式。该格式支持具有 Alpha 通道的 CMYK、RGB 和灰度模式，以及无 Alpha 通道的多通道、Lab、索引和双色调模式。

11. Pixar 格式

Pixar 格式是专为高端图形应用程序设计的文件格式，例如用于渲染三维图像和动画的应用程序。它支持具有单个 Alpha 通道的 RGB 和灰度图像。

12. Scitex CT 格式

Scitex CT 格式用于 Scitex 计算机上的高端图像处理。该格式支持 CMYK、RGB 和灰度图像，不支持 Alpha 通道。

13. TGA 格式

TGA 格式专用于使用 True Vision 视频版的系统，它支持一个单独 Alpha 通道的 32 位 RGB 文件，以及无 Alpha 通道的索引、灰度模式，16 位和 24 位 RGB 文件。

14. TIFF 格式

TIFF 格式是一种通用的文件格式。所有的绘画、图像编辑和排版程序都支持该格式，而且大部分的桌面扫描仪都可以产生 TIFF 图像，该格式支持具有 Alpha 通道的 CMYK、RGB、Lab、索引颜色和灰度图像，以及没有 Alpha 通道的位图模式图像。

三、图片大小与分辨率

调节图片大小与分辨率的基本步骤如下。

（1）打开 Photoshop 软件，在“文件”菜单中选择“打开”命令，打开需要处理的图片，如图 4–11 所示。

（2）在“图像”菜单中，选择“图像大小”命令，如图 4–12 所示。

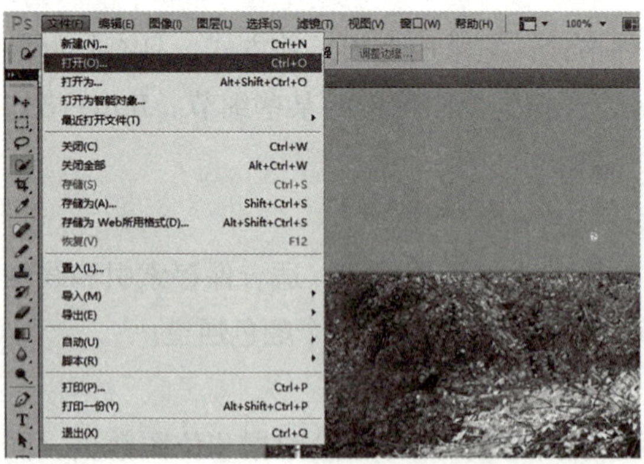

图 4-11　“文件”打开界面

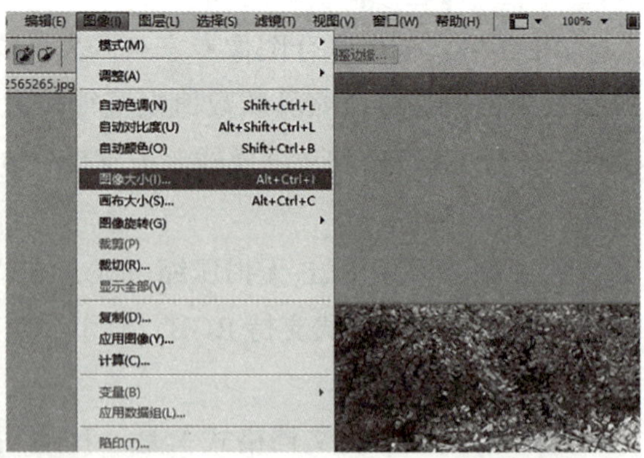

图 4-12　“图像大小”打开界面

（3）在“图像大小”对话框中，确认“重定图像像素”选项已勾选，然后进行图片的像素修改，如图 4–13 和图 4–14 所示。需要注意像素改小并保存后，因为部分信息已经丢失，所以不能再改回原图。

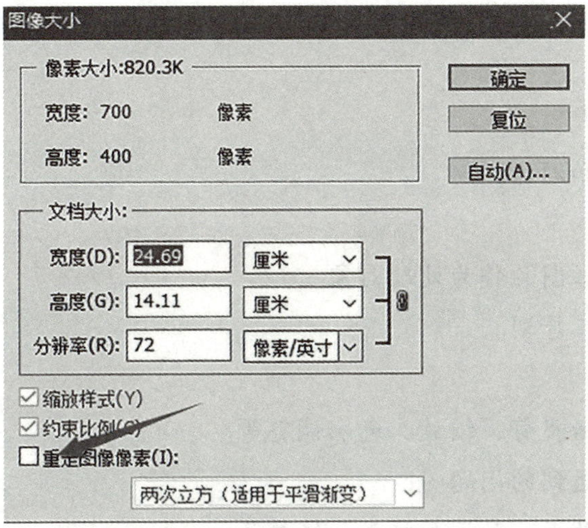

图 4-13 “图像大小”调整界面一

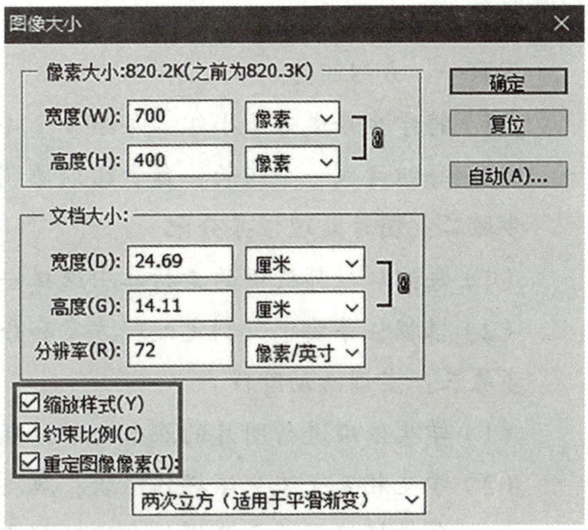

图 4-14 “图像大小”调整界面二

（4）分辨率（ppi）= 像素 / 尺寸，不同的场合对分辨率有不同的要求，达到相应要求才能清晰显示。图像分辨率设置界面如图 4–15 所示。

常用的分辨率设置有以下几种情况。

① 洗印照片：300 ppi 或 300 ppi 以上。

② 名片、杂志等：300 ppi。

③ 高清写真海报：96 ～ 200 ppi。

④ 网络图片、网页界面：72 ppi。

⑤ 大型喷绘：25 ～ 50 ppi。

（5）图片大小设置完成后，单击右上角“确定”按钮。为了防止文件丢失，可以先保存图片。

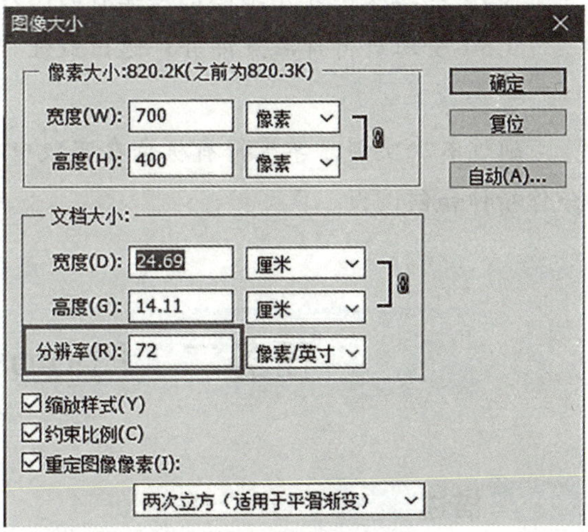

图 4-15 图像分辨率设置界面

实训分析

图片处理实践与技能提升

【实训目的】

（1）深入理解和熟练掌握图片处理的基本操作与高级技巧。

（2）提升学生的图片处理技能。

【实训描述】

为了更好地让学生掌握 Photoshop 软件的操作技巧，我们班级精心组织了一场关于图片处理和 Photoshop 的实训活动。这次活动旨在通过实践操作，让学生更深入地了解 Photoshop 的功能和应用，提升学生的图片处理技能。

【实训步骤】

步骤一：分组组建

（1）将学生分成若干小组，每组 3 ～ 4 人。

（2）每组设立一个组长，负责组内协调和沟通。

步骤二：图片处理任务分配

（1）每组从教师提供的素材库中选择一张图片作为处理对象。

（2）根据任务要求，制定处理方案和分工计划。

步骤三：实训活动阶段

（1）学生依次进行图片的基本处理，包括裁剪、缩放、色彩调整等。

（2）学生相互交流分享操作经验，解决遇到的问题。

（3）每组根据图片主题设计自己的创意效果，如添加特效、修饰等。

（4）鼓励学生尝试不同的功能和滤镜，展现个性化处理风格。

（5）每组展示并介绍他们处理后的图片作品。

（6）全班进行作品点评并评选出最佳作品。

【实训反思】

通过本次实训，学生将有机会在实践中巩固所学知识，提升实际操作能力，培养团队合作精神和创造力。

任务二　Photoshop 的基本操作

任务描述

在完成了第一阶段图片的基本处理后，学生将进入到第二阶段的创意设计。本任务旨在鼓励学生发挥创造力，运用 Photoshop 软件的高级功能和特效，为原始图片添加个性化的设计元素，使图片更具吸引力和表现力。

任务分析

Photoshop 中有许多快捷键，记住这些快捷键并能在实际操作中快速使用，可以大大提高效率。

知识积累

Photoshop 能处理图像、图形、文字等，常用于平面设计领域。在跨境电子商务中，Photoshop 常用于制作店铺 Logo、首页横幅（Banner）、商品详情页等。

一、Photoshop 图片处理基础

（一）图像的基本像素

像素（pixel）是组成图像的基本单元，每个像素都有自己特定的位置和颜色值。在 Photoshop 中用缩放工具将图像放到最大时，可以看到类似马赛克的效果，一个小方块就是一个像素。

（二）图像分辨率

图像分辨率是指每英寸图像包含多少个像素点，每英寸图片包含的像素点越多，图像的分辨率就越高，相应图片的质量就越好。

（三）图像的颜色模式

目前 Photoshop 中主要的颜色模式分为 RGB、CMYK、位图及灰度模式四类，其中，RGB 与 CMYK 为彩色模式，而位图和灰度模式则为黑白模式。RGB 模式相比于 CMYK 模式更加节省内存和存储空间，并且可以使用 Photoshop 中所有的命令和滤镜功能，因此，RGB 模式是最常用的颜色模式。

（四）图像的文件格式

Photoshop 可以支持 20 多种格式的图像文件，以下讲述几种常见的文件格式。

（1）PSD 格式：PSD 格式是 Photoshop 软件生成的图像模式，PSD 格式保存了原图像的所有数据信息，如图层、通道等，保留了 Photoshop 的操作痕迹，方便及时修改。

（2）JPEG 格式：常用的图像格式之一，JPEG 格式经过高倍率的压缩，占用存储空间小，是目前压缩率最高的格式，但压缩会导致图像的损伤，影响图像的显示质量，因此，印刷品不建议使用 JPEG 格式。

（3）GIF 格式：网络常用图像格式之一，同样经过压缩处理，特点是适用于动态类的图片。

（4）PNG 格式：网络常用图像格式之一，可以在不失真的情况下进行图片压缩，并且支持透明背景。

二、图像编辑与选区应用

Photoshop 作为一款强大的图像处理软件，拥有许多工具，我们在处理图像的过程中经常要用到这些工具，学会使用这些工具是掌握 Photoshop 的基础。

（一）图像创建与编辑

1. 新建图像文件

新建图像文件首先需启动 Photoshop 2021，然后新建图像文件，并在新建的文件中设置图像的详细参数，具体步骤如下。

（1）双击桌面上的 Photoshop 2021 的快捷方式启动 Photoshop 2021。图 4-16 为 Photoshop 2021 桌面图标。

（2）打开 Photoshop 2021 软件，单击“文件”按钮，如图 4-17 所示，在弹出的下拉列表中选择“新建”选项。

（3）弹出“新建文档”对话框，在对话框右侧的“预设详细信息”窗格的名称文本框中删除“未标题 -1”文本，如图 4-18 所示，再输入所需要的文本，比如“鲜花展示”。

图 4-16　Photoshop 2021 桌面图标

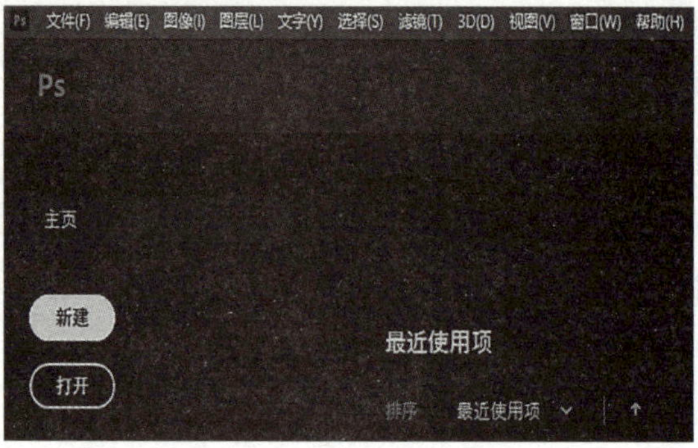

图 4-17　单击“文件”按钮

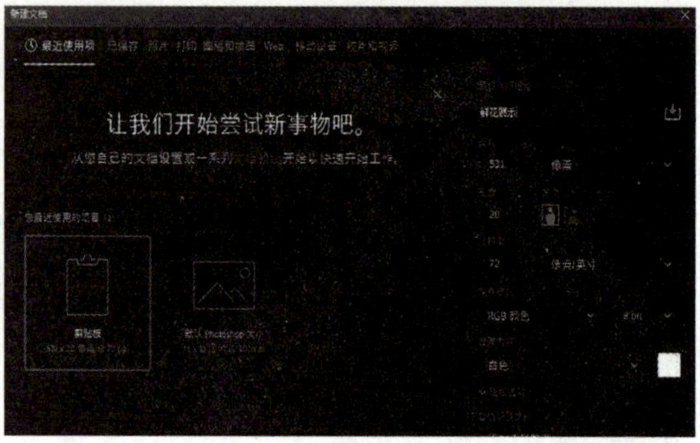

图 4-18　删除“未标题 -1”文本

（4）单击“宽度”右侧的下拉按钮，在下拉列表中选择“像素”选项，如图 4-19 所示，在“宽度”和“高度”文本框中分别输入“900”和“600”。

（5）接着在“颜色模式”下拉列表中选择“Lab 颜色”选项；在“背景内容”下拉列表中选择“背景色”选项，之后单击“创建”按钮，效果如图 4-20 所示。

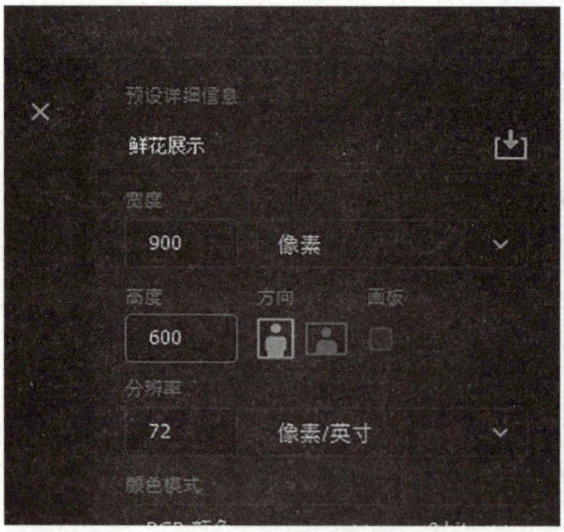

图 4-19　在“像素”选项设置相应数值

图 4-20　新建的图像文件

2. 打开图像文件

利用 Photoshop 处理图像文件的时候，打开文件是不可或缺的一步，必须先将已经准备好的素材在 Photoshop 2021 中打开才能继续进行其他操作，打开图像文件的具体步骤如下。

（1）单击“文件”按钮，在弹出的下拉列表中选择“打开”选项，如图 4–21 所示。除此之外，在 Photoshop 2021 中打开图像的方式还有很多种，可以通过拖拽图像文件、右键快捷菜单命令和最近使用过的文件打开图像。

（2）弹出“打开”对话框，在对话框中找到图像存储的位置，选中要打开的图像，再单击“打开”按钮即可，如图 4–22 所示。如果需要打开多张图像，只需在对话框中选择图像时按住“Ctrl”键，选择多张图像即可。

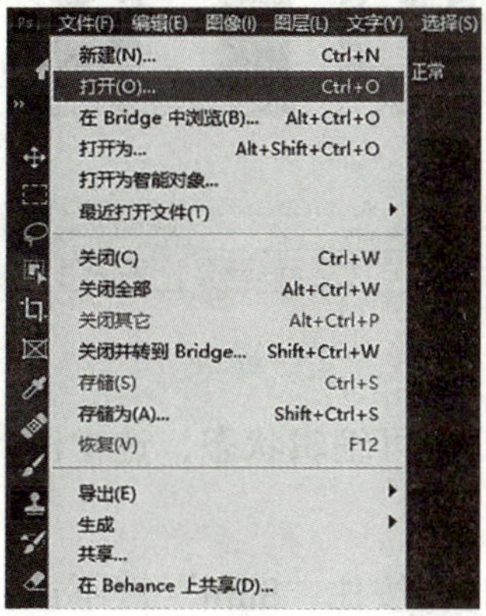

图 4-21　在下拉列表中选择“打开”选项

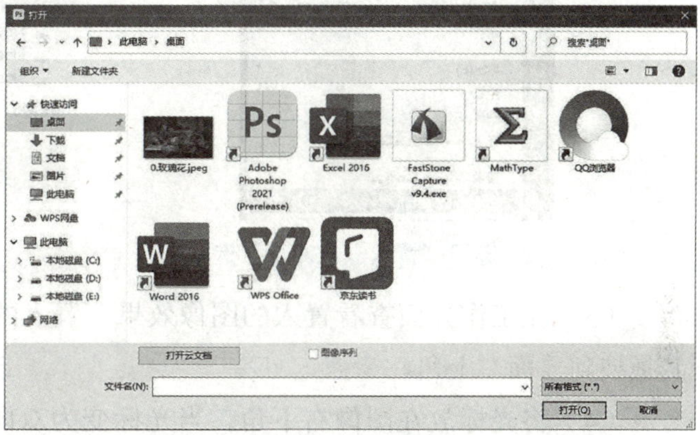

图 4-22　单击“打开”按钮

（3）返回编辑界面查看效果，如图 4–23 所示。

图 4-23　查看打开的图片

3. 置入图像文件

置入功能与打开功能不同。打开功能是在独立的一个文件中打开图像，而置入命令是在当前编辑的文件中，用置入命令将图像置入到一个新的图层中，具体步骤如下。

（1）打开“文件”下拉列表，选择“置入嵌入对象”选项，如图 4–24 所示。

（2）弹出“置入嵌入的对象”对话框，找到文件的存放路径，在列表框中选中要置入的图像文件，再单击“置入”按钮，如图 4–25 所示。

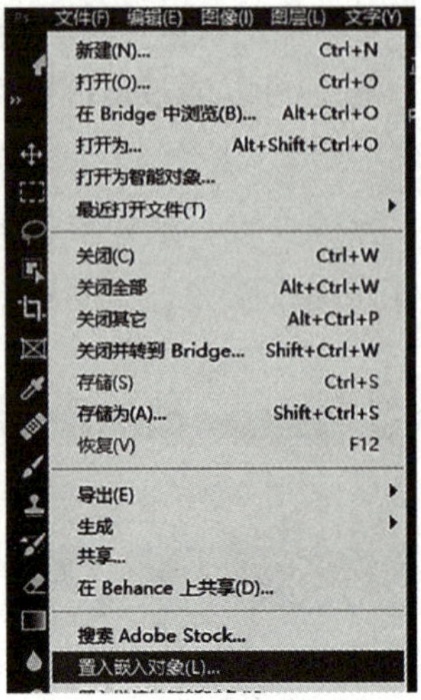

图 4-24　选择“置入嵌入对象”选项

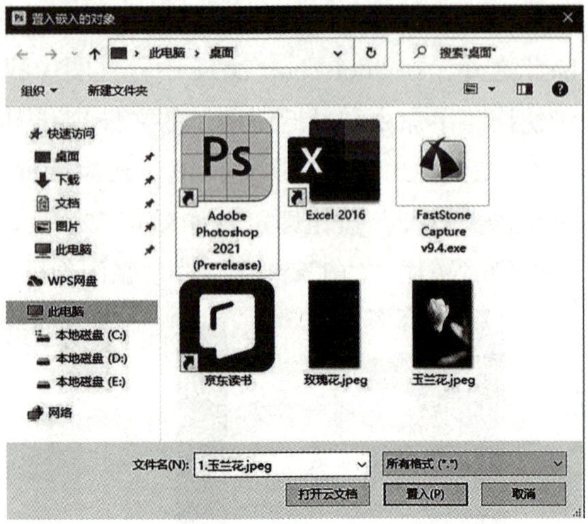

图 4-25　单击“置入”按钮

（3）在工作界面查看置入的图像效果，置入的图像处于可编辑状态，选中图像，将其拖拽到界面左上角。

（4）将光标放在图像右下角，当光标变为双向箭头时，按住“Shift”键不放，同时向右拖拽鼠标，将图像进行等比例放大，使其右边线与界面右侧对齐。

（5）在左侧的工具栏中选择“移动工具”选项，如图 4–26 所示。

（6）查看置入的文件效果。

4. 设置图像大小

在 Photoshop 2021 中，可以将画面理解为绘画时用到的画板，而图像则是画板上的作品。当要处理的图像文件过大时，会导致软件处理速度过慢，这时可以对其大小进行调整以满足要求，具体操作步骤如下。

（1）单击“图像”按钮，在下拉菜单中选择“图像大小”选项，如图 4–27 所示，或者使用“Alt+Ctrl+I”快捷键。

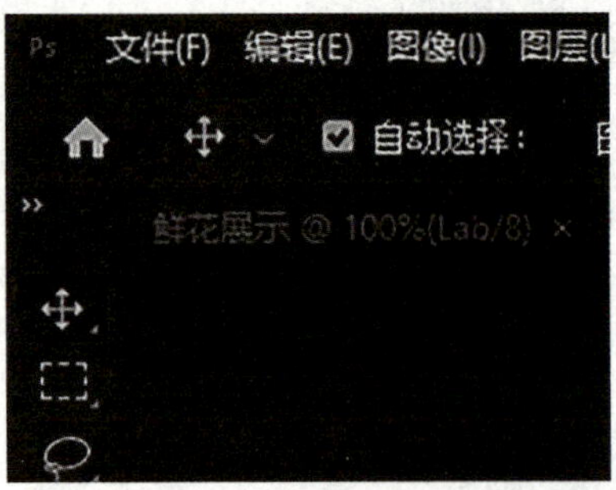

图 4-26　选择“移动工具”选项

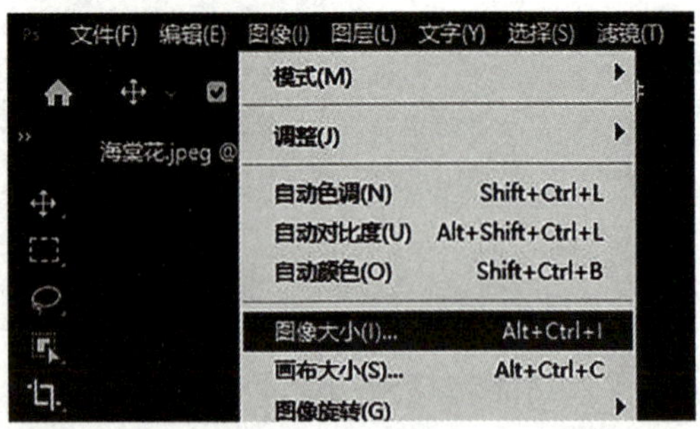

图 4-27　选择“图像大小”选项

（2）弹出“图像大小”对话框，单击“高度”右侧文本框的下拉按钮，选择“像素”选项。

（3）在左侧的文本框中输入“450”，最后单击“确定”按钮。

5. 设置画布大小

画布指的是当前画像周围工作空间，当画布太大或太密集时，可对画布的尺寸进行设置，具体步骤如下。

（1）打开“图像”下拉菜单，选择“画布大小”选项，如图 4–28 所示，或者使用“Alt+Ctrl+C”快捷键。

（2）弹出“画布大小”对话框，在“新建大小”栏目中，单击“高度”文本框右侧的下拉按钮，选择“像素”选项。在“高度”文本框中输入“400”，如图 4–29 所示，在“定位”栏中单击向下箭头，从上至下调整画布的高度，最后单击“确定”按钮。

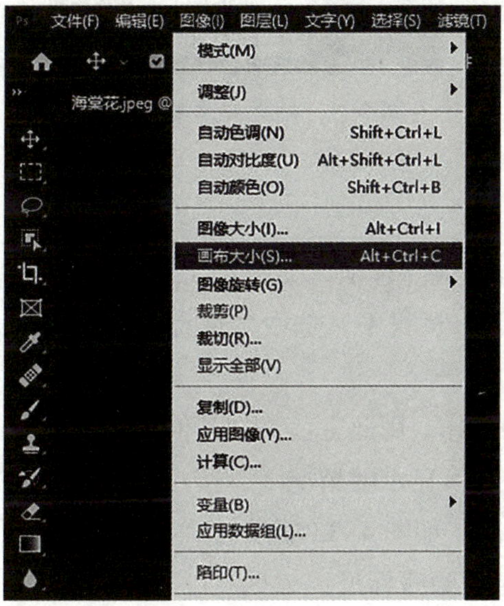

图 4-28 选择“画布大小”选项

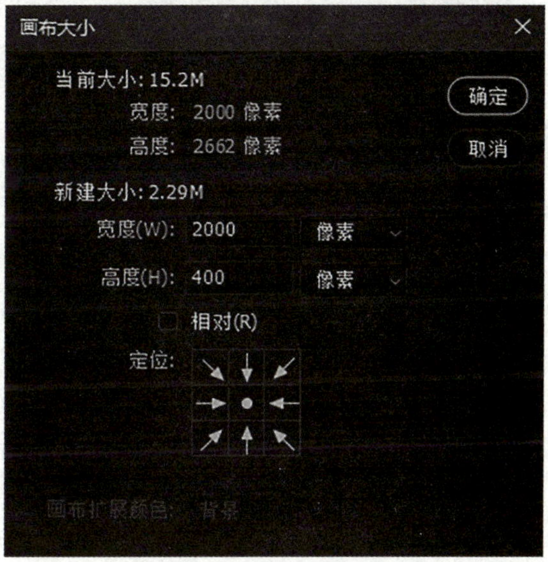

图 4-29 在“高度”文本框中输入“400”

提示：在“定位”栏中共有 8 个箭头，每个箭头指向的方向也不同，代表了 8 种不同的方向。单击对应方位的箭头后，将确定剪切或增加画面高度和宽度的起点位置。当画布大小小于上方图像的图层时，其上方的图层将自动隐藏上方图像的内容；若大于上方图像的图层，多余的部分将显示在文件的上方。

（3）弹出提示框，提示用户“新画布大小小于当前画布大小；将进行一些剪切”，单击“继续”按钮。

（4）返回工作界面，查看设置效果。

6. 添加标尺

在处理图像的过程中，只用人眼观察的话，很难准确地对图像进行处理，这时就需要借助一些辅助工具，例如标尺、参考线。通过这些辅助工具可以帮助用户划分图像区域，精确地定位图像的位置。在图像中添加标尺的具体步骤如下。

（1）单击“视图”按钮，在下拉菜单中选择“标尺”选项，如图 4–30 所示，或者使用“Ctrl+R”快捷键，这时，编辑界面上方和侧面将会显示标尺刻度。

（2）接着设置标尺的计量单位。方法是在左侧或顶部的标尺上单击鼠标右键，在弹出的快捷菜单中选择“像素”选项，如图 4–31 所示，这时便将标尺的计量单位设置成了“像素”。

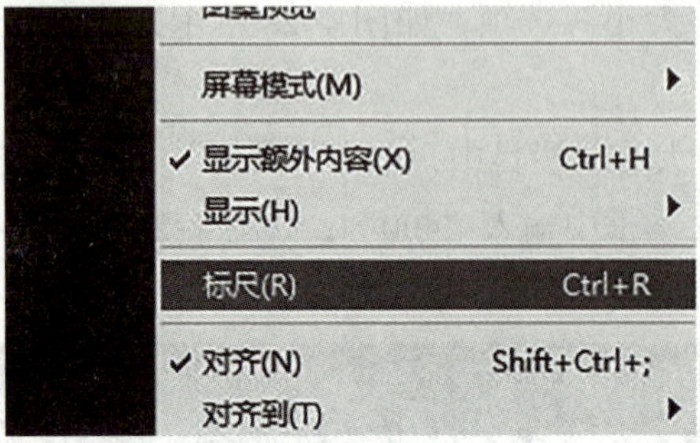

图 4-30　选择“标尺”选项

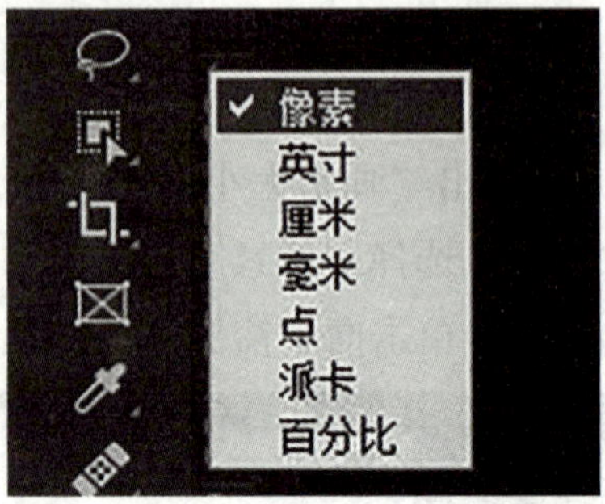

图 4-31　选择“像素”选项

7. 设置参考线

在图像中添加参考线的具体步骤如下。

（1）打开“视图”下拉列表，选择“新建参考线”选项，如图 4–32 所示。

（2）弹出“新建参考线”对话框，在“取向”栏目中，选中“垂直”单选按钮，在“位置”文本框中输入“60 像素”。

（3）单击“确定”按钮，完成添加参考线的操作。用此方法添加其他垂直和水平参考线，使参考线位于图中白色空白区域边线上。在标尺显示的情况下，按住“Shift”键的同时拖动参考线，可以使参考线按标尺上的刻度移动，如图 4–33 所示。

（4）在“视图”下拉菜单中选择“标尺”选项隐藏标尺。

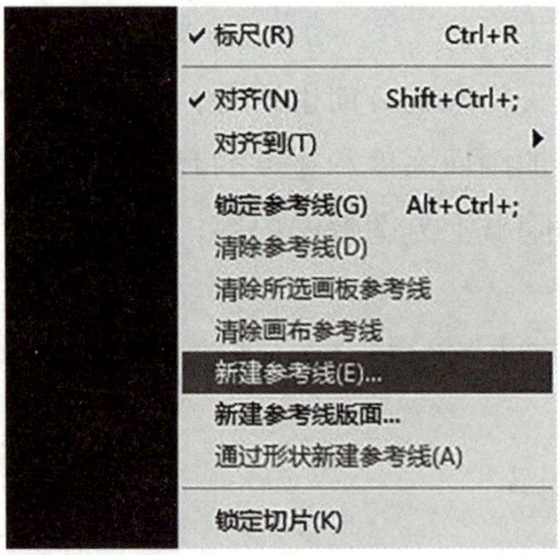

图 4-32　选择“新建参考线”选项

图 4-33　添加参考线

8. 裁剪图像

直接添加到 Photoshop 中的图像文件的大小和位置可能会不符合要求，这时就需要对这些图像进行裁剪以满足需要。裁剪图像的目的是使图像的大小符合要求，具体操作步骤如下。

（1）打开一张图像文件，在界面左侧工具箱中选择“裁剪工具”选项，然后单击图像。

（2）可以看到，图像上出现了网格线和处于不同位置的控制点。将鼠标光标放在左边的控制点上，当光标变为双向箭头的时候，向右拖动光标，这时图像左边的部分区域会变成灰色，灰色区域即为被裁剪区，如图 4-34 所示。

（3）对图像的其他区域进行裁剪，双击鼠标左键即可完成裁剪。

（4）此外用户还可以自定义裁剪区域。例如打开“玫瑰花”图像文件，在上方的裁剪属性文本框中分别输入“620”和“800”。此时图像的周围会出现一个固定宽度和高度的裁剪区域，按住鼠标左键不放，拖动图像即可调整图像的裁剪区域。确定裁剪区域后，单击“移动工具”选项即可完成裁剪。

9. 移动图像

完成裁剪的图像还需要移动到需要编辑的文件中，下面介绍移动图像的方法。

（1）切换到“玫瑰花”图像窗口，在左侧工具箱中选择“移动工具”选项，将光标放在图像上，按住鼠标左键不放，将其拖拽到“鲜花展示”图像窗口上。

（2）在“鲜花展示”图像文件中释放鼠标，即可将“玫瑰花”图像移动到“鲜花展示”图像文件中，如图 4-35 所示。

图 4-34　裁剪图像

图 4-35　将“玫瑰花”图像移动到“鲜花展示”图像文件中

10. 变换图像

变换图像指的是根据用户的需求对图像的形状、大小进行调整，下面将介绍变换图像的方法，具体步骤如下。

（1）在“鲜花展示”图像文件中，选择“移动工具”选项，将“玫瑰花”图像拖拽到最左边空白区域的参考线左上角的交点，如图 4-36 所示。

（2）单击“编辑”按钮，在弹出的下拉菜单中选择“自由变换”选项。

（3）这时，图像四周将显示定界框、中心点和控制点。

（4）用鼠标拖动图像的边角控制点，调整图像的大小及位置，如图 4–37 所示，直到图像与参考线构成的区域重合，按下“Enter”键完成变换。

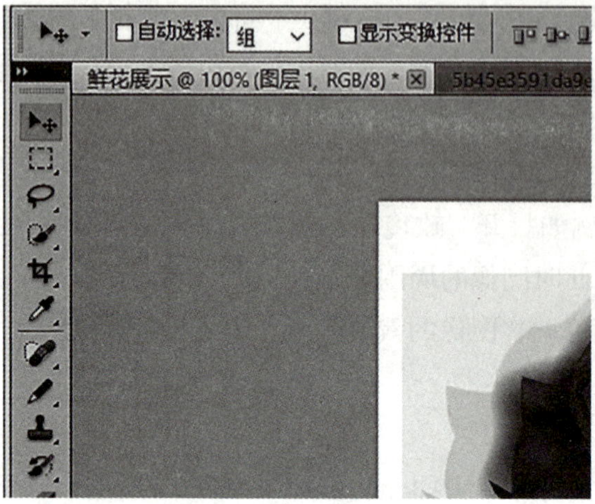

图 4-36　将图像拖拽到最左边空白区域的参考线左上角的交点

图 4-37　调整图像的大小及位置

（5）同样将“玉兰花”图像移动到“鲜花展示”文件中，并使用移动工具将图像移动到与参考线左上角的交点重合的位置。

（6）单击“变换”按钮，在弹出的下拉菜单中选择“变换”选项，在级联菜单中选择“缩放”选项，如图 4–38 所示。

（7）使用相同的方法调整“玫瑰花”图像的大小。

（8）使用相同的方法将“海棠花”图片拖拽到“鲜花展示”图像文件中，并调整图像的大小及位置，如图 4–39 所示。

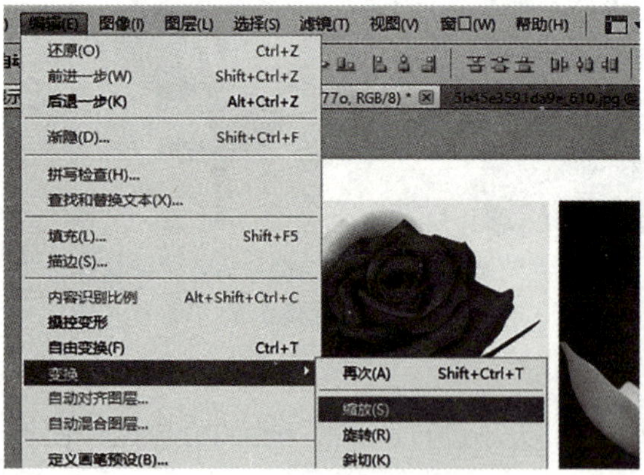

图 4-38　选择缩放按钮

图 4-39　调整图像的大小及位置

11. 撤销与重做

用户在处理图像的过程中难免会出错，可以借助“历史记录”功能撤销错误的操作，再重新处理，具体操作步骤如下。

（1）单击操作界面窗口右侧的“历史记录”按钮。

（2）弹出“历史记录”面板，单击相应步骤的名称将重新执行相关的操作。Photoshop 2021 默认的历史记录为 50 条，超出的部分将不显示在历史记录中，无法通过历史记录对超出部分的操作进行恢复。

（二）抠取图像

在制作海报、宣传画册、网店商品等内容时经常会使用抠图这一操作，为了某一图像能满足要求，需要将它从背景中抠取出来，放到合适的背景中。

快速选择工具组包括快速选择工具和魔棒工具，快速选择工具可以迅速选择一些具有特殊效果的图像区域。接下来介绍如何在 Photoshop 2021 中用快速选择工具和魔棒工具为图像创建选区，并将抠取出来的图像放在其他的背景图像中。

使用快速选择工具可以选择更多相似或者相同颜色的图像，多用于在具有强烈颜色反差的图像中绘制选区。方法是选中快速选择工具，在选取图像的同时按住鼠标左键进行拖拽，可以选择更多相似或包含相同颜色的图像，具体操作步骤如下。

（1）打开“商品图 1”文件，在编辑界面左侧选择“快速选择工具”，将鼠标光标移动到图像区域，在图像中的帽子上拖动光标，光标经过的区域将被创建为选区。

（2）继续移动光标，在工具属性栏选择“画笔”下拉按钮，将选区画笔的大小设置为“10”，在图中帽子边角位置的连接线处按下鼠标左键不放进行拖拽，将其添加到之前创建的选区中，如图 4-40 所示。

（3）在创建选区的时候，难免会出现选区多余的情况，这时就要删除这些多余的区域。在编辑界面左侧选择“魔棒工具”，如图 4-41 所示，再单击工具属性栏中的“从选区减去”按钮，按住鼠标左键不放，在需要删除的选区内拖拽光标，将这部分区域从之前的选区中删去。

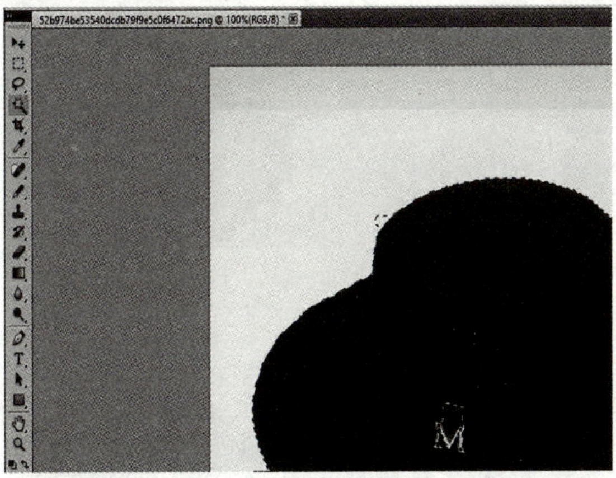

图 4-40 选中选区

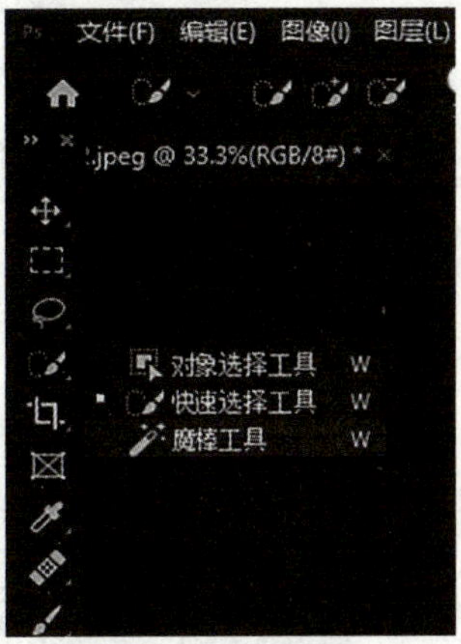

图 4-41 魔棒工具

（4）按住“Alt”键不放，向上滚动鼠标滑轮将图像放大，查看图像的选区，使用以上的方法调整好选区。

（5）调整好选区之后，同样按住“Alt”键不放，再向下滑动鼠标滑轮，将图像文件调至原本大小，查看选区效果，在工具属性栏中单击“选择并遮住”按钮。

（6）之后会弹出“属性”窗格，将“边缘检测”下方的“半径”数值设置为“2像素”，将“全局调整”栏下方的“平滑”设置为“10”，将“羽化”设置为“1像素”，将“对比度”设置为“20%”。

（7）单击“输出到”下拉列表，选择“图层蒙版”选项，最后单击“确定”按钮，完成设置。

（8）返回到编辑界面，发现选中的帽子图像单独显示在图层蒙版中，查看抠取图像的效果，如图4–42所示。

（9）打开“背景2”图像文件，如图4–43所示。

（10）拖拽创建的选择区域到“背景2”图像文件中，并调整商品图像的位置，如图4–44所示。

（11）如果需要将此商品图像复制，可以按下“Alt”键不放，同时用鼠标拖动此商品图像。完成后保存图像文件即可，如图4–45所示。

图4-42　查看抠取图像的效果

图4-43　打开“背景2”图像文件

图4-44　拖拽创建的选择区域到“背景2”图像文件中

图4-45　复制商品图像

实训分析

利用 Photoshop 制作外贸公司 Logo

【实训目的】

（1）学生能够了解 Photoshop 软件的相关概念和基本操作方法。

（2）学生应熟悉 Photoshop 的界面和功能区域，理解每个区域的作用和功能。

【实训描述】

小红想让小张帮她的外贸公司设计一个 Logo，小红的公司名称为“黄月亮贸易有限公司（Yellow Moon Trading Co. Ltd）”，并想以黄红渐变色的月亮为原型制作一个简易的公司 Logo。

【实训步骤】

（1）新建 Photoshop 文档：点击菜单栏“文件”→“新建”命令，在弹出的对话框中输入文件名称，宽度、高度均设置为 300 像素，颜色模式为 RGB 模式，设置好后点击“确定”按钮。

（2）新建图层 1：点击图层区新建一个图层，并命名为“月亮”。

（3）制作月亮选区：右击工具箱中的“选框工具”并选择“椭圆选框工具”项，属性设置为“从选区减去”，使用选框工具画两个相邻的圆圈，松开鼠标即得到一个“月亮”。

（4）给“月亮”上色：将前景色设置为“红色”，背景色设置为“黄色”，选择工具箱中的“渐变工具”项，在属性栏将渐变设置为“红黄渐变”及“线性渐变”，长按鼠标左键对“月亮”选框拖曳进行渐变，完成后按“Ctrl+D”快捷键取消选区。

（5）加入 Logo 名称：设置前景色为“黄色”，点击工具箱中的“横排文字工具”项，输入公司名称，在属性栏设置文字的字体、大小等属性值，最终效果图如图 4-46 所示。

图 4-46　最终效果图

（6）保存图片：点击菜单栏“文件”→“存储为”命令，选择保存的文件名称、地址与格式。

【实训反思】

本次实训在原先的任务上对选框工具、颜色工具等进行了不同的属性设置，得到了效果完全不同的图形。Photoshop 的精髓在于灵活组合使用各类工具以完成预期的图片设计效果。

任务三　Photoshop 技能进阶

任务描述

在掌握了 Photoshop 基本操作和技能的基础上，学生将进入到第三阶段的技能进阶。本任务旨在帮助学生深入了解 Photoshop 软件的高级功能，包括图层、路径、通道和蒙版等的使用方法，提升学生在图像处理和设计方面的技能水平。

任务分析

学生将能够掌握更复杂的编辑技巧，并能够综合运用所学知识来创作高质量的设计作品。

知识积累

一、图层的使用

（一）图层的特性

在对图像进行绘制或编辑时，所有的操作都是基于图层。图层可以把图像的各个部分放在不同的层上，在进行图像编辑时不会互相干扰。

1. 独立

图像中的每个图层都是独立存在的，当移动、调整或删除某个图层时，其他图层不受任何影响。

2. 透明

未绘制图像的区域可以查看下方图层的内容。将众多的图层按一定顺序叠加在一起，便可得到复杂的图像。

3. 叠加

图层是通过控制各图层的混合模式将选项按顺序叠加在一起，可以得到千变万化的图像合成效果，图 4–47 为图层工具展示。

（二）图层面板

“图层面板”显示了当前图片的图层信息，在面板内可以进行图层的顺序、透明度、锁定和图层混合模式等参数的设置，如图 4–48 所示。

1. 图层混合模式

在右侧的下拉列表中，可以选择不同的混合模式，所选模式决定当前工作图层中的图像与其他图层中的图像混合在一起的效果如图 4–49 所示。

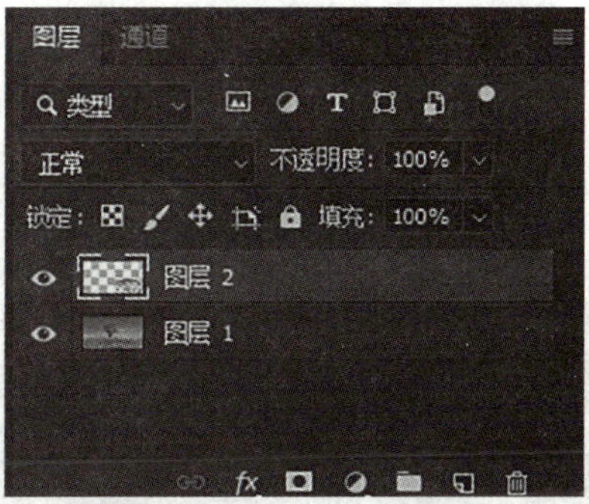

图 4-47　图层工具展示

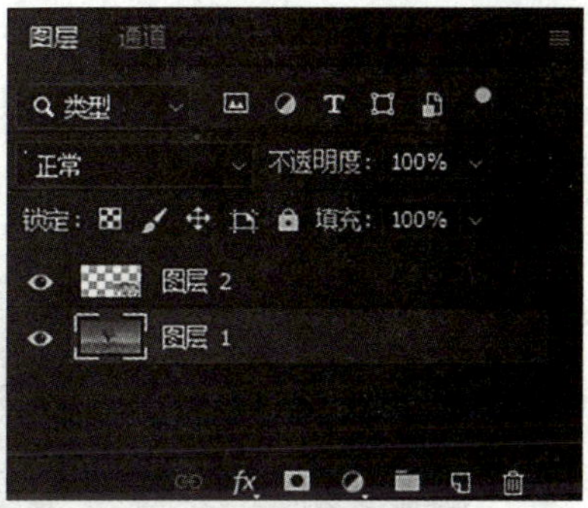

图 4-48　图层面板展示

2. 锁定

“锁定”选项组中可以指定需要锁定的图层内容，其选项有“锁定透明像素”“锁定图像像素”“锁定位置”和“锁定全部”，如图 4–50 所示。

3. 显示与隐藏图层

当需要隐藏该图层时，单击“ ”按钮后选中图层中的图像将被隐藏；反之则表示显示选中图层中的图像，如图 4–51 所示。

4. 链接图层

选中两个或两个以上图层，单击“链接”按钮，可以创建图层链接，方便整体移动，可移动两个或两个以上图层位置，如图 4–52 所示。

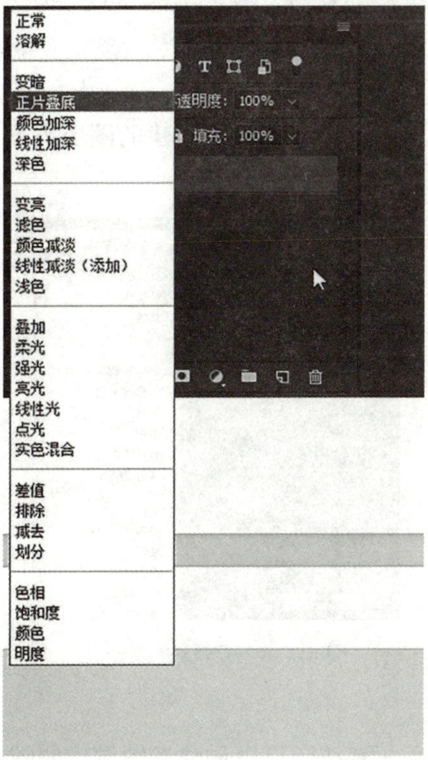

图 4-49　图层混合模式

图 4-50　“锁定”选项组

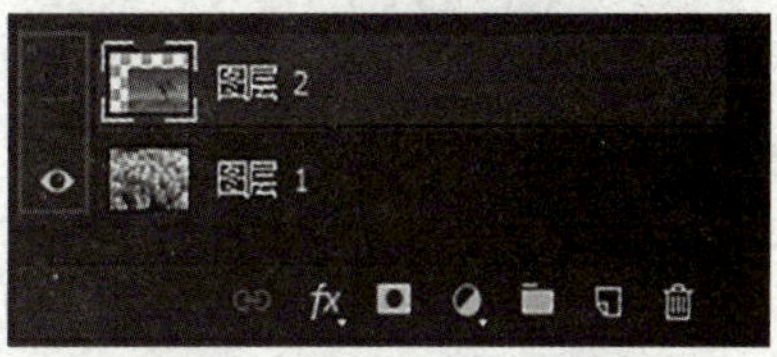

图 4-51　显示与隐藏图层

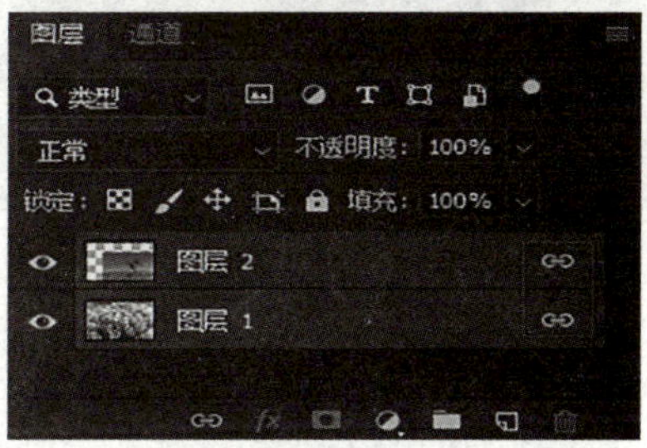

图 4-52　链接图层

5. 图层样式

单击“添加图层样式”按钮，在弹出的对话框中可以设置当前图层的样式，如图 4–53 所示。

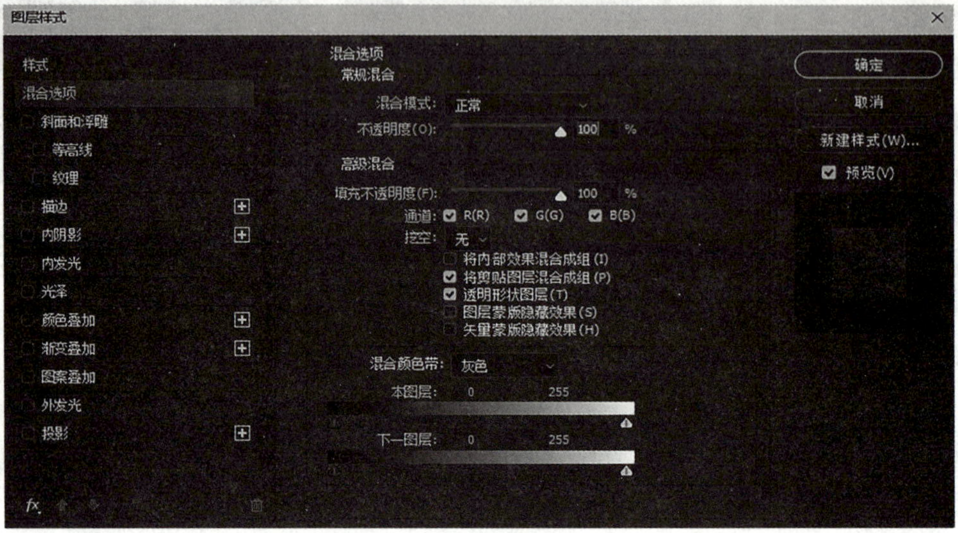

图 4-53　图层样式界面

6. 图层蒙版

单击“添加图层蒙版”按钮，可以为当前工作图层添加一个图层蒙版，如图 4–54 所示。

7. 新建填充或调整图层

单击“创建新的填充或调整图层”按钮，从弹出的菜单中选择要新建的图层类型，便可以创建一个填充图层或调整图层，如图 4–55 所示。

图 4-54　图层蒙版

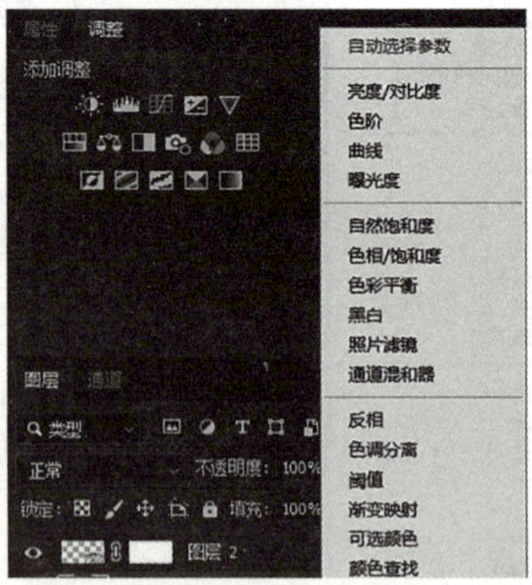

图 4-55　图层填充或调整

8. 创建新组、图层和删除

单击按钮可以创建新组，如图 4–56 所示。单击按钮可以创建新图层，如图 4–57 所示。单击按钮可以删除不需要的图层，如图 4–58 所示。

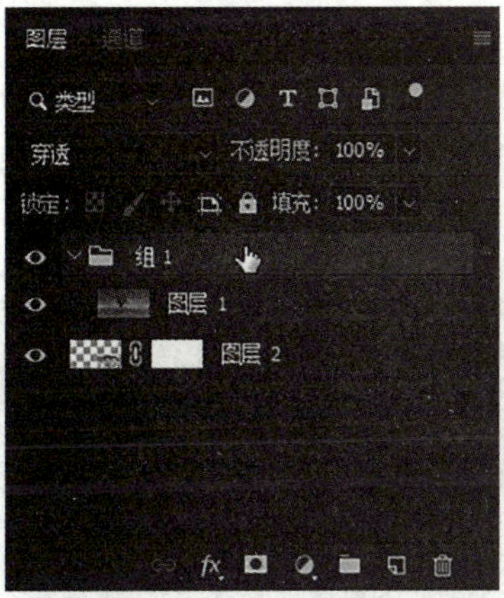

图 4-56　创建新组

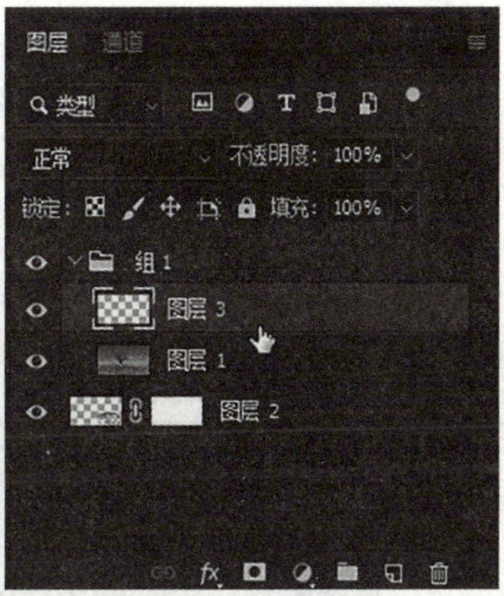

图 4-57　新图层创建

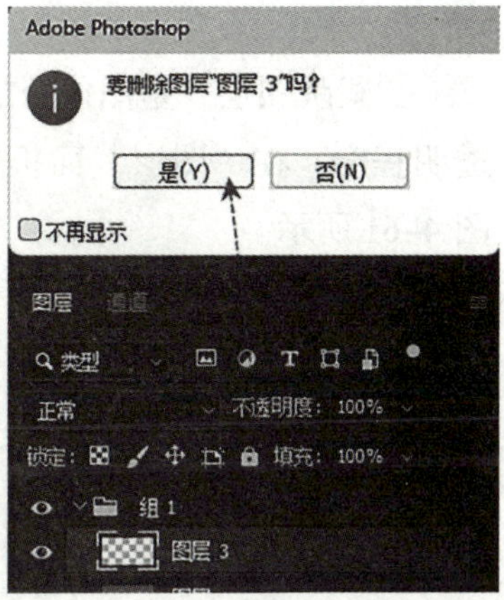

图 4-58　删除图层

（三）图层的基本类型

在 Photoshop 中可以创建各种类型的图层，不同类型的图层功能和操作方法也不相同，不同类型的图层之间可以相互转换。

1. 背景图层

"背景图层"是一种不透明的图层，主要用于放置图像的背景，一般叠放于图层的最下方，不能对其使用任何类型的混合模式，如图 4–59 所示。

2. 文字图层

"文字图层"是一种比较特殊的图层，它是使用文字工具建立的图层。在图像窗口中输入文字，"图层"面板将会自动产生一个文字图层，如图 4–60 所示。

图 4-59　背景图层

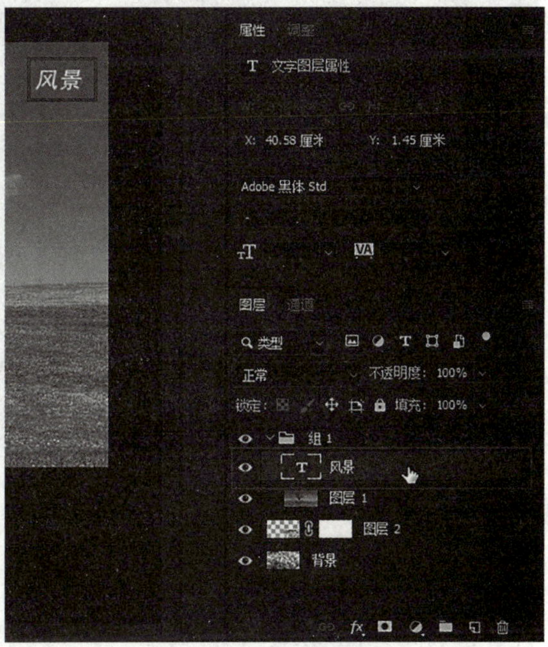

图 4-60　文字图层

3. 蒙版图层

“蒙版图层”是图像合成的一种手段，在图层蒙版中颜色控制着图层相应位置图像的透明程度。在“图层”面板中，蒙版图层缩览图的右侧会显示一个黑白的蒙版图像，如图 4–61 所示。

4. 填充图层

“填充图层”可以在当前图层中填充颜色或图案，并结合图层蒙版的功能，产生一种遮盖的特殊效果。

图 4-61　蒙版图层

5. 调整图层

“调整图层”是一种比较特殊的图层，这种类型的图层主要用于色调和色彩的调整。Photoshop 会将色调和色彩的设置单独放置在文件中，方便随时修改其设置，从而保留了图像修改的弹性，且不会永久性地改变原始图层。如色阶和曲线调整等功能变成一个调整图层，如图 4–62 所示。

6. 形状图层

“形状图层”指使用“形状工具”在图像窗口中创建图形后，“图层”面板自动建立的图层，图层缩览图的右侧为图层的矢量蒙版缩览图，如图 4–63 所示。

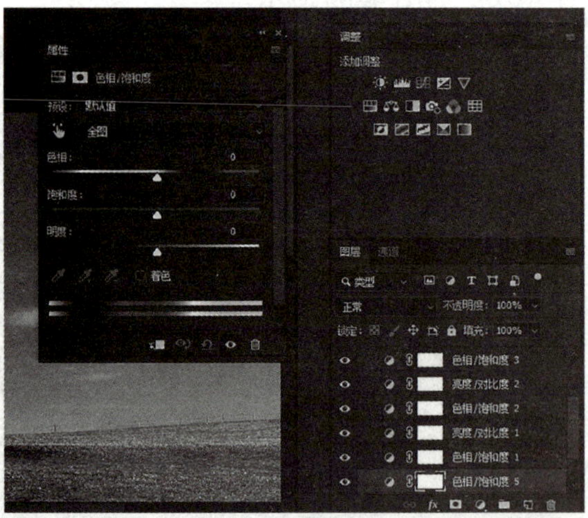

图 4-62　调整图层

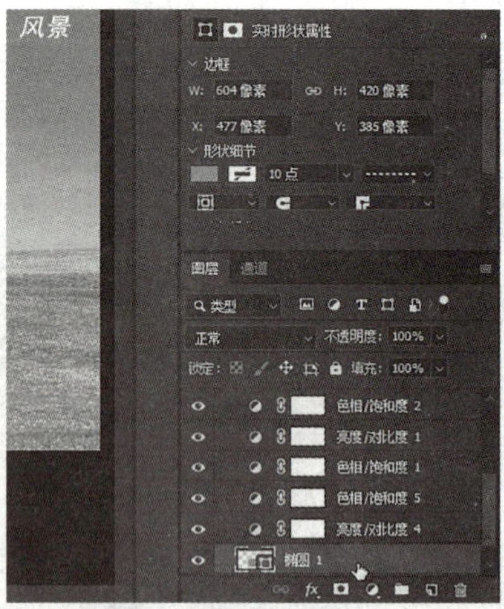

图 4-63　形状图层

7. 链接图层

“链接图层”是指具有链接关系的图层。当对其中一个图层的图像执行变换操作时，将会影响到其他图层。在“图层”面板中，链接图层的名称后面将会显示链接图标，如图 4–64 所示。

8. 图层样式

Photoshop 中提供了各式各样的图层样式，包括投影、阴影、内发光、外发光、斜面与浮雕、叠加和描边等，使用这些图层样式可以迅速改变图层内容的外观，如图 4–65 所示。

图 4-64　链接图层

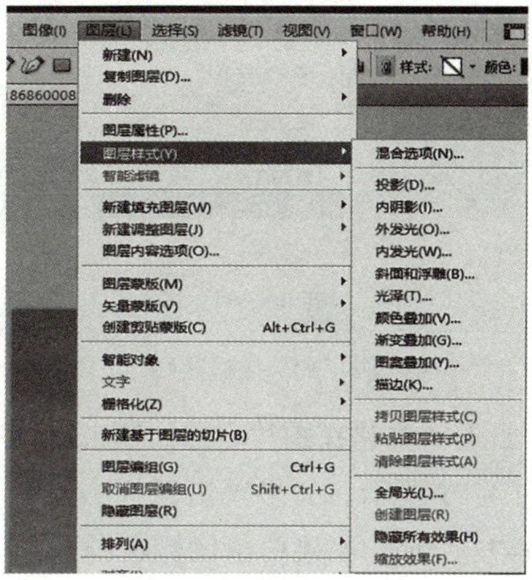

图 4-65　图层样式

二、路径的使用

“路径”是 Photoshop 软件中一个比较重要的工具。在“图层”面板中单击“路径”可以显示目前图片包含的路径；在“窗口”菜单栏中选择“路径”选项也可以显示，如图 4–66 所示。

新建一个空白文档，可以自定义尺寸，在左侧工具栏中选择“钢笔”工具，画出一个路径，如图 4–67 所示。

设置参数，前景色设置为紫色，单击“画笔”工具选择画笔的样式，如图 4–68 所示。选择“钢笔”工具后在空白处单击鼠标右键，选择“描边路径”选项，如图 4–69 所示。执行“描边路径”操作后的效果，如图 4–70 所示。

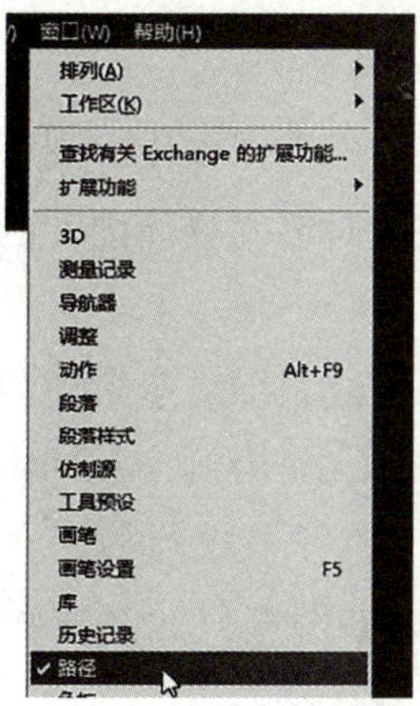

图 4-66　路径菜单位置

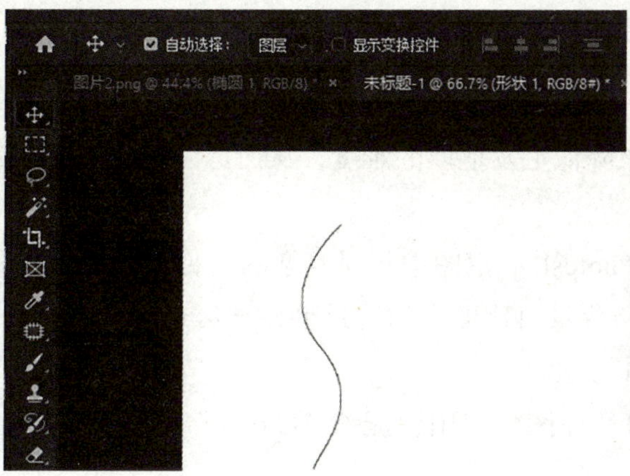

图 4-67　画出路径

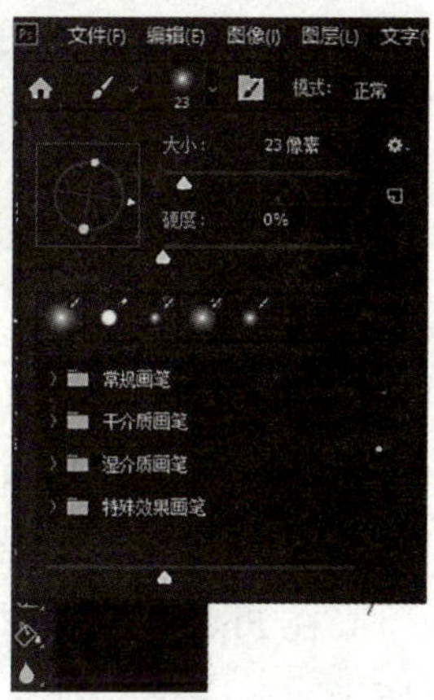

图 4-68　路径参数设置

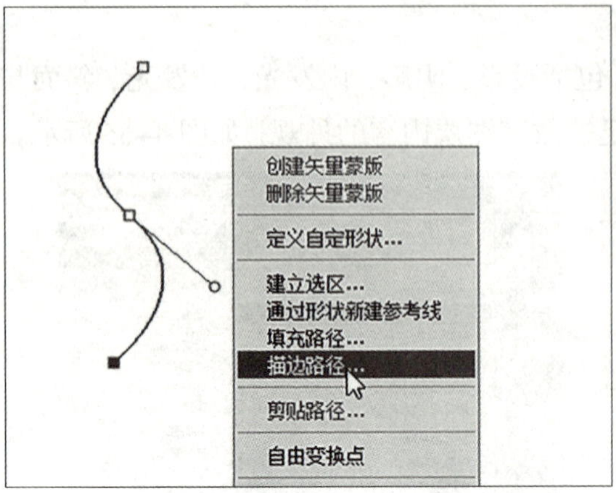

图 4-69　描边路径

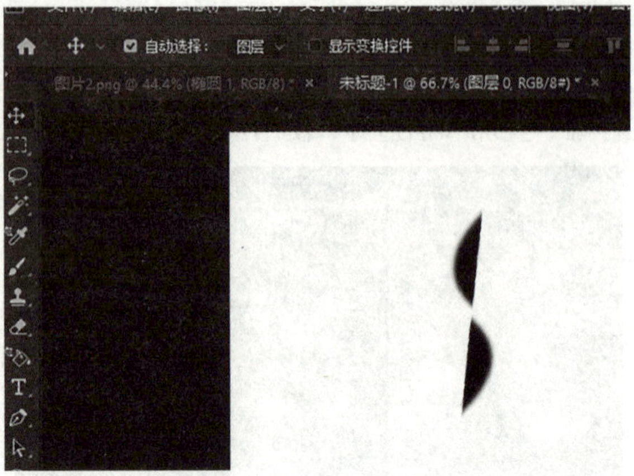

图 4-70　描边路径效果

此时，如果在图片空白处单击鼠标右键选择“删除路径”选项，该路径则会被删除，如图 4–71 所示。如果单击鼠标右键选择“建立选区”选项，则可以创建一个选区，如图 4–72 所示。如果单击鼠标右键选择“填充路径”选项，则得到如图 4–73 所示的最终效果。

图 4-71　删除路径

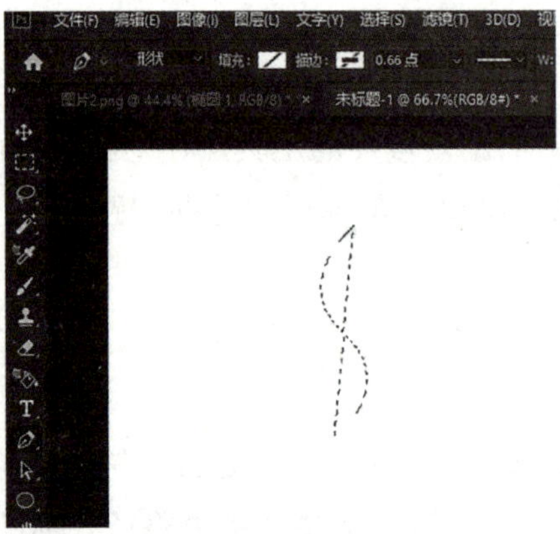

图 4-72　建立选区后效果图

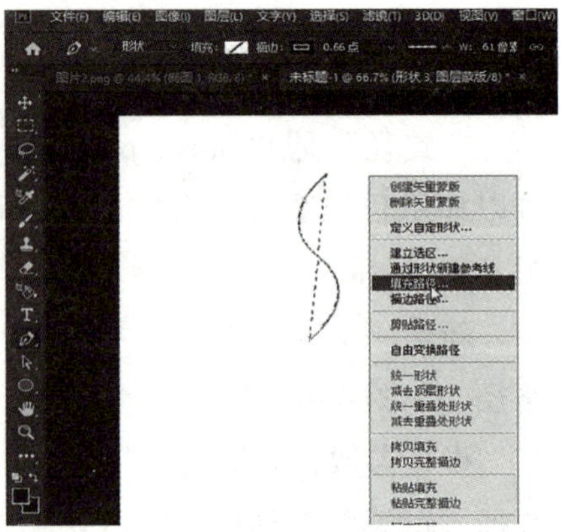

图 4-73　填充路径效果图

三、通道的使用

在处理人物头发部分时如果用钢笔、魔棒等工具无法快速高效地完成抠图操作，则可以利用“通道”技术来降低毛发抠取的难度，从而可以相对高效地完成对毛发物体图片的抠图操作。

“通道抠图”是 Photoshop 抠图中相对复杂的一种方法，主要利用红、绿、蓝三色通道，来观察选择毛发与背景对比度高的通道创建选区进行抠图。以图 4–74 为例，具体讲解“通道抠图”的操作方法。

在 Photoshop 中打开原图，使用快捷键“Ctrl+J”两次，复制两个新图层，如图 4–75 所示。

图 4-74　人物原图

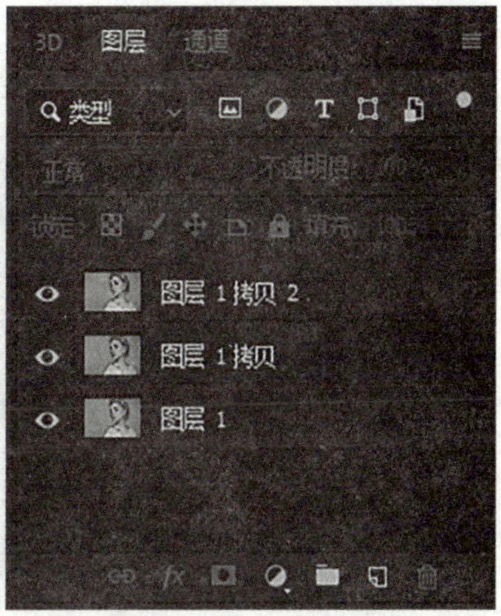

图 4-75　新建两个图层

将“背景、图层1”这两个图层隐藏。选中“图层1副本”用“钢笔”工具沿着头发内将面部和身体部分进行选中，并建立选区，如图 4–76 所示。

选区创建好后，单击“图层模板”底部的“蒙版”按钮，隐藏选区外部的图像使其变成透明效果，如图 4–77 所示。

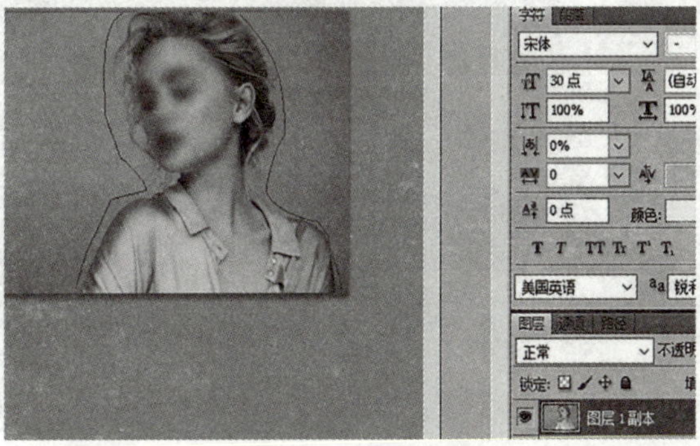

图 4-76　创建选区

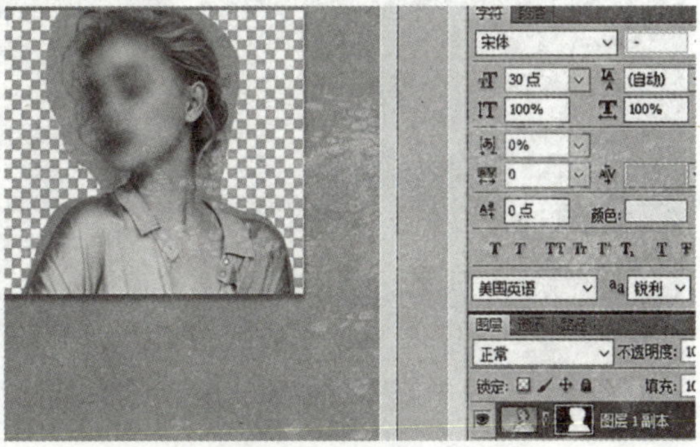

图 4-77　添加蒙版

将“图层1副本”隐藏，“图层1”显示，如图 4–78 所示。单击“通道”按钮，切换到“通道”面板，如图 4–79 所示。

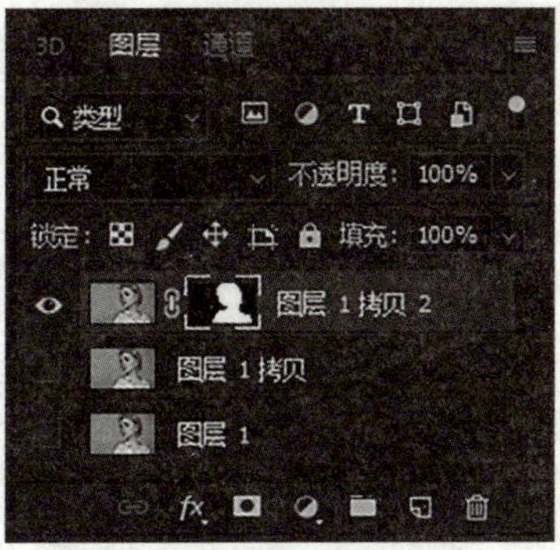

图 4-78　选择显示图层

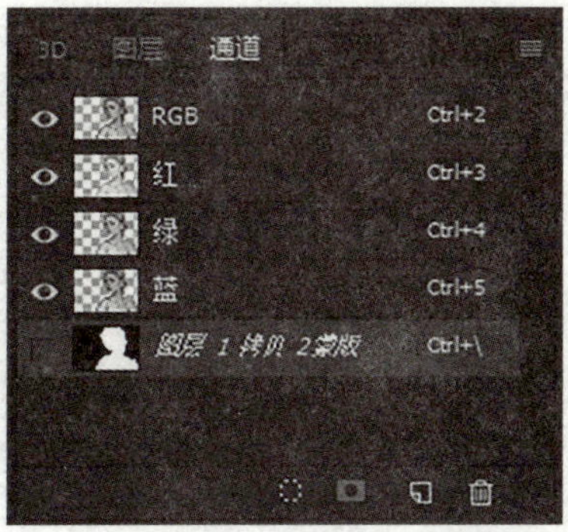

图 4-79　切换到“通道”面板

分别单击“红、绿、蓝”三个通道，并查看左侧图片的效果变化，建议选择背景与头发对比度高的通道，这里选择“绿”通道，如图 4–80 所示。

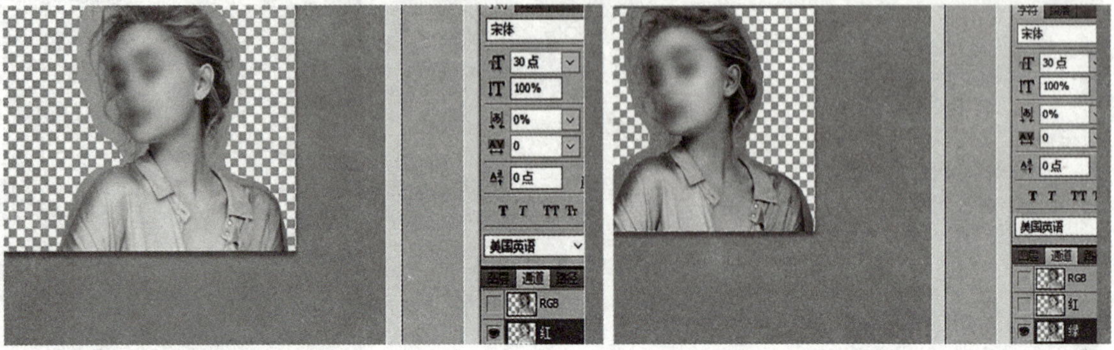

图 4-80　红绿通道效果对比

为了不损坏原通道数据，可以复制“绿”通道，如图 4–81 所示。单击选择“绿副本”通道，利用快捷键“Ctrl+L”打开“色阶”面板，调整图片的黑白对比度，让头发丝能够清晰可见，如图 4–82 所示。

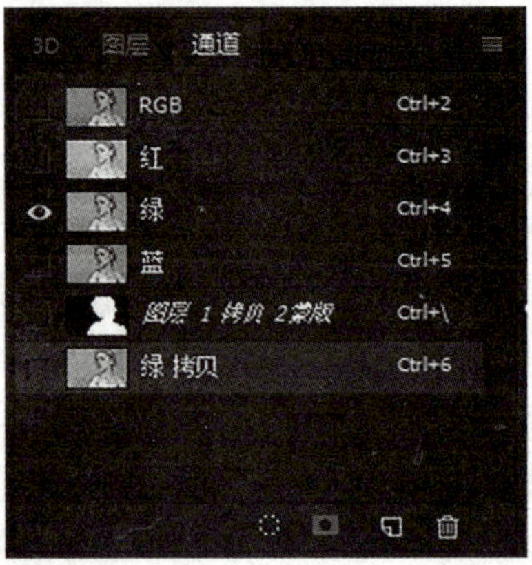

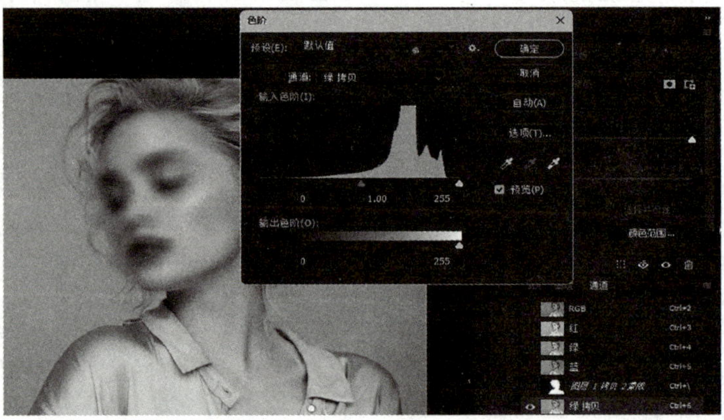

图 4-81　复制通道　　　　图 4-82　调整色阶

色阶调整完成后，长按“Ctrl”键，单击“绿副本”通道并载入选区。按“Ctrl+Shift+I”进行反向选择，如图 4–83 所示，选中发丝部分，单击“RGB”通道，如图 4–84 所示。

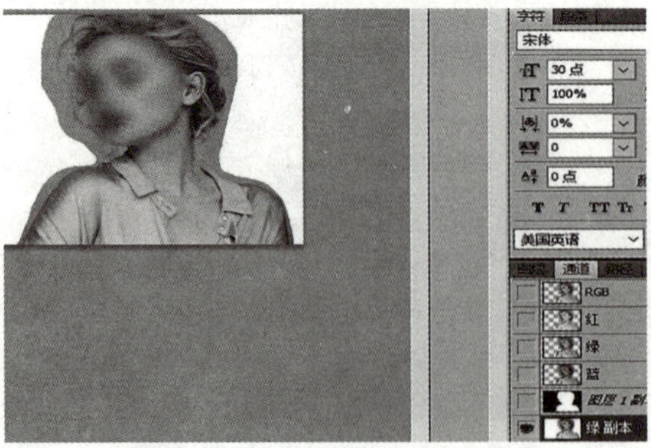

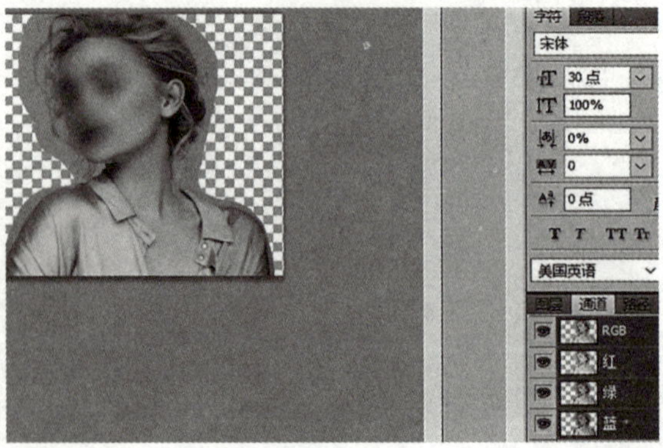

图 4-83　选择反向　　　　图 4-84　返回“RGB”通道

返回“图层面板”单击“矢量蒙版”按钮，如图 4–85 所示，让两个图层同时显示，便可得到背景透明、发丝清晰的效果图片，如图 4–86 所示。

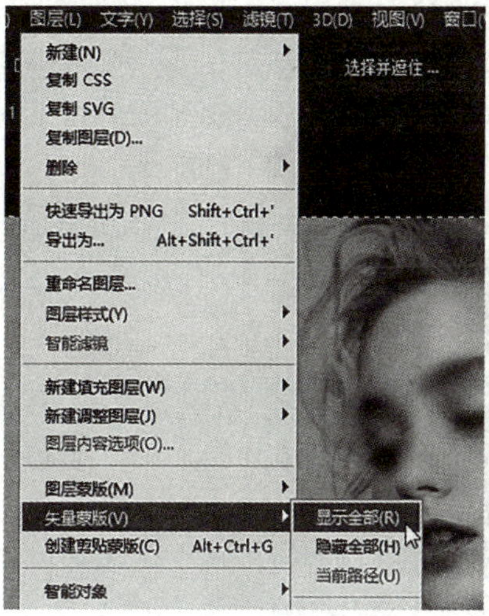

图 4-85　添加矢量蒙版

图 4-86　抠图完成

同时按快捷键“Ctrl+Alt+Shift+E”合并可见图层，得到背景透明的人物素材，抠图完成。

四、蒙版的使用

“蒙版”最大的特点是可以反复修改，并且不会影响到本身图层的任何构造。当对蒙版调整的图像不满意时，可以删除该蒙版，原图像又会重现。“蒙版”可以分为图层蒙版、矢量蒙版、剪切蒙版和快速蒙版四种。

（一）图层蒙版的使用

新建图层蒙版并选中，使用“画笔、填充、渐变”等工具对蒙版进行修改。该蒙版中，白色部分为显示当前图层，黑色部分为隐藏当前图层，灰色部分为半透明部分。蒙版渐变色效果图如图 4–87 所示，蒙版填充效果图如图 4–88 所示。

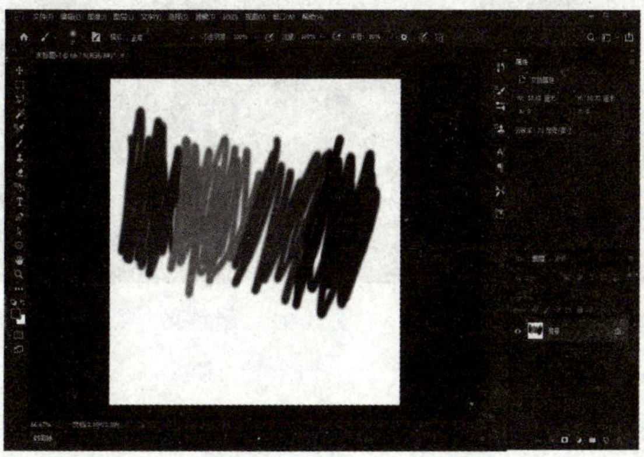

图 4-87　蒙版渐变色效果图

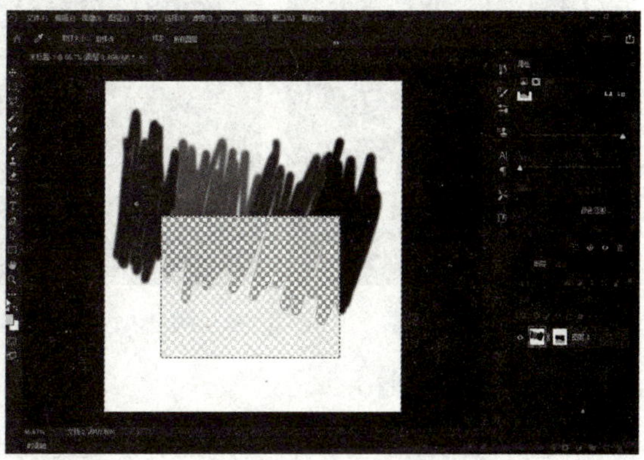

图 4-88　蒙版填充效果图

1. 抠图

在图 4–89 中，首先需要把脸部的树叶留下，其余部分隐藏，可以使用“黑色画笔”在蒙版上涂抹需要隐藏的部分即可。需要将脸部右侧的树叶呈现半透明的效果，将“画笔”设置为半透明后涂抹即可。

（a）　　（b）

图 4-89　半透明化效果

2. 拼接图片

将图 4–90 两张图直接拼接在一起，两张图之间有明显的界线，如图 4–91 所示。在水母图层添加蒙版，蒙版上使用白到黑的渐变即可，如图 4–92 所示。

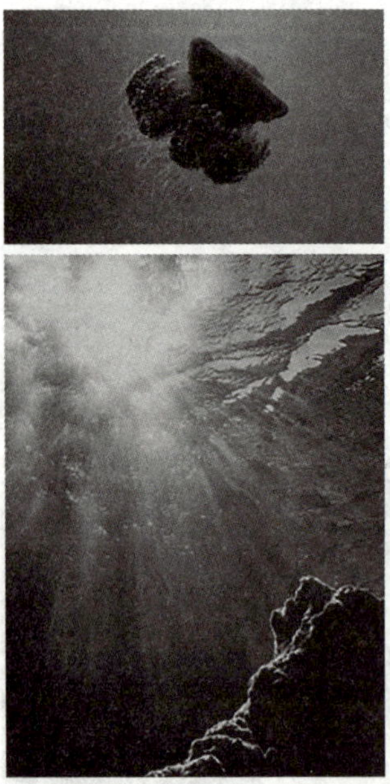

图 4-90　原图

图 4-91　直接拼接效果图

图 4-92　最终效果图

3. 添加倒影

复制背景图层并翻转该图层，新建蒙版图层后添加白黑渐变色，最后合并三个图层，如图 4–93 所示，即可产生逐渐消失的倒影效果，如图 4–94 所示。

（a）　　　　（b）

图 4-93　蒙版操作

图 4-94　倒影效果图

4. 局部调整

以图 4–95 为例，结合调整层或滤镜局部调整图像。先用“钢笔”工具画出需要调整的区域，将改选区内的图像去色，在图层面板下方选择色相饱和度调整层，将降低其饱和度。去色操作界面如图 4–96 所示。在蒙版中修改色相饱和度调整层的作用范围，可以使用画笔在蒙版中涂改白色或黑色以显示或不显示去色效果。图 4–97 为最终效果图。

图 4-95　原图

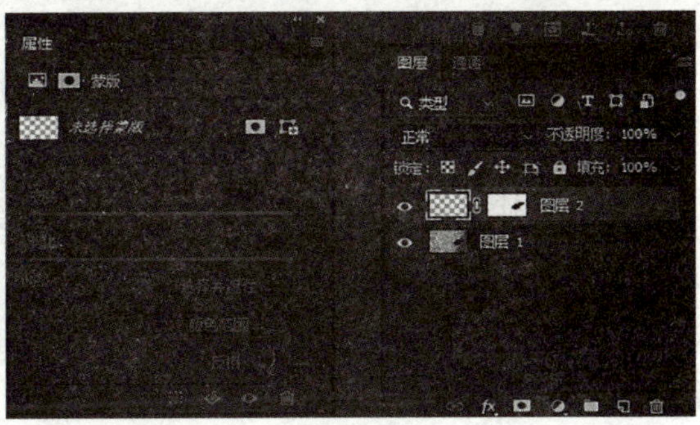

图 4-96　去色操作界面

（二）矢量蒙版的使用

“矢量蒙版”一般用于创建基于矢量形状边缘清晰的效果图，通常通过编辑路径进行矢量蒙版的编辑。

1. 创建矢量蒙版

利用“Ctrl”键 + “蒙版”按钮添加图层的矢量蒙版，如图 4–98 所示。

图 4-97　最终效果图

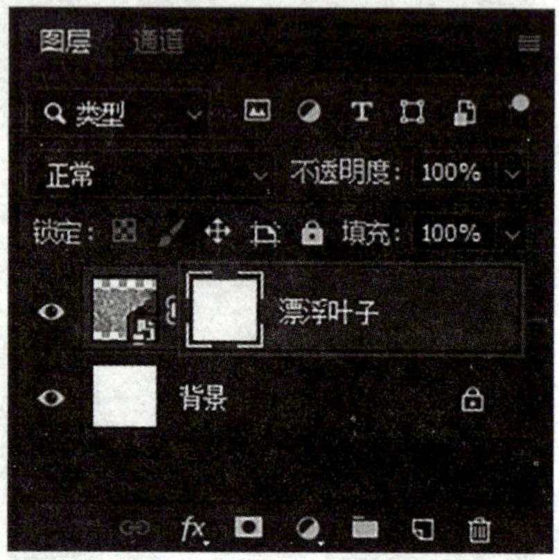

图 4-98　创建矢量蒙版

2. 编辑矢量蒙版

使用“钢笔”或“形状”工具绘制图片中需要显示的范围，在“路径”面板选择工具进行修改，如图 4–99 所示，也可以在矢量蒙版中直接选择 T 具进行修改，如图 4–100 所示。

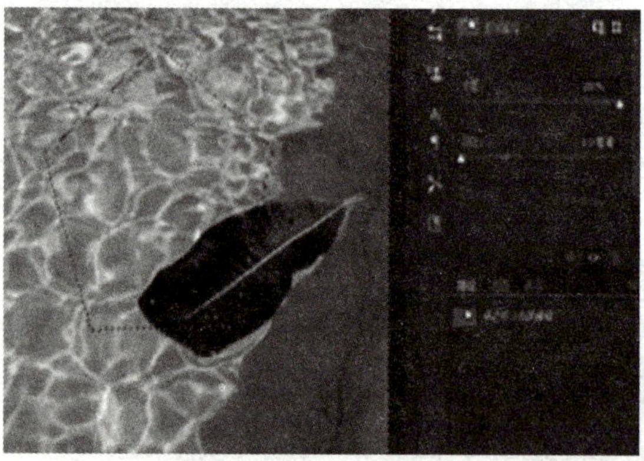

图 4-99　路径面板修改

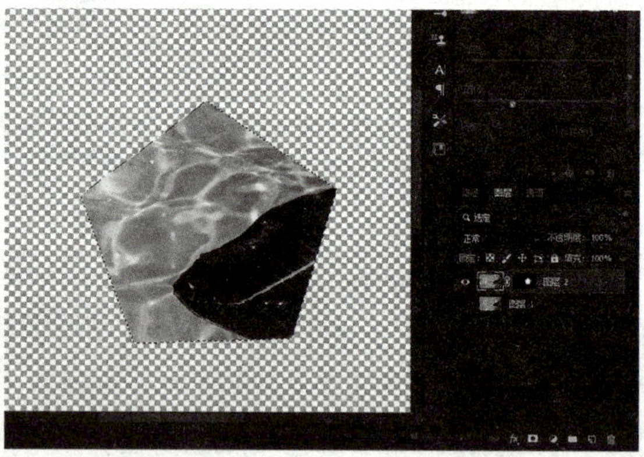

图 4-100　在矢量蒙版直接修改

以图 4–101 为例，这种效果图的街景部分可以使用矢量蒙版制作，使用矩形工具绘制一个矩形路径，复制多个，之后分布路径，最后添加矢量蒙版即可。

首先新建透明背景图层，使用矩形工具绘制矩形路径，复制多个矩形，接着等比例分布路径，分布完成后，选中人物中间区域并反选，如图 4–102 所示选择人物中间区域。其次添加矢量蒙版，如图 4–103 所示添加图层蒙版并反选的效果图。最后添加文字即可，如图 4–104 所示。

图 4-101
案例效果图

图 4-102
选择人物中间区域

图 4-103
添加图层蒙版并反选的效果图

图 4-104
最终效果图

（三）剪切蒙版的使用

“剪切蒙版”是一个可以用形状遮盖其他图层的工具。图片使用剪切蒙版后，只能看到该蒙版形状内的区域，也就是将图层裁剪为蒙版的形状。

创建剪切蒙版后，将图 4–105 中上方的文字放在图片下方，之后选中星空图层，如图 4–106 所示，同时长按“Ctrl+Alt+G”键，将鼠标放在两个图层中间，出现向下的小箭头时单击，可生成剪切蒙版，如图 4–105 所示。

图 4-105 示意图

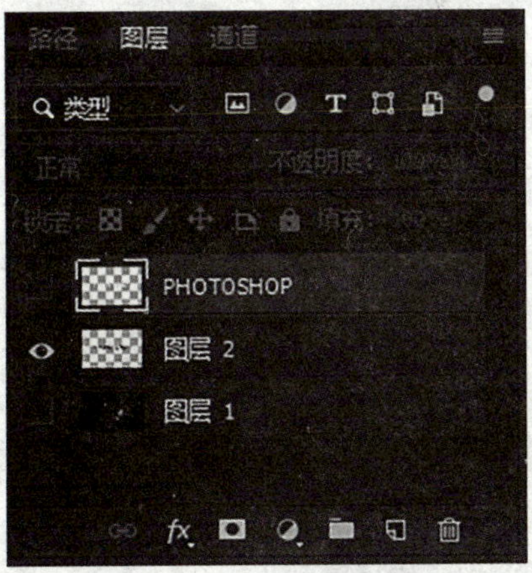

图 4-106 操作界面示意图

（四）快速蒙版的使用

“快速蒙版”主要用于编辑选区。以图 4–107 为例，在背景图中选中区域，利用键盘“Q”键快速进入蒙版，未被选中区域会覆盖半透明红色，如图 4–108 所示。

图 4-107　原图选中区域示意图

图 4-108　未选区域效果图

在快速蒙版中，使用画笔（白色）可添加选区，使用画笔（黑色）涂抹可减少选区，而灰色得到半透明的选区，如图 4–109 所示。使用画笔涂抹后，按“Q”键退出快速蒙版可以得到如图 4–110 所示的效果图。

图 4-109　使用画笔的效果图

图 4-110　效果图

快速蒙版还可以结合滤镜得到特殊选区，按“Q”键进入快速蒙版，羽化参数设置为 50，如图 4–111 所示。在顶部菜单栏“滤镜”中“像素化”选择“品格化”选项，如图 4–112 所示，参数设置为 27，最后单击“确定”按钮，如图 4–113 所示。

图 4-111　羽化效果

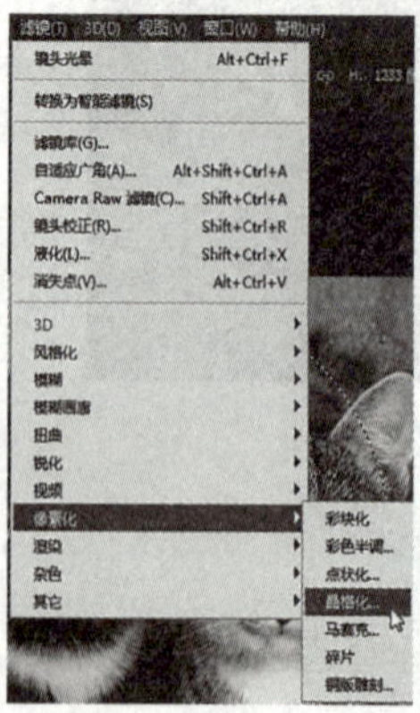

图 4-112　晶格化工具位置

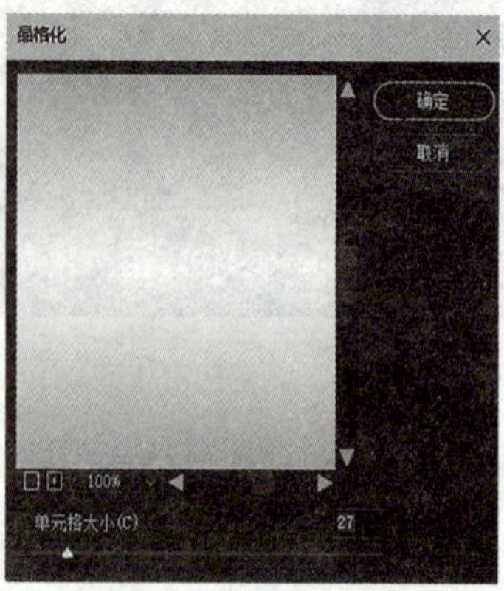

图 4-113　操作示意图

按“Q”键退出快速蒙版，反选并填充白色即可，晶格化效果如图 4–114 所示。最终效果图如图 4–115 所示。

图 4-114　晶格化效果

图 4-115　最终效果图

五、滤镜的使用

使用滤镜可以修饰照片，能够为图像提供素描或印象派绘画外观的特殊艺术效果，还可以使用扭曲和光照效果创建独特的变换。

我们经常会用到一些滤镜，如风格化、模糊、锐化、渲染、艺术效果等。使用这些滤镜效果，可以增强图像的说明能力和对环境的渲染能力。滤镜是以像素为单位对图像进行处理的。因此，在对不同像素的图像应用相同的滤镜时，会产生不同的效果，学会使用和善于利用滤镜效果不仅可以弥补照片的不足，还能够为照片制作出特殊效果。

Photoshop 2021 中的滤镜数量繁多，能够达到的效果也不一样，但滤镜的使用方法却大同小异。单击菜单栏中的“滤镜”按钮，再选择下拉列表中的滤镜子选项，接着在弹出的对话框中设置相应的参数，设置完成后单击“确定”按钮即可。

1. 调用滤镜功能

下面将介绍如何调用滤镜功能，具体操作步骤如下。

（1）打开“叶子”图像文件，单击“滤镜”按钮，在下拉列表中选择“模糊”选项，在级联菜单中选择“高斯模糊”选项，如图 4–116 所示。

（2）弹出“高斯模糊”对话框，在“半径”文本框中输入“6.0”。

（3）单击“确定”按钮，返回编辑界面查看效果。

2. 取消滤镜效果

如果对图片已经使用的效果不满意或者不需要滤镜效果，可以取消滤镜效果，具体操作步骤如下。

（1）单击“编辑”按钮，在弹出的下拉菜单中选择“渐隐高斯模糊”选项，如图 4–117 所示。

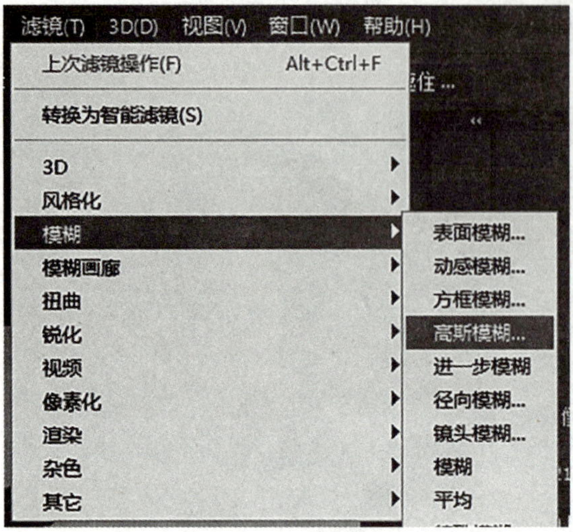

图 4-116 选择“高斯模糊”选项

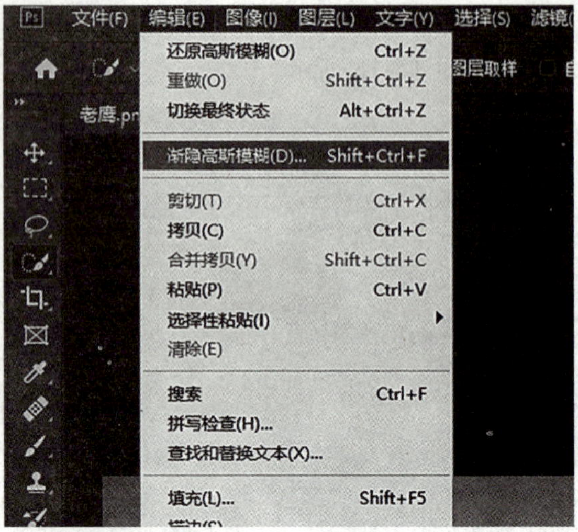

图 4-117 选择“渐隐高斯模糊”选项

（2）弹出“渐隐”对话框，在对话框中设置相应的值，单击“确定”按钮即可，如图 4–118 所示。此操作是将执行滤镜后的效果与原图像混合，以达到消除滤镜效果的目的。

（3）或者使用“历史记录”来删除执行了滤镜的操作也可以取消滤镜效果。

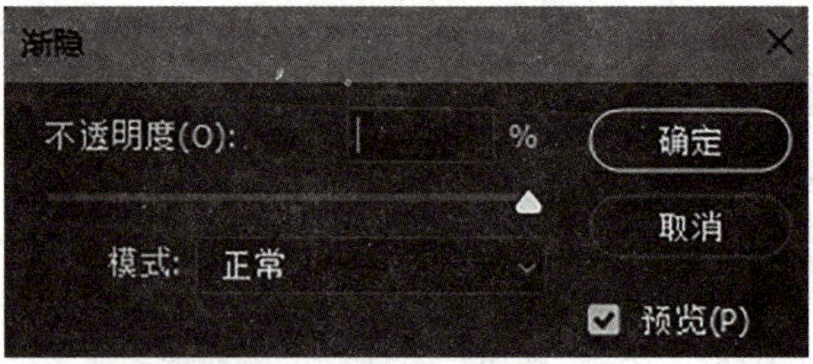

图 4-118 单击“确定”按钮

3. 使用滤镜库

使用滤镜库为图像添加滤镜效果，不仅可以实时预览图像的效果，还可以在操作的过程中使用多种滤镜。

滤镜库包含了多个滤镜，使用滤镜库可以方便地为图像添加滤镜效果。

（1）打开“花朵”图像文件，单击“滤镜”按钮，在弹出的下拉列表中选择“滤镜库”选项，如图 4–119 所示。

（2）弹出“滤镜库”对话框，单击“画笔描边”按钮，在下拉列表中选择“强化的边缘”选项。

（3）单击滤镜库右下角的“新建效果图层”按钮，如图 4–120 所示，在原效果图层上再新建一个效果图层，接着再选择一个滤镜效果，从而达到多个滤镜叠加的效果。

（4）查看多个滤镜效果叠加显示的图像。

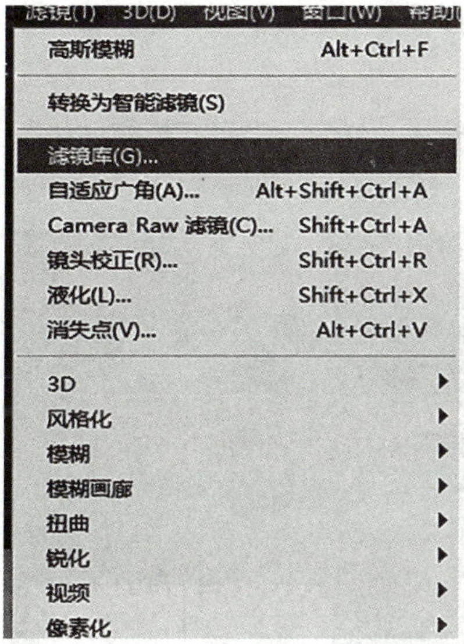

图 4-119　选择“滤镜库”选项

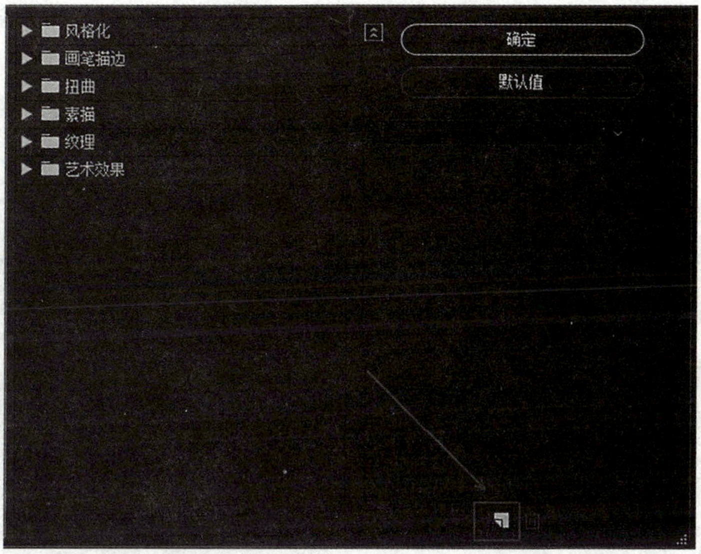

图 4-120　单击“新建效果图层”按钮

4. 删除或隐藏滤镜

为图像添加多个滤镜效果后，用户还可以选择删除或隐藏某个滤镜效果，具体操作步骤如下。

（1）删除滤镜效果首先需要单击选中该图层名称，然后单击效果图层下方的“删除效果图层”按钮即可，如图 4–121 所示。

（2）隐藏滤镜效果只需要单击滤镜效果图层名称左侧的按钮即可。

5. 调用模糊滤镜

模糊滤镜主要用于对图像边缘过于清晰或对比度过于强烈的区域进行模糊处理，从而使相邻像素平滑过渡，产生柔和、模糊的效果，具体操作步骤如下。

（1）打开“飞翔”图像文件，在“图层”栏目中选中“背景”图层，如图 4–122 所示，使用“Ctrl+J”快捷键，复制背景图层。

图 4-121　单击“删除效果图层”按钮

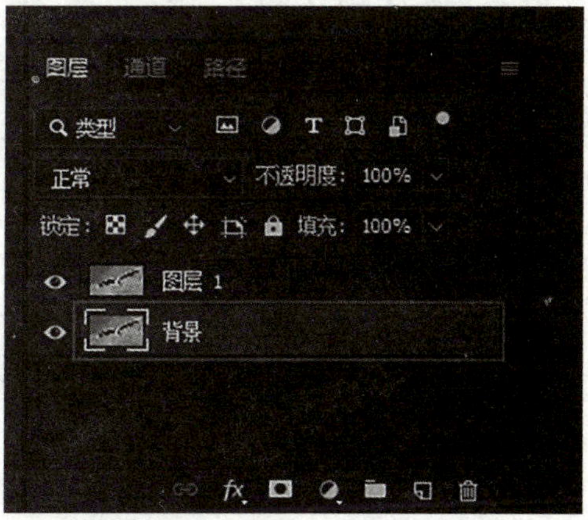

图 4-122　选中“背景”图层

（2）选中复制的图层，单击“滤镜”按钮，选择“模糊”选项，在级联菜单中选择“径向模糊”选项，如图 4–123 所示。

（3）弹出“径向模糊”对话框，在“数量”文本框中输入“30”，设置“模糊方法”为“缩放”，“品质”为“好”，单击“确定”按钮即可，如图 4–124 所示。

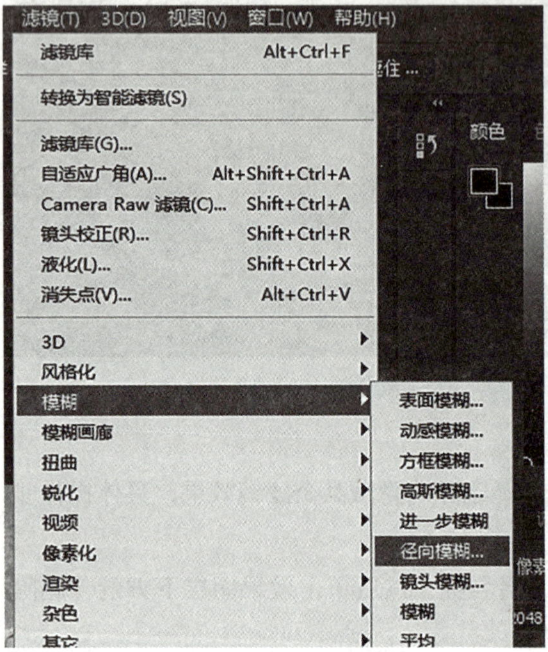

图 4-123 选择“径向模糊”选项

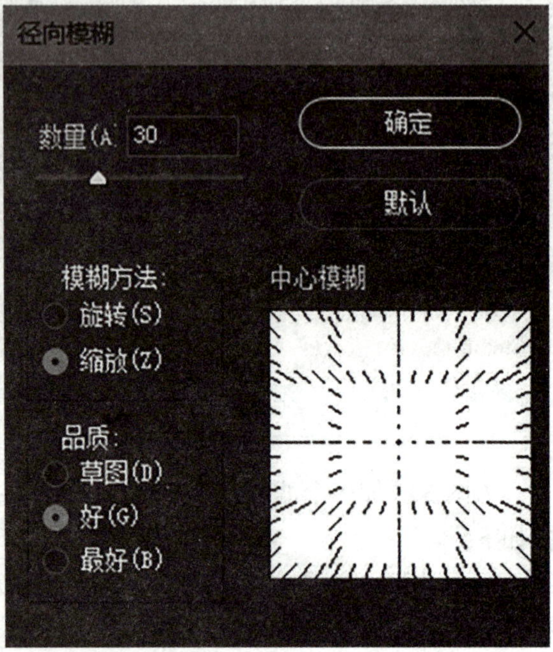

图 4-124 “径向模糊”对话框

（4）选中复制得到的图层，按下“Alt”键的同时，单击“添加图层蒙版”按钮，为图层添加蒙版。

（5）将前景色设置为白色。

（6）在工具箱中选择“画笔工具”选项，设置画笔大小为“40”，样式为“硬边圆”。

（7）在需要有动感效果的图案区域进行涂抹，图层的动感效果就会显现出来。

6. 调用锐化滤镜

本任务将以增强图像清晰度为例介绍锐化滤镜的使用方法。锐化滤镜主要通过增强图像中相邻像素之间的对比度使得图像轮廓变得清晰，减弱图像的模糊程度，具体操作步骤如下。

（1）打开“跳跃”图像文件，单击“滤镜”按钮，选择“锐化”选项，在级联菜单中选择“USM 锐化”选项，如图 4–125 所示。

（2）弹出“USM 锐化”对话框，分别设置“数量”“半径”“阈值”等相关参数，最后单击“确定”按钮即可。

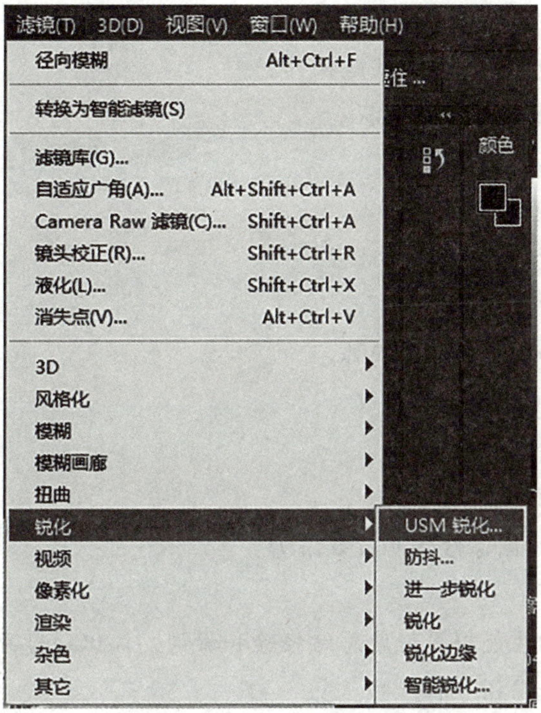

图 4-125　选择“USM 锐化”选项

实训分析

Photoshop 技能进阶实践

【实训目的】

（1）学习和掌握 Photoshop 的技能进阶内容。

（2）提升学生在 Photoshop 软件中的熟练程度和创作能力。

【实训描述】

为了提升学生在 Photoshop 技能方面的熟练度，并进一步掌握其进阶技能，本班级特地组织了此次实训活动。

【实训步骤】

步骤一：图层使用实践

让学生进行图层的实践操作。

（1）创建并命名图层。

（2）使用不同的图层混合模式。

（3）调整图层透明度和不透明度。

（4）使用图层蒙版。

（5）应用图层样式。

步骤二：路径和形状操作实践

让学生进行路径和形状操作的实践操作。

（1）创建基本形状和自定义形状。

（2）修改路径线段和锚点。

（3）调整形状的填充和描边。

（4）使用路径进行图像裁剪和选区。

步骤三：通道和蒙版实践

让学生进行通道和蒙版的实践操作。

（1）选择和调整图像的不同通道。

（2）使用通道创建图像遮罩。

（3）创建和编辑蒙版。

（4）使用蒙版进行图像修饰和特效添加。

【实训反思】

通过本次实训，学生能够更好地总结经验和教训，认识到自身的成长和不足之处，并为未来的学习和创作提供指导和借鉴。

任务四　图片的美化与精修

任务描述

本任务旨在让学生掌握使用 Photoshop 进行图片美化与精修的相关技能。通过学习本任务，学生将能够使用各种修复工具和调整工具来美化和优化图像，提升图像品质。

任务分析

美化和精修是图像处理中非常重要的环节，它能够提升图片的视觉效果，增强图片的吸引力。

知识积累

图片素材由于产品、模特本身的原因或者由于拍摄过程中环境因素的影响，往往存在一些瑕疵和不足。为了保证图片的质量，需要对图片进行美化和精修，跨境电子商务运营中主要通过图片修复、美化、调色、清晰化等方式对图片进行美化与精修。

一、图片修复工具的原理

Photoshop 常用的图片修复工具有“污点修复画笔工具”“修补工具”及“仿制图章工具”，图片修复的原理是将需要修复位置的像素信息用周围或者其他区域的像素信息进行替代，从而达到修复图片的效果。

二、色彩的三个属性

色彩的三个属性包括色相、饱和度、明度，具体说明如下。

（1）色相：即色彩本身的视觉表象。确切地说，是以波长来划分色光的相貌，就是通常所指的各种颜色，如红、橙、黄、绿、青、蓝、紫等。

（2）饱和度：即色彩的鲜艳程度。它是影响色彩最终效果的重要指标之一。饱和度指的是图像彩色成分和灰色成分的比例，彩色成分比例越高，图像颜色越鲜明，而鲜明的图像可以给用户留下更加深刻、强烈的印象。

（3）明度：即色彩的光亮程度。所有的色彩都具有自己的光亮。其中，亮色被称为高明度，如黄色；暗色被称为低明度，如紫色。

三、明度和亮度的区别

亮度与色彩反射的光量有关。一般来说，彩色物体表面的反射光量越多，它的亮度越高。明度则是一个心理颜色概念，是指人们所感知到的色彩的明暗程度，它是以亮度为基础的，但不等同于亮度。由于人眼是判断颜色、感知颜色的唯一器官，因此明度才是我们最关心的。亮度与颜色的辐射能量有关，但能量高的颜色不一定明度高，如蓝色的能量很高，但其明度却较低。

在掌握了调整图像的基本操作之后，接下来还需要学会对图像进行后期处理。此外，如果对图像的色彩效果不满意，可以使用 Photoshop 2021 进行调整，将图像的显示效果调整为满意的效果。

四、图像修饰与色彩调整

（一）图像修饰

在使用相机拍摄人像时，经常会因为光线照度、光源性质等环境因素影响照片的美观，或者是因为人物本身面部有太多斑点使其脸部不够美观、光滑，为了达到美观的要求，可以用 Photoshop 2021 对照片进行美化。

1. 污点修复画笔工具

污点修复画笔工具主要用于快速修复图像中的斑点或小块杂物等，使用此工具能对照片中的样本像素进行绘画，还可以将源图像中的像素的纹理、透明度等情况与目标图像的区域匹配、融合，具体步骤如下。

（1）打开“人物”图像照片，在工具箱中选中“污点修复画笔工具”选项，如图 4–126 所示。

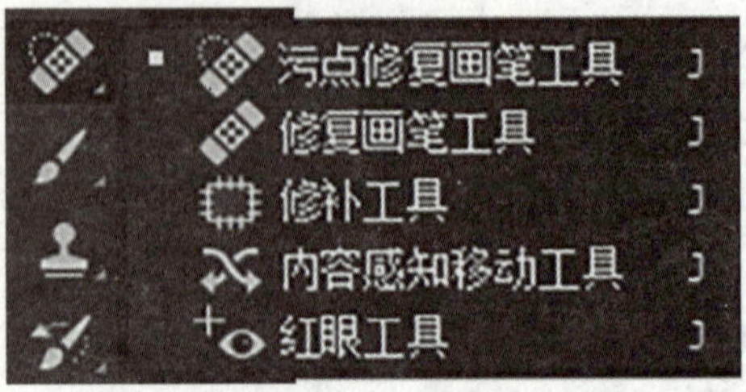

图 4-126　选中“污点修复画笔工具”选项

（2）将图像放大，在脸部有斑点的地方用拖拽鼠标的方法画一条线，这条线呈灰色区域，如图 4–127 所示。如果想要修复某个单独的斑点，在斑点上单击即可完成修复操作。

（3）释放鼠标后即可看到黑色区域的斑点已经消失。

提示：使用画笔工具修复左脸上的斑点区域，应注意避免在修复过程中因为颜色的不统一，导致再次出现大块的污点。

（4）继续使用“污点修复画笔工具”修复右脸的斑点区域，如图 4–128 所示。

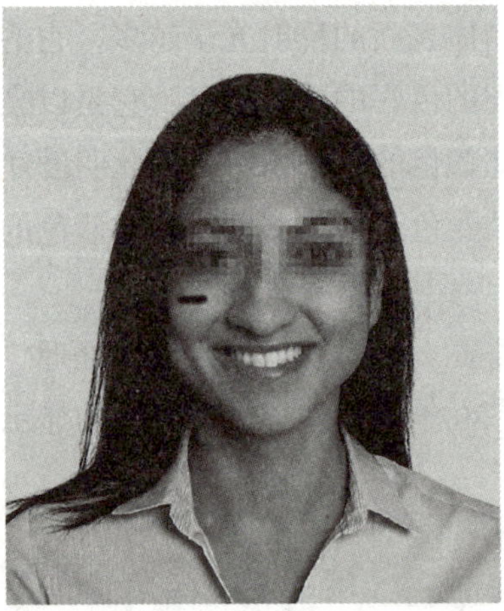

图 4-127　在脸部有斑点的地方用拖拽鼠标的方法画一条线

图 4-128　使用“污点修复画笔工具”修复右脸的斑点区域

2. 修复画笔工具

修复画笔工具可以利用图像中与被修复区域相似的颜色去修复破损的图像，与污点修复工具的作用和原理相似，但是修复画笔工具更好被控制，不易产生人工修复的痕迹，使用修复画笔工具的具体操作步骤如下。

（1）在工具箱中右击“污点修复画笔工具”选项，选择“修复画笔工具”选项，如图 4–129 所示。

（2）在工具属性栏中设置修复画笔的大小为“16 像素”，在“模式”栏右侧的下拉列表中选择“滤色”选项，单击“取样”按钮，如图 4–130 所示。取样位置的颜色尽量与修复位置的颜色相近，这样就避免了修复过程中再次产生污点。

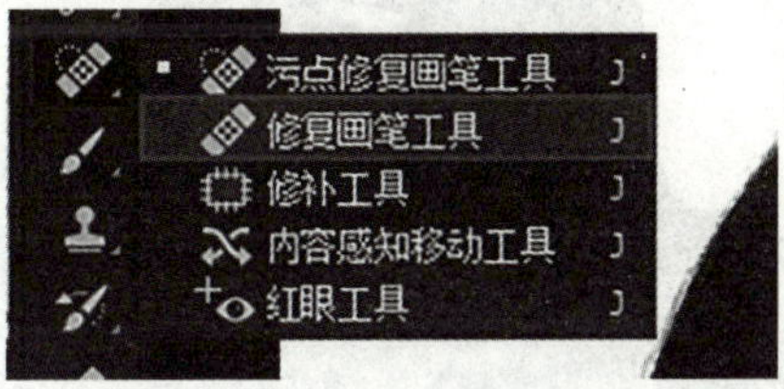

图 4-129　选择“修复画笔工具”选项

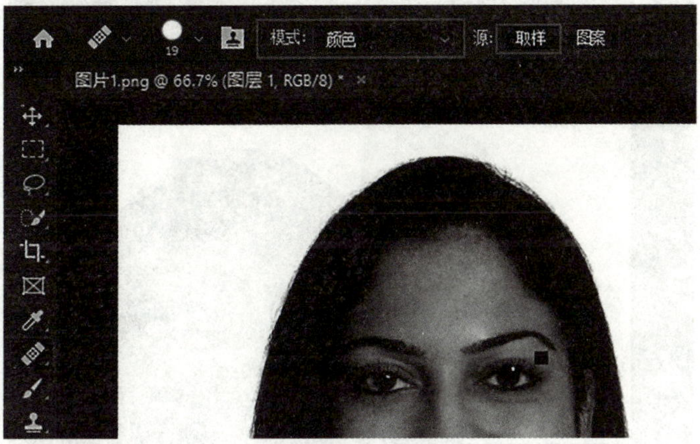

图 4-130　单击“取样”按钮

（3）放大显示图像中人物眼部，按下“Alt”键不放，同时在需要取样的位置单击鼠标左键。

（4）将光标移动到需要修复的位置，单击并拖拽鼠标修复眼部的细纹。

（5）在使用修复画笔工具的时候，应根据眼部的轮廓颜色和周围颜色随时修改取样点和画笔的大小。

（6）使用同样的方法对左眼部分进行修复。

3. 修补工具

修补工具是将目标区域中的图像复制到需要修复的区域中。用户在修复具有瑕疵和较复杂纹理的图像时，可以使用修补工具进行修复，具体步骤如下。

（1）在工具箱中用鼠标右键单击“修复画笔工具”，选择“修补工具”选项，再在工具属性栏的“修补”下拉列表中选择“正常”选项，单击“源”按钮，如图 4–131 所示。

（2）在需要修补的地方绘制一个闭合的形状，圈住需要修补的地方。

（3）在选中的区域上按住鼠标左键不放，向周围地方拖拽，以脸部其他部分的颜色为主体进行修补。

提示：不要将鼠标拖拽到与修补区色差太大的区域，以免造成颜色差异太大。

（4）使用相同的方法修补脸部其他地方的瑕疵。

（5）使用“Ctrl+D”快捷键取消修补工具的选区，查看效果，如图 4–132 所示。

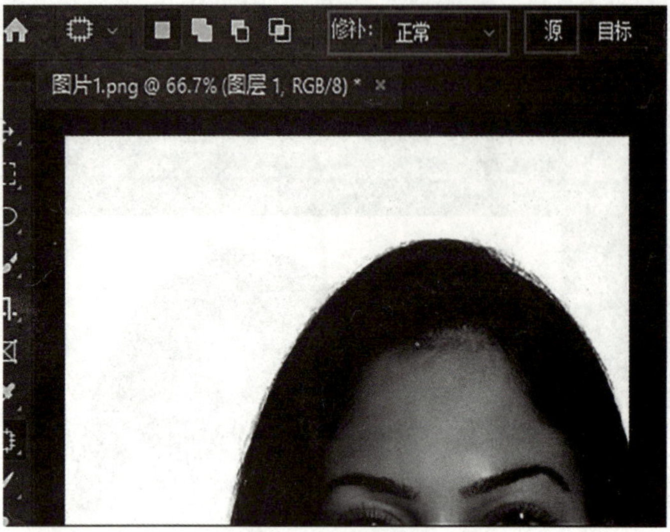

图 4-131　单击“源”按钮

图 4-132　查看效果

（二）色彩调整

在处理图像时，为了制造个性化的效果，常常会将图像处理成不同的色调，使效果更加出色。

1. 自动色调

Photoshop 2021 中的自动色调功能可以对颜色较暗的图像进行处理，使图像中的黑色和白色变得平衡，增加图像色彩的对比度，具体步骤如下。

（1）打开“图片 2”图像文件，单击“图像”按钮，在弹出的下拉列表中选择“自动色调”选项，如图 4–133 所示。

（2）此时系统将自动调整图像的对比度，查看效果。

2. 自动调整对比度

任何一种色彩都是由色相、饱和度和明度这 3 种基本元素组成的。色相又称为色调，即颜色的主波长属性。其中饱和度又称为纯度，及颜色的鲜艳程度。明度又称亮度，即色彩的明暗度。自动对比度功能可以自动调整图像的色彩对比度，使得阴影颜色更暗、明亮色更亮，具体操作步骤如下。

（1）打开“图片 2”图像文件，单击“图像”按钮，在弹出的下拉菜单中选择“自动对比度”选项，如图 4–134 所示。

（2）返回编辑界面查看效果。

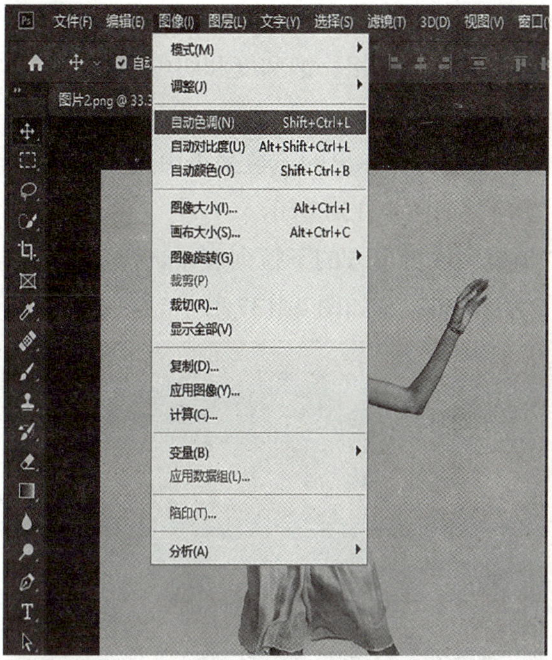

图 4-133　选择“自动色调”选项

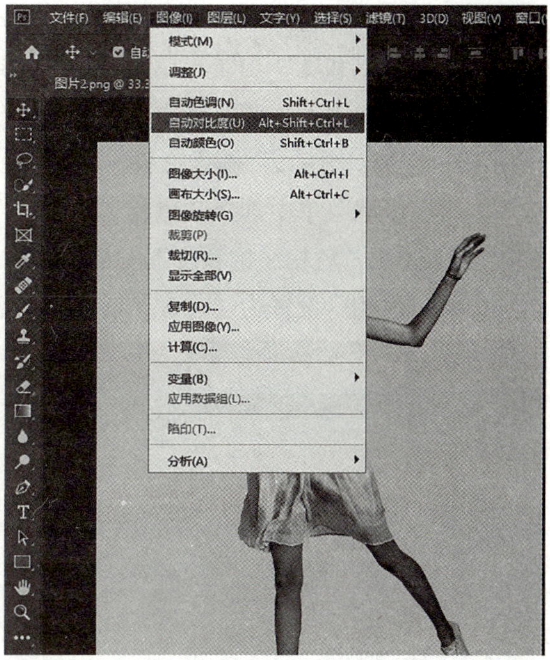

图 4-134　选择“自动对比度”选项

3. 自动调整图像颜色

使用自动调整颜色功能可以对图像的对比度和颜色进行调整，具体操作步骤如下。

（1）打开“图片 2”图像文件，单击“图像”按钮，在弹出的下拉列表中选择“自动颜色”选项，如图 4-135 所示。

（2）返回编辑界面，查看自动调色的效果。

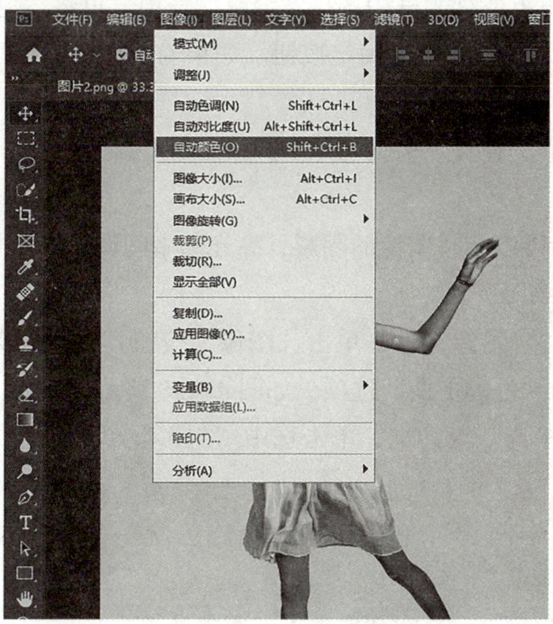

图 4-135　选择“自动颜色”选项

4. 调整图像的色相和饱和度

“色相 / 饱和度”功能起调整图像全图或单个颜色的色相、饱和度和明度的作用，经常用于处理图像中不协调的单个颜色，具体步骤如下。

（1）打开“图片 2”图像文件，单击“图像”按钮，在弹出的下拉列表中选择“调整”选项，再在级联菜单中选择“色相 / 饱和度”选项，如图 4–136 所示。

（2）弹出“色相 / 饱和度”对话框，在“预设”栏目下方的下拉列表中选择“蓝色”选项，将“色相”设置为“+30”，“饱和度”为“–30”，如图 4–137 所示。

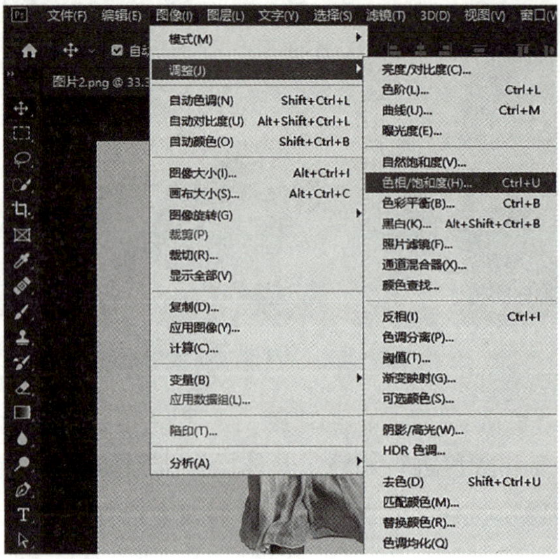

图 4-136　选择“色相 / 饱和度”选项

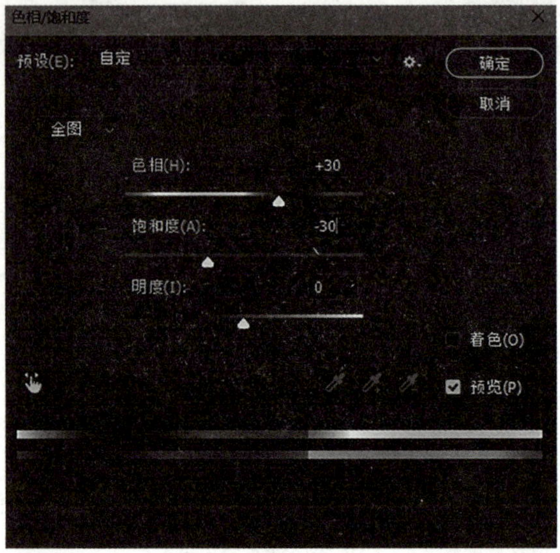

图 4-137　设置“色相”和“饱和度”

（3）在“预设”下方的列表框中选择“绿色”选项，再将“色相”设置为“+36”，“饱和度”为“–36”，完成后单击确定按钮。如果勾选中“着色”复选框，可以对整个图像的色彩进行调整。

（4）返回编辑界面，查看效果。

5. 色彩平衡功能

使用色彩平衡功能可以调整图像的阴影、高光和中间调，使图像具有颜色鲜亮、明艳的效果，具体操作步骤如下。

（1）打开“图片 2”图像文件，单击“图像”按钮，在下拉菜单中选择“调整”选项，在级联菜单中选择“色彩平衡”选项，如图 4–138 所示。

（2）弹出“色彩平衡”对话框，单击选中“阴影”单选按钮，在色阶文本框中输入“–20”“+30”“–25”。

（3）单击选中“中间调”单选按钮，在“色阶”文本框中输入“+20”“–30”“–10”，如图 4–139 所示。

（4）单击“确定”按钮，返回到编辑界面查看效果。

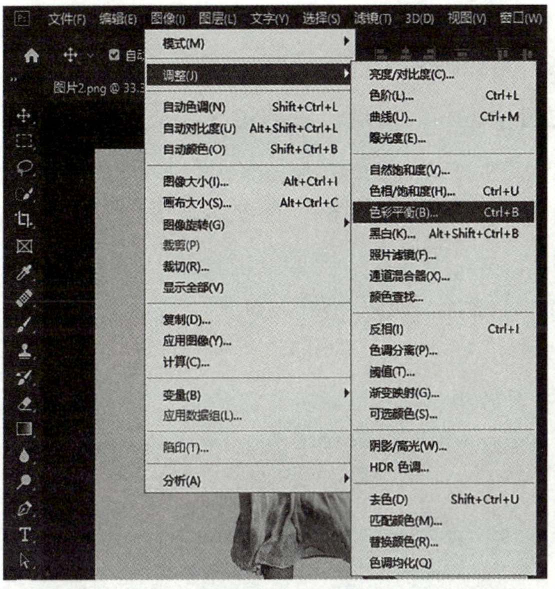

图 4-138　选择“色彩平衡”选项

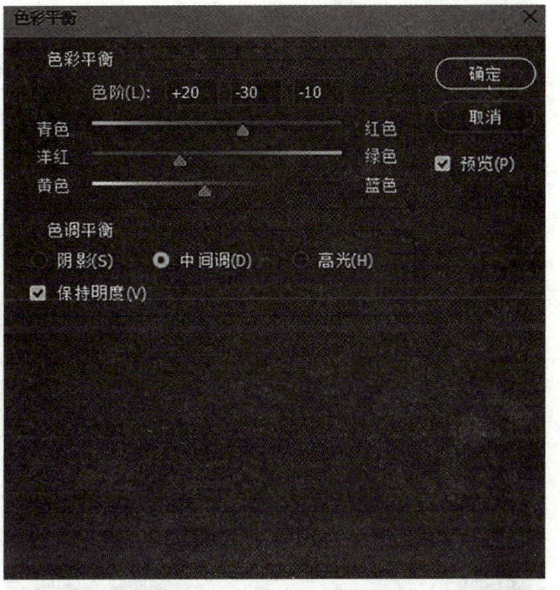

图 4-139　在“色阶”文本框中输入指定数值

6. 调整图像曝光度

曝光度主要用于处理曝光度不够，色彩暗淡或曝光过度、色彩太亮的照片，具体操作步骤如下。

（1）打开“图片 2”图像文件，单击“图像”按钮，选择“调整”选项，在级联菜单中选择“曝光度”选项，如图 4–140 所示。

（2）弹出“曝光度”对话框，将“曝光度”设置为“+0.3”，位移为“–0.1”，“灰度系数校正”为“1.2”，单击“确定”按钮，如图 4–141 所示。

（3）单击“确定”按钮，返回编辑界面查看效果。

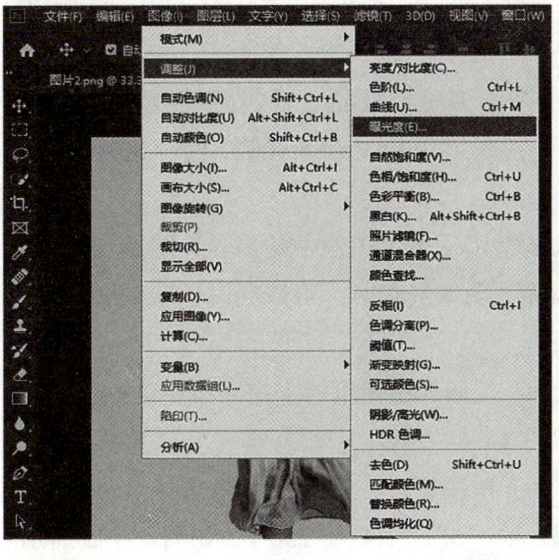

图 4-140　在级联菜单中选择“曝光度”选项

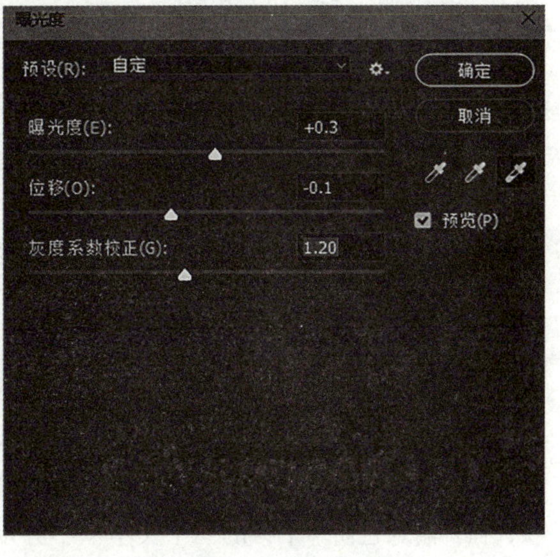

图 4-141　“曝光度”的设置

7. 自然饱和度功能

使用自然饱和度功能是为了调整全局色彩，可以增加图像的色彩饱和度，自然饱和度功能经常用于在增加饱和度的同时防止因颜色过于饱和而出现溢色的情况，适合处理人物图像，具体操作步骤如下。

（1）打开“图片 2”图像，单击“图像”按钮，选择“调整”选项，在级联菜单中选择“自然饱和度”选项，如图 4–142 所示。

（2）弹出“自然饱和度”对话框，设置“自然饱和度”为“+60”，“饱和度”为“16”，如图 4–143 所示。

（3）单击“确定”按钮，返回编辑界面查看效果。

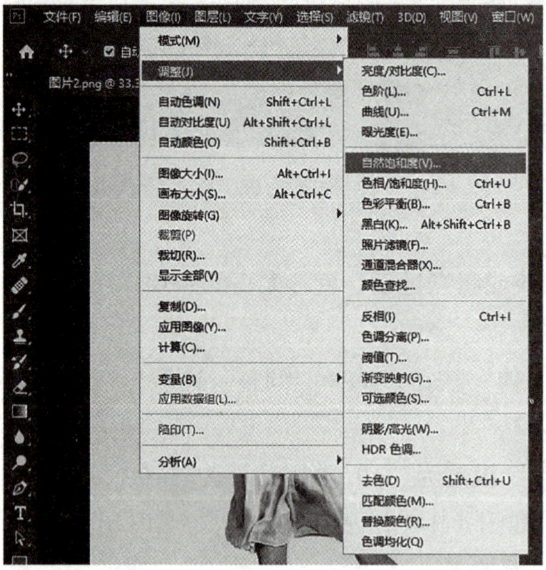

图 4-142　选择“自然饱和度”选项

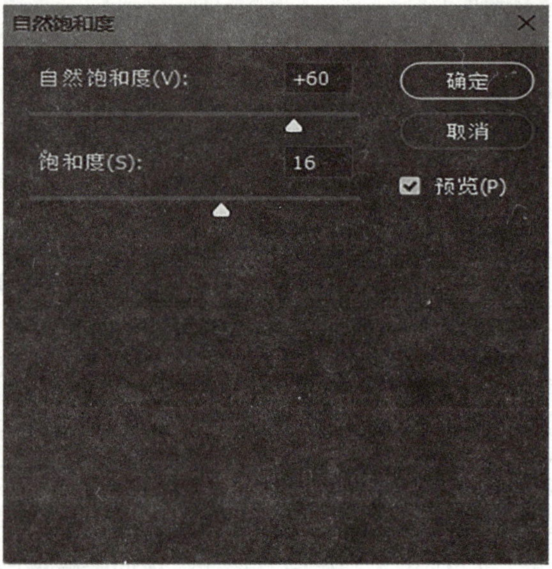

图 4-143　在“自然饱和度”对话框设置相应数值

8. 调整灰暗图像

由于环境或人物等因素，完成拍摄后的照片大多是半成品，后期需要再次对照片的色彩进行调整。本任务将以模特写真照片为例，介绍用 Photoshop 2021 处理这些照片的方法。

调整灰暗图像需要用到色阶功能，色阶功能常用于表示图像中的高光、暗调和中间调的分布情况。当拍摄时因为主观或客观的原因导致图像灰暗时，可以通过色阶功能提高图像的亮度，具体操作步骤如下。

（1）打开“图片 2”图像文件，单击“图像”按钮，在弹出的下拉菜单中选择“调整”选项，再在级联菜单中选择“色阶”选项，如图 4–144 所示。

（2）弹出“色阶”对话框，单击“通道”下拉按钮，在下拉列表中选择“RGB”选项，在“输入色阶”下方的三个文本框中分别输入“15”“1.4”“250”，如图 4–145 所示。

（3）单击“确定”按钮，返回到编辑界面查看效果。

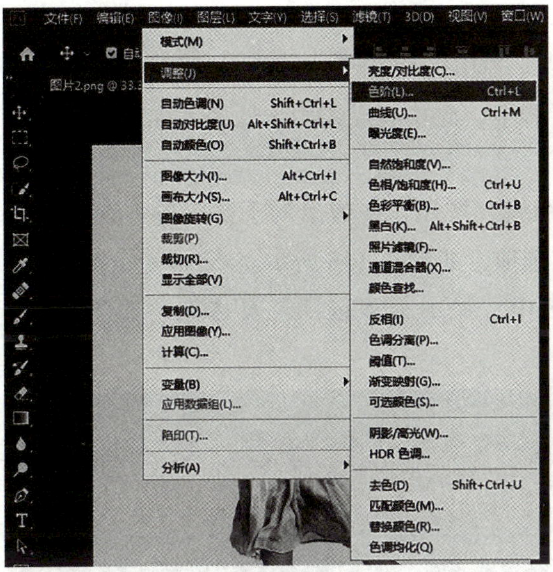

图 4-144　选择“色阶”选项

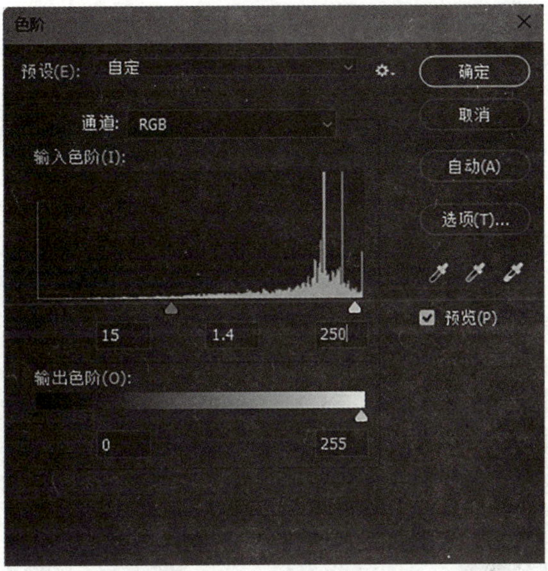

图 4-145　在“输入色阶”下方的文本框中输入数值

9. 调整图像的亮度和对比度

在 Photoshop 2021 中调整图像亮度和对比度要用到“亮度 / 对比度”功能，“亮度 / 对比度”功能的作用是将灰暗的图像变亮，并增加图像的明暗对比，具体操作步骤如下。

（1）打开“图片 2”图像文件，单击“图像”按钮，在弹出的下拉菜单中选择“调整”选项，在弹出的级联菜单中选择“亮度 / 对比度”选项，如图 4–146 所示。

（2）弹出“亮度 / 对比度”对话框，在“亮度”文本框中输入“28”，在“对比度”文本框中输入“16”，如图 4–147 所示。

（3）单击“确定”按钮，返回编辑界面查看效果。

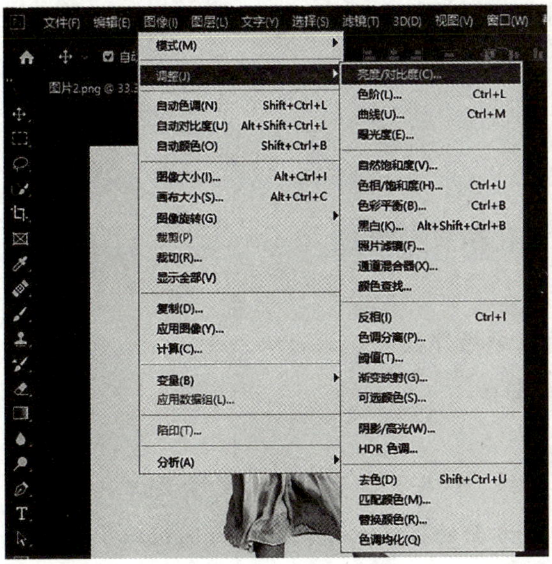

图 4-146　选择“亮度 / 对比度”选项

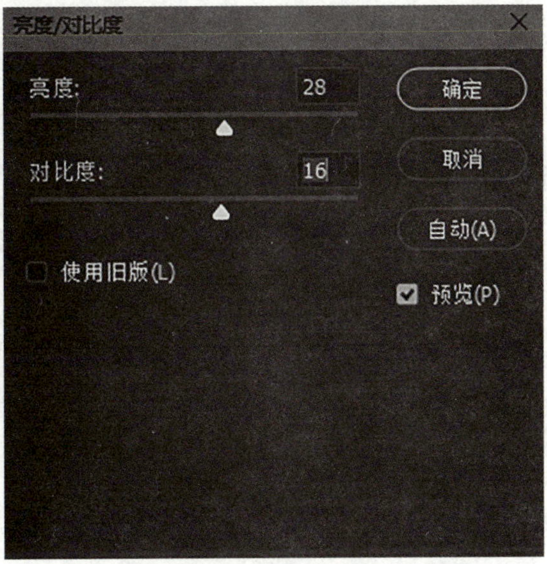

图 4-147　在“亮度 / 对比度”对话框设置数值

10. 调整图像的明暗度

在 Photoshop 2021 中调整图像明暗度要用到“阴影 / 高光”功能，“阴影 / 高光”功能可以对图像中特别亮或者特别暗的地方进行调整，此功能经常用于处理因校正强逆光而形成剪影的照片，具体步骤如下。

（1）打开“模特 1”图像文件，单击“图像”按钮，在弹出的下拉菜单中选择“调整”选项，在级联菜单中选择“阴影 / 高光”选项，如图 4-148 所示。

（2）弹出“阴影 / 高光”对话框，勾选中“显示更多选项”复选框，如图 4-149 所示。

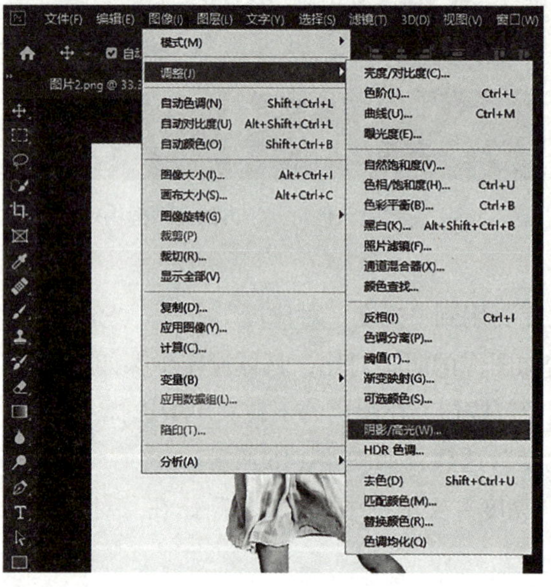

图 4-148 选择“阴影 / 高光”选项

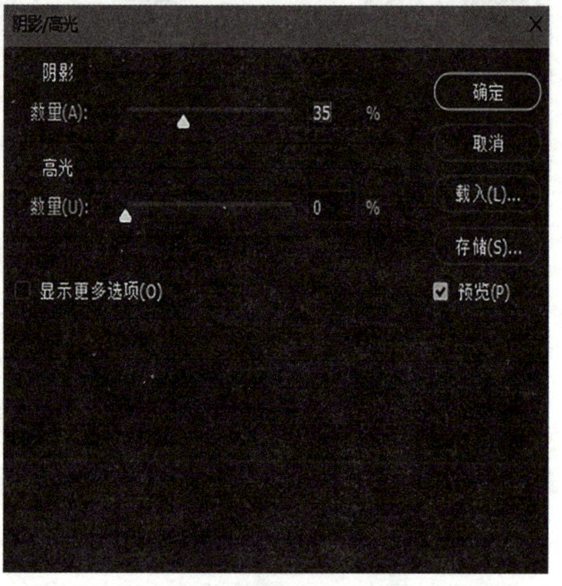

图 4-149 勾选中“显示更多选项”复选框

在对话框中，分别为“阴影”“高光”“调整”设置数值，然后单击“确定”按钮，完成设置返回编辑界面查看效果。

实训分析

Photoshop 图像美化精修实例

【实训目的】

（1）熟练掌握 Photoshop 图像处理软件的基础操作技能。

（2）熟练掌握图片美化与精修的具体技术要点。

【实训描述】

Photoshop 图像处理软件作为现代设计、摄影、广告、媒体等领域的重要工具之一，具有不可替代的地位。为了提升学生在图片处理方面的技能水平，老师特别组织了这次实训活动。

【实训步骤】

（1）老师通过案例分析，介绍图片修复工具的原理及常见的修复场景，如去除瑕疵、修复老照片等。

（2）学生进行操作实践，尝试使用图片修复工具进行简单的修复练习。

（3）讲师讲解色彩的三个属性：色相、饱和度、亮度，并示范如何利用色彩调整工具调整图片色彩。

（4）学生跟随教师进行实际操作，在实例中运用色彩调整工具对照片进行色彩修正。

（5）讲师解释明度和亮度的概念及其区别，示范在实际操作中如何调节明度和亮度。

（6）学生进行自主练习，尝试在不同图片场景中使用明度和亮度调节工具进行图片处理。

【实训反思】

本次实训同样针对图像进行美化和精修，并使用曲线工具进行亮度设置、使用工具箱中的锐化工具进行局部锐化。通过学习可以发现，Photoshop 中针对全图和局部都有不同的处理方法，在不同的应用场景中使用合适的工具是 Photoshop 图像处理的重点。

任务五　图像切片处理

任务描述

通过完成本任务，学生将能够熟练运用 Photoshop 中的切片工具，将图像按照需要进行切分，并生成适用于网页开发的切片信息。

任务分析

图像切片处理涉及将原始图像依据既定规则或尺寸划分为若干独立部分，以便于后续进行图像分析、编辑或优化。在进行此操作时，需审慎考虑切片方法（包括横向、纵向或定制形状）、切片后的存储格式，以及是否对切片执行进一步的图像增强或压缩处理。

知识积累

一、图像切片概述

图像切片是一种处理图像的方法，它涉及将一张大的图像分解成多个较小的图像片段，以便更有效地存储和处理。这种技术广泛应用于网络地图、瓦片地图、图像拼接等多种场景。以下是图像切片的几个关键步骤。

（1）定义切片大小：需要根据需求设置每个小图的大小，这通常是正方形或矩形。

（2）计算切片数量：计算原始图像需要被分成多少个小图。这个计算可以通过将原始图像的宽度除以切片宽度，以及将原始图像的高度除以切片高度的公式来实现。

（3）切割图像：按照计算出的切片数量，将原始图像分割成相应数量的小图。

（4）存储切片：将切割后的每个小图存储到磁盘上，可以选择多种图片格式，如JPEG、PNG等。

（5）加载切片：在需要显示切片的地方，根据需要加载相应的小图，并将其组合成完整的图像。

此外，还有以下几种类型的切片方法。

（1）随机切片：这种方法通过在图像内部随机选取patch的中心，然后将其切成固定数量的patch。

（2）镜像填充：这是一种特殊的切片方法，通过对原图进行镜像填充，使其对边界区域进行预测时获得上下文信息。

（3）按序切片：这种方式是从图像的左上方开始，按照一定的间隔依次将图像切成一系列小的图像块。

（4）切片重构：当切片的预测结果需要进行组合时，需要通过平均重叠部分的像素值来重建整个图像的预测结果。

综上所述，图像切片是一个多步骤的过程，涉及图像的基本操作、数据处理和图像合成等多个方面，旨在提高图像处理的效率和用户体验。

二、图像切片处理的意义

跨境电子商务网店运营中，在广告Banner图、店铺招牌等图片素材上传图片空间之前需要进行切片处理，本任务主要讲授图像切片的意义和操作技巧。

图像切片处理的意义如下。

（1）很多时候一张组合促销图中包含了多个商品，为增强用户体验，需要在用户点击组合图中的不同产品时可以链接到对应产品的页面。

（2）有的店铺一张商品长图宽750像素，长5 000像素以上，这就直接导致图片过大，将会影响用户加载图片的速度，也就意味着用户长时间无法看到图片，非常影响用户的体验。如果将长图进行切片处理，切成多份，每份图片分别加载，这样加载速度就会得到极大提升。

实训分析

图像切片处理

【实训目的】

（1）掌握使用 Photoshop 进行图像切片的基本步骤和工具。

（2）了解切片工具的使用方法，包括切割工具、切割选框工具和自动切割工具。

（3）学习如何导出切片为网页或优化的图像，并保存切片信息。

【实训描述】

为了帮助学生熟练掌握图像切片的基本知识，特组织本次实训活动。通过实践操作，加强学生的动手能力和理论知识应用水平，提升学生在图像处理领域的专业素养。

【实训步骤】

（1）老师通过介绍图像切片技术的定义、作用和使用场景等，让学生了解图像切片技术的基本概念和意义。

（2）学生跟随教师进行实操，完成一个简单的图像切片实例，体验图像切片技术的应用过程。

（3）老师通过具体案例分析，介绍图像切片技术在实际应用中的重要性和意义。

（4）学生对于所学的知识进行思考和总结，并从中发掘出其实际应用场景及其优势。

（5）老师通过 PPT 讲解和示范，介绍图像切片处理的基本流程、技巧和注意事项等。

（6）学生遵照老师的要求，进行实操，训练切片操作的技巧，理解和掌握切片操作的基本流程和方法。

（7）学生分成小组，完成一个简单的切片任务设计和开发，加深对图像切片处理技术的理解和运用。

（8）老师引导学生进行实操中出现的问题和困难是否进行有效解决，进行误解纠正和技巧落地应用的指导。

【实训反思】

本次实训分别对应了两种图像切片的目标：一种是用于添加多个产品链接，另一种是为了提升图片的加载速度。

项目小结

本项目主要包括了五个任务，涵盖了从 Photoshop 的基础入门到技能进阶的内容。通过这些任务，读者将学习如何正确应用文件格式、处理图片大小和分辨率、掌握图层、路径、通道和蒙版的使用技巧，以及图片的修复、色彩属性和明度调整。任务五则介绍了图像切片处理的概念和意义，提供网页设计和开发中重要的技能支持。完成项目四将使读者全面掌握 Photoshop 图像处理技能，为日后的设计工作和创作提供坚实基础。

思考练习

一、选择题

1. 下列关于 Photoshop 图层的描述错误的是（　　）。

A. 图层的顺序可以调整

B. 可以创建多个图层，各图层可以单独显示或隐藏

C. 图层锁定后可以设置投影效果

D. 图层可以合并

2. 下面各种类型的图层中可以将图像自动对齐和分布是（　　）。

A. 调节图层　　B. 链接图层

C. 填充图层　　D. 背景图层

3. 下列操作中可将某图层的混合模式选项设为“明度”的是（　　）。

A. 添加图层蒙版

B. 添加图层样式

C. 创建新的填充或调整图层

D. 在“图层”控制面板的上方

4. 下列关于图层的说法，不正确的是（　　）。

A. 使用文本工具添加文本时，可以自动添加一个图层

B. 拖入图像时不会自动添加新图层

C. 图层可以复制和隐藏

D. 可以单击图层面板上的“新建”按钮添加新图层

二、名词解释

1. 像素。

2. GIF 格式。

3. 图像窗口。

4. 图像切片。

项目五

短视频的拍摄与编辑

项目导读

本项目致力于培养学生对视频拍摄器材与道具的全面认识，掌握短视频拍摄工具的操作技巧，熟悉视频拍摄的规范与注意事项。此外，学生还将学习分镜头脚本的编写以及视频编辑的基本技能。通过这些专业技能的学习与实践，学生将能够更加自如地应对短视频的拍摄与编辑工作，从而提升视频制作的专业水准与社会影响力。

学习目标

☆知识目标

1. 熟悉视频拍摄所需的器材和道具。
2. 掌握短视频拍摄工具的操作方法。
3. 理解视频拍摄的参数设置和重要性。
4. 理解视频的风格定位和内容策划原则。
5. 掌握脚本创作的基本类型和分镜头脚本编写步骤。
6. 理解视频拍摄的要求和注意事项。
7. 熟悉视频拍摄流程。
8. 掌握视频编辑的基本要点，包括主图视频制作、详情视频制作和 FEEDS 短视频制作。

☆能力目标

1. 能够独立选择合适的视频拍摄器材和道具。
2. 能够熟练操作各类短视频拍摄工具。
3. 能够根据不同场景和需求设置合适的视频拍摄参数。

4. 能够根据视频风格定位和内容策划创作出具有吸引力和表现力的视频内容。

5. 能够编写规范的分镜头脚本，清晰表达想要呈现的内容和画面。

6. 能够在实际拍摄过程中注意细节，确保达到预期的拍摄效果。

7. 能够独立完成视频的拍摄工作，按照流程进行组织和管理。

8. 能够运用视频编辑技巧，制作出内容丰富、流畅的视频作品。

☆素质目标

1. 培养学生创新意识和创造力，能够灵活运用各类工具和资源创作优秀的视频内容。

2. 培养学生团队合作意识，能够与他人合作共同完成视频拍摄和编辑任务。

3. 培养学生细致耐心的工作态度，注重细节并持续改进，确保视频制作质量。

4. 培养学生沟通能力，能够清晰有效地表达自己的想法和创意。

5. 增强学生学习和探索的意识，持续学习视频拍摄和编辑的新技术和方法，不断提升自身水平和能力。

思政目标

短视频对学生的学习习惯产生了深远影响，同时，随着学生成长环境的变化，当代大学生在学习生活中更加强调个人主体地位，其学习需求也展现出多元化的特点。鉴于这种情况，高校及教育工作者需及时调整教育理念，充分尊重并重视学生的主体地位。在准确把握学生实际学习情况的基础上，积极培养短视频育人意见领袖，以实现供需平衡，进而激发其参与网络育人活动的热情与积极性。

任务一　视频拍摄器材与道具

任务描述

拍摄视频必须用到硬件设备。学生可以通过各种各样的设备来实现拍摄短视频的目标，但不同的设备拍出来的效果自然也是不同的，而且使用方法的难易程度也不同，本任务将详细介绍拍摄视频的设备。

任务分析

在着手短视频创作之前，学生应熟悉一系列基础的视频拍摄设备及道具。掌握这些设备与道具的运用技巧及其功能，将有助于学生在制作过程中更加游刃有余，进而提高视频的整体品质和观赏体验。

知识积累

在移动互联网技术高度发达的时代，随着 TikTok、YouTube、Twitter 等平台的火爆和视频直播的普及，观看视频已经成为人们的一种习惯。在内容营销领域，视频发挥的作用也逐渐被商家所重视。再加上视频和视觉之间有着天然的联系，因此视频也就成了视觉营销中十分重要的一项内容，掌握短视频拍摄有利于更好地宣传品牌及推广产品。

一、视频拍摄器材

（一）智能手机

视频拍摄器材

随着技术的不断发展和完善，智能手机已集成了多种功能，无所不能。摄像是智能手机自带的基本功能，一般的智能手机都可以进行视频的拍摄。

智能手机拍摄视频具备很多其他设备不具备的优点，具体如图 5-1 所示。

（二）单反相机

随着新技术的不断应用，新品相机的功能也日益强大，同时摄像功能也成功地被添加到单反相机中，因此越来越多的摄像爱好者将单反相机当成拍摄日常视频的得力助手。

用单反相机拍摄视频是近年来比较流行的一种视频拍摄方式，原因是它的优点比较明显，主要有如图 5-2 所示的几大优点。

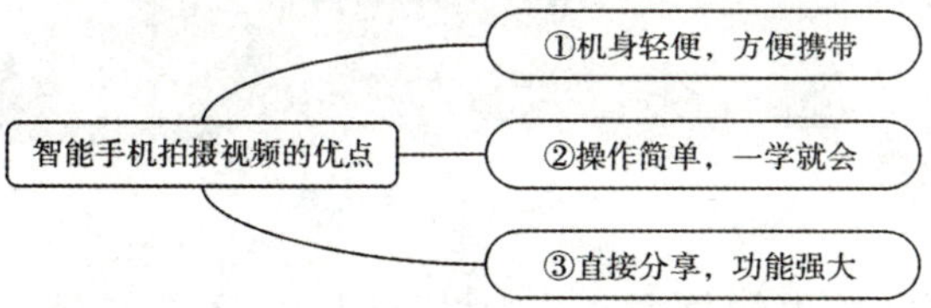

图 5-1　智能手机拍摄视频的优点

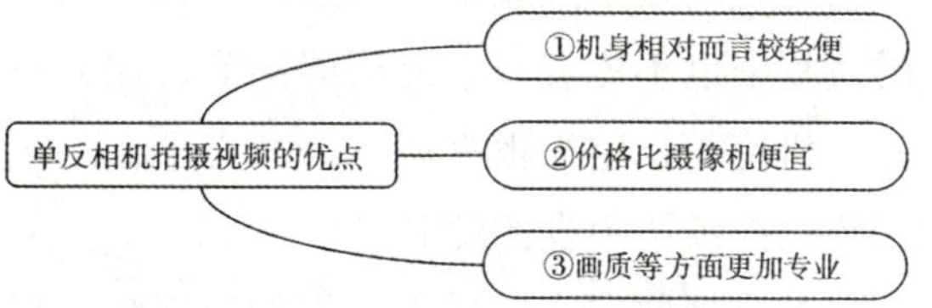

图 5-2　单反相机拍摄视频的优点

（三）摄像机

摄像机属于专业水平的视频拍摄工具，一般大型的团队和电视节目都要用到它。虽然它不像前两个提到的设备那么轻便易携带，但在视频效果上，它却高出一个级别。图 5-3 为摄像机。

图 5-3　摄像机

在使用摄像机拍摄视频之前，要做好相应的准备工作，因为是更加专业的视频拍摄，所以要用到的辅助工具也很多，主要有如下几种工具。

（1）摄像机电源。如果要在室外拍摄，切记带好直流电池，将电池充满电备用，如果要去较远的地方拍摄，最好带上充电器。

（2）摄像机电缆。摄像机电缆用来连接摄像机和录像机，主要有 14 芯、26 芯等规格。

（3）摄影灯。摄影灯主要有两种供电类型，即直流供电和交流供电，这两种供电类型各有所长，也各有所短。直流供电方便，但时间短；交流供电持久，但需要借助电缆盘，携带不方便。

（4）彩色监视器。彩色监视器是用来保证拍摄画面的颜色不出差错的，可以提升视频的拍摄效果。

（5）三脚架。三脚架是一个用途十分广泛的辅助工具，无论是使用智能手机、单反相机，还是使用摄像机拍摄视频，都要用到它。

（四）无人机

随着无人机技术的迅速发展，以及出于摄影、摄像等方面的需要，航拍无人机已经成为拍摄某些特殊场景时必不可少的工具，图 5-4 为无人机。

二、短视频拍摄工具

（一）麦克风

麦克风是拍摄短视频的辅助工具，但在选取的过程中也不能忽视它的功能细节，如支持电脑和手机使用，这为很多活跃于社交平台的短视频用户们提供了不少的便利。

图 5-4　无人机

如果想要制作出质量上乘的短视频，就要在拍摄的每个环节中做到用心，不管是挑选设备，还是安排流程，都要用心。尤其是涉及短视频的画面、音效等与硬件有关的问题时，操作者必须特别注意，因为这些因素都是可控的，可以通过事先准备的方式避免画面模糊、音效不佳等问题的发生，从而保证短视频的基本品质。

（二）轨道车

摄像机轨道车也是拍摄视频时常用到的辅助工具，特别是在拍摄外景、动态场景时，轨道车更显得必不可少。图 5-5 为比较普通的轨道车。实际上，根据拍摄场景的需要，轨道车还分为多种类型，如非载人电动滑轨、便携式载人轨道车、匀速电动轨道车及脚踏电动轨道车。

图 5-5　轨道车

三、短视频拍摄参数

（一）分辨率——清晰还是更清晰

在拍摄视频之前，要对相机的分辨率进行选择，以确定视频的清晰度。实际上，视频的分辨率和照片的尺寸定义相似，常见的视频分辨率如表 5–1 所示。

表 5-1　常见的视频分辨率

分辨率代号	所属标准	视频像素（像素）	备注
480 P	数字电视系统标准	720 × 480	DVD/ 标清
720 P	高清晰度电视标准	1 280 × 720	高清
1 080 P	高清晰度电视标准	1 920 × 1 080	蓝光 / 全高清
2 K	数字电影系统标准	2 048 × 1 080	全高清
4 K	数字电影系统标准	4 096 × 2 160	超高清

（二）帧速率——流畅还是更流畅

帧速率是指每秒钟刷新图片的帧数，也就是一系列图片在屏幕上的显示速度（以帧 / 秒为单位），在使用单反相机拍摄视频之前，要做的第一件事是选择视频制式，这其中就包含了对帧速率的选择。目前可供选择的视频制式主要有两种，其特点如表 5–2 所示。

表 5-2　常见视频制式及特点

视频制式	特点
PAL	50 帧 / 秒作为 720 P 高清视频的标准帧速率，25 帧 / 秒作为广电标准帧速率，是欧洲等国家（地区）的视频标准
NTSC	60 帧 / 秒作为 720 P 高清视频的标准帧速率，30 帧 / 秒作为广电标准帧速率，是美国等国家（地区）的视频标准

由帧速率的定义可知，帧速率越高，视频就越清晰，相应地，占用的内存也会越大。对人眼来说，在帧速率达到 12 帧 / 秒的情况下视频效果就已经很流畅了。生活中如果对视频品质要求不高，只要达到 12 帧 / 秒就可以了，如果想要达到电影拍摄的效果，也可以选择 24 帧 / 秒。

实训分析

利用智能手机进行简易视频摄制

【实训目的】

（1）介绍使用智能手机拍摄简单视频的基本技巧和工具。

（2）了解视频拍摄的基本要求和注意事项。

（3）给予学生实际操作的机会，加强实践能力。

【实训描述】

为了促进学生迅速掌握短视频拍摄技巧，本班级特别策划并举办了一场主题活动，主题为“利用智能手机进行简易视频摄制”。

【实训步骤】

步骤一：道具和拍摄任务介绍

（1）展示使用智能手机拍摄简单视频时可能需要的道具，如稳定器、灯光等。

（2）介绍本次实训的拍摄任务和要求，例如拍摄观察周围环境的短视频。

步骤二：实际操作演示

（1）演示如何正确使用智能手机拍摄简单视频，包括横竖屏选择、对焦、曝光调节等基本操作。

（2）演示如何运用不同角度和镜头拍摄同一场景，以获得不同效果的视频素材。

步骤三：学生实践操作

（1）学生按照指导要求，利用智能手机拍摄指定场景的短视频，应用之前学到的技巧和知识。

（2）老师现场指导和解答学生在实际操作中遇到的问题。

步骤四：视频分享与反馈

（1）学生将拍摄的简短视频分享到大屏幕上进行观看和讨论，互相交流经验和感想。

（2）老师对学生的视频进行点评和建议，鼓励学生分享创意和改进意见。

【实训反思】

通过本次实训，学生可以掌握使用智能手机拍摄简单视频的基本技巧，了解视频拍摄的基本要求和注意事项，同时通过实际操作加强自身的拍摄实践能力。

任务二　视频拍摄任务

任务描述

通过本任务的学习，学生将学会考虑视频拍摄过程中所需的任务和问题，了解视频风格定位和内容策划的方法，并能确定适用于特定情境的拍摄角度，从而培养出较为完善的视频拍摄思路和技能。

任务分析

在开始拍摄前，明确视频的主题、目的以及预期的受众是非常重要的。这有助于读者确定视频的内容、风格以及最终希望传达的信息。

知识积累

不同的视频有不同的拍摄主题，进而也有不同的拍摄任务，有的是直接讲述商品的卖点，有的是结合热点进行创意展示，还有的是通过讲述故事来传达品牌的理念。而故事又有不同的讲法，有以客观纪实的态度来理性论证商品优势的，有通过制造情感共鸣来拉近与受众的心理距离的，有通过营造温馨、浪漫等场景来加深受众对商品认知的。理解拍摄主题和拍摄任务需要对视频进行风格定位，这样才能更好地使画面与视频旁白、演员表演和台词等进行配合，从而精确地表达视频的核心信息，避免受众产生误解或搞错重点。

一、视频的风格定位

（1）根据目标受众的审美偏好定位风格。

（2）根据视频主题定位风格。

（3）根据商品的特点定位风格。

二、视频的内容策划

（1）选题定位要精准。

（2）选题要戳中痛点。

（3）选题切入角度足够巧妙。

三、视频拍摄的角度

（一）从形式上进行分类

拍摄的角度从形式上可以分为平视、仰角、俯角、倾斜角等。

1. 平视

平视又称为“一般拍摄角度”，是将被摄对象置于与摄像机镜头水平的位置上进行拍摄。平视镜头很少能产生强烈的戏剧性效果，在视觉上较为接近人眼日常观看的效果，因而容易使受众产生认同感，让人产生置身其中的感觉。

2. 仰角

仰角拍摄就是将被摄对象置于视平线上，摄像机则处于低于视平线的位置，也就是从低处向上以仰角拍摄。这种角度会让受众产生一种被摄对象形象高大、庄严等感觉。通常仰角拍摄含有某种歌颂、赞颂的情感色彩。同时，在仰角拍摄的镜头中，周围的环境也会缩小，天空或天花板就成了唯一的背景，会使受众产生一种压抑感。

3. 俯角

俯角与仰角相反，用俯角拍摄时是将被摄对象置于摄像师的视平线以下的位置，从高处向下拍摄，给受众以低头俯视的感觉，有利于表现得平面上的景物层次、数量、位置等，给受众一种辽阔、深远的感受。

4. 倾斜角

倾斜角拍摄是先使被摄对象与视平线形成一定的角度，再改变取景框中水平线的位置。用倾斜角度拍摄的人或物会显得站立不稳，似将向一边倒下。倾斜角度能使受众产生一种紧张不安的心理，可展现出滑稽、捉摸不透的情感。

（二）从心理角度上进行分类

1. 主观镜头

主观镜头是将摄影机置于视频中的某个人物的视点上，以该人物的感受向受众交代或展示景物，如人物在梦中、流泪、醉酒、从昏迷状态苏醒时、眼疾手术后重见光明等情景下看到的画面。主观镜头常用来表现特定人物的特定感受，带有强烈的主观色彩，可以使受众有身临其境、感同身受的感觉，进而产生情感共鸣。

2. 客观镜头

客观镜头则是以一种客观的角度进行拍摄的镜头，拍摄者的主观色彩不明显，主要是将拍摄内容客观地呈现出来。现在的视频多以客观镜头为主，只有少数情况下才需要运用主观镜头来表达信息。

实训分析

理解视频拍摄任务

【实训目的】

（1）理解视频拍摄过程中所需考虑的问题和任务。

（2）了解视频拍摄中不同的风格定位和内容策划方法。

（3）确定合适的拍摄角度，以便传达特定的情感或信息。

【实训描述】

为使学生能够熟练应对视频拍摄任务，引导其深入思考和积极探索，进而全面融入任务之中，我们致力于提供有效支持，助力学生更好地学习和掌握相关技能。

【实训步骤】

步骤一：视频的风格定位

（1）介绍视频拍摄中常用的风格类型，包括纪录片、电视剧、广告等。

（2）探讨不同风格类型的基本特点和适用场景，以便学生确定如何定位自己的视频风格。

步骤二：视频的内容策划

（1）讲解如何进行视频内容策划，包括确定精确的主题和目标受众。

（2）引导学生思考故事情节、讲述重点和情感表达等方面，帮助他们规划出完整的视频内容。

步骤三：视频拍摄的角度

（1）介绍常用拍摄角度和拍摄方式，如俯拍、仰拍、特写。

（2）探讨不同角度对视频效果的影响，以及如何选择合适的拍摄角度传达特定情感或信息。

步骤四：任务实践

（1）以小组为单位，学生们可以互相合作，基于所学到的内容，规划和拍摄一个简短的视频，需要确定视频风格、内容策划和拍摄角度。

（2）老师可提供相关素材或场景用于参考，同时帮助学生分析和改善视频创作中遇到的问题和挑战。

【实训反思】

通过本次实训，学生将学会考虑视频拍摄过程中所需的任务和问题，了解视频风格定位和内容策划的方法，并能确定适用于特定情境的拍摄角度，从而培养出较为完善的视频拍摄思路和技能。

任务三　拍摄脚本创作

任务描述

通过本任务，学生将学会不同类型的视频脚本编写方法，掌握分镜头脚本的基本步骤和技巧，熟悉视频制作领域的专业名词，并能够使用分镜头拍摄脚本写作模板进行脚本创作，为视频拍摄提供有效指导和规划。

任务分析

脚本是视频拍摄的基础，它包含了视频的结构、对话、动作以及每个镜头的具体描述。一个良好的脚本能帮助团队成员理解每个镜头的目的，并确保拍摄过程中的连贯性和效率。

知识积累

脚本在电影、戏剧创作中充当着重要一环，就像故事的发展大纲，用以确定整个作品的发展方向和拍摄细节，可以说脚本是拍摄短视频的依据。

如短视频情景剧，一切参与视频拍摄、剪辑的人员，包括摄影师、演员、服化道准备、剪辑师等，他们的一切行为和动作都是服从于脚本的，包括什么时间、地点、画面中出现什么，镜头应该怎么运用，景别是什么样的，服装道具的准备，都是根据脚本来创作的。

一、脚本的类型

常用的脚本分为拍摄提纲（多用于纪录性节目）、文学脚本（多用于电视剧）和分镜头脚本三种。分镜头脚本是最实用的电视节目脚本，它是在文学脚本的基础上运用蒙太奇思维和蒙太奇技巧进行脚本的再创作，即根据拍摄提纲或文学脚本，参照拍摄现场实际情况，分隔场次或段落，并运用形象的对比、呼应、暗示、并列等手段，来建构屏幕上的总体形象的。

二、编写分镜头脚本步骤

（1）将文字脚本的画面内容加工成一个个具体形象的、可供拍摄的画面镜头，并按顺序列出镜头的镜号。

（2）确定每个镜头的景别，如远、全、中、近、特。

（3）排列组成镜头组，并说明镜头组接的技巧。

（4）用精练具体的语言描述出要表现的画面内容，必要时借助图形或者符号表达。

（5）相应镜头组的解说词。

（6）相应镜头组或段落需要搭配的音乐与音响效果。

分镜头脚本的写作方法是从电影分镜头剧本的创作中借鉴来的。一般按镜头号、镜头运动、景别、时间长度、画面内容、广告词、音乐音响的顺序画成表格，分项填写。对有经验的导演来说，写作脚本的格式可灵活掌握，不必拘泥于此。

三、专业名词解析

（1）镜号：即镜头顺序号，按组成电视画面的镜头先后顺序，用数字标出。拍摄时不一定按顺序号拍摄，但编辑时必须按顺序编辑。

（2）机号：现场拍摄时，往往是 2 台或 3 台摄像机同时进行工作，机号代表这一镜头是由哪一号摄像机拍摄。前后两个镜头分别用两台以上摄像机拍摄时，镜头的组接就需要在现场通过特技机将两个镜头进行编辑。单机拍摄则无须标明机号。

（3）景别：根据内容需要或情节要求，反映对象的整体或突出局部。一般有远景、全景、中景、近景、特写等。有时会有一些特殊景别，如大全景、大远景和大特写、微距。

四、分镜头拍摄脚本写作模板

分镜头拍摄脚本具体写作模板如表 5-3 所示。

表 5-3　分镜头拍摄脚本具体写作模板

镜头编号	镜头运动	景别	时间长度	画面内容	对白（旁白）	音乐音效	备注
1							
2							
3							
4							

实训分析

视频脚本创作

【实训目的】

（1）帮助学生更加深入地了解分镜头脚本的写作与应用。

（2）鼓励学生进行实际操作，提高脚本撰写的水平。

（3）帮助学生练习运用分镜头拍摄脚本写作模板进行脚本创作。

【实训描述】

本班级的视频制作团队，由多位优秀学生组成，目前正承担着一项极具挑战性的任务：为一部即将投入拍摄的微电影或广告精心策划分镜头脚本。此项任务要求团队成员们充分展现创意思维，深化团队之间的协同合作，携手撰写一份出色绝伦的脚本，为后续的视频拍摄奠定坚实的基石。

【实训步骤】

步骤一：活动引导

介绍本活动的主题和目的，并引导学生了解分镜头脚本的基本概念和作用。

步骤二：分镜头脚本的类型介绍与分析

（1）介绍不同类型的视频脚本，如叙事性脚本、讲解性脚本、创意性脚本。

（2）分析各种脚本类型的特点和适用场景，帮助学生了解如何选择和撰写适合自己需求的脚本类型。

步骤三：分镜头脚本撰写的要素和技巧

（1）讲解分镜头脚本的基本要素和撰写技巧，包括场景描述、角色对白、拍摄顺序等。

（2）通过实例演练，让学生掌握脚本撰写的基本技巧和流程。

步骤四：模板演示与实践

（1）展示分镜头拍摄脚本写作模板，并介绍如何运用该模板进行脚本创作。

（2）给学生提供实际拍摄的场景和主题，让他们根据模板进行脚本撰写，并在实验室内进行集体讨论和修改。

（3）引导学生在小组之间分享自己写作的分镜头脚本，并互相给出反馈和建议。

【实训反思】

通过本次实训，学生可以在实际操作中加深对分镜头脚本制作的理解和应用，并打下一个坚实的基础来提高他们的脚本制作和视频制作水平。

任务四 视频拍摄

任务描述

通过这个任务，学生将学会视频剪辑与后期处理的基本原理和技巧，并能够熟练使用常见的视频剪辑软件和后期处理工具。

任务分析

这一阶段的工作至关重要，因为它直接关系到最终作品的质量和观众的观感体验。首先对所有拍摄的素材进行筛选，剔除了不理想的片段，其次根据故事线和脚本要求精心排列每一个镜头，确保逻辑顺畅、情感连贯。

知识积累

视频能否实现预期的营销目标，在一定程度上取决于视频的视觉效果，而拍摄水准是影响视频视觉效果的重要因素，因此视频的拍摄环节十分重要。下面具体介绍视频拍摄的相关知识及注意事项。

一、视频拍摄的要求

拍摄的总体要求包括平、准、稳、匀。

1. 平

保持摄像机处于水平状态，尽量让画面在取景器内保持平衡，拍摄出来的影像才不会倾斜。

2. 准

在摇镜头或移动镜头时，起幅和落幅要一次到位，不能晃来晃去。

3. 稳

画面要稳定，拍摄时尽量使用三脚架，避免因变焦而出现画面模糊不清的情况。

4. 匀

拍摄运动镜头的过程中速度要匀称，除特殊情况外，不能出现时快时慢的现象。

注：对于运动镜头而言，拍摄的过程通常可以分为三个部分，即起幅、落幅和运动。起幅指的是镜头的开始部分；落幅指的是镜头结尾画面的构图；运动指的是推、拉、摇、移等技巧运用的过程。一般情况下，拍摄时应该为后期剪辑留下足够的选择余地。摄像师在拍摄运动镜头时除了要保持稳定、将运动部分拍摄完整之外，还应该将起幅和落幅都多拍摄 5 s 左右。

二、视频拍摄注意事项

1. 保持画面稳定

画面稳定是拍摄视频的核心，虽然现在很多摄像机都带有防抖功能，但是要提高拍摄视频的稳定性，仍需要使用三脚架来保持画面稳定。

2. 摄影时间的把握

在拍摄视频时，要分镜头进行拍摄，长时间观看同一视角的视频会使人失去观看的兴趣。而同一个动作或同一个场景通过几段甚至是十几段不同镜头的视频连续进行展现，就会生动许多。因此可以分镜头拍摄多段视频，然后将它们剪辑在一起，形成一个完整的视频。

摄像师在拍摄视频时应尽量对拍摄时间进行控制，保证特写镜头控制在 2 ～ 3 s；中近景控制在 3 ～ 4 s；中景控制在 5 ～ 6 s；全景控制在 6 ～ 7 s；大全景控制在 6 ～ 11 s；而一般镜头控制在 4 ～ 6 s 为宜。拍摄者对拍摄时间进行控制，可以方便后期制作，让观看者看清楚拍摄的场景并明白拍摄者的意图，使视频效果更加生动。

3. 对焦准确

对焦准确才能使被摄主体在画面中始终保持最清晰的状态，必要时应进行手动调焦。

4. 场景照明度适中

如果光线过暗，将会造成画面中被摄主体前后成像不实的现象，从而影响图像质量。

三、视频拍摄流程

1. 熟悉视频拍摄脚本

在拍摄视频前对视频拍摄脚本进行反复研究是十分有必要的，如场景、人物、剧情。只有对拍摄脚本有所了解后，才能选择合适的拍摄环境、拍摄时间。对于重点表现商品的视频，可以根据商品的大小和材质来选择拍摄的器材及布光方式等。

2. 道具、演员与场景的准备

熟悉视频拍摄脚本后，就可以进行道具准备、演员选择及场景布置等操作，为视频拍摄做好前期准备工作。

3. 视频拍摄

一切准备就绪后，便可以进行视频拍摄了。一般而言，视频拍摄应该确保图像清晰。

实训分析

实战演练视频拍摄

【实训目的】

（1）了解视频拍摄的流程和要求。

（2）掌握常见的视频拍摄技巧和注意事项。

【实训描述】

班级计划开展一项主题活动，主题为“美丽校园”。在此活动中，老师邀请各位同学积极参与，通过摄影的方式捕捉并展示我们校园的美丽景色以及食堂的诱人美食。我们期待同学们能够用镜头记录下那些令人心动的瞬间，展现我们校园的独特魅力。这不仅是一次展示摄影技巧的机会，更是对校园美景和美食的一次深入探索和欣赏。希望同学们踊跃参与，共同为我们的“美丽校园”主题活动增添色彩。

【实训步骤】

（1）将学生划分为若干小组，并为每一组指定一个特定的视频拍摄主题，包括但不限于食堂的美食、校园的自然风光、以及运动场上的活跃身影。

（2）每个小组自行设计脚本，确定拍摄角度和拍摄流程。

（3）学生在指导教师的指导下，使用手机或专业视频拍摄器材，对所分配的场景进行实际拍摄。

（4）在拍摄过程中，指导教师会跟进并提供实时指导，纠正错误和给出建议。

（5）拍摄后可以进行合理的修剪、编辑等处理，提高视频的质量和效果。

（6）老师带领学生对视频拍摄过程进行回顾总结，分享有关拍摄过程中的感受和体会。

【实训反思】

学生通过评选和分享，不断提高了视频制作的思路和创意水平，为今后的短视频创意和制作打下良好的基础。

任务五　视 频 编 辑

任务描述

在完成视频拍摄后，进行视频编辑是非常重要的一步。这一任务将涉及视频编辑的各个方面，包括主图视频制作、详情视频制作、FEEDS短视频制作。在这个阶段，学生将学习如何通过编辑软件剪辑、处理和组合视频素材，以及添加音频、特效和文字等元素，来打造一个更具吸引力和专业感的短视频作品。

任务分析

为了制作出高质量的跨境电子商务视频，可以采用了多种视频编辑软件，如Premiere、After Effects、Camtasia Studio等，以实现视频的合并、剪辑、添加音频和特效等后期制作，增强视频的表现力和感染力。

知识积累

随着移动终端的普及，视频已成为电子商务网站中进行产品介绍、营销宣传、品牌传播的重要媒介，特别是5 min以内的短视频更受客户欢迎。短视频集合图、音、文等多媒体优势于一身，内容相对完整、信息密度大，且生产流程简单、制作门槛低、参与性强，随着客户利用碎片化时间的需求越来越强，短视频已成为跨境电子商务中营销媒介信息表达的重要形式。视频编辑是对视频素材进行编辑和美化，能够增强视频的表现力和感染力，并输出为既定格式。阿里巴巴国际站运营需求的视频一般分为主图视频、FEEDS短视频、详情视频、旺铺视频四种。

一、主图视频制作

（一）阿里巴巴国际站主图视频

主图视频主要展示商品属性、使用效果、品质，其次展示服务信息。主图视频通过几十秒的视频将产品的卖点清晰地表达出来，是产品给买家的第一印象，能使商品的展示更加直观，让商品更具吸引力，并达到快速吸引消费者进而促使其达成购买意愿的效果。

（二）阿里巴巴国际站主图视频质量要求

（1）时长：视频时长不超过45 s，商品展示视频建议不少于20 s。

（2）大小：视频清晰度不低于 480 P（640 像素 ×480 像素），单个视频大小不超过 100 MB。

（3）画面展示：建议横屏拍摄。

（4）画面背景：素色或者虚化。

（三）视频编辑过程

1. 视频粗剪

将视频按照拍摄脚本的顺序进行播放，剪掉不必要的部分，形成影片初样。

2. 视频精剪

视频在粗剪的基础上，通过视频镜头的流畅调节、镜头的修整、声音的处理、背景音乐的添加等一系列操作以提高视频质量。粗剪可搭建短视频的内容框架，精剪可让短视频内容更加丰富。

3. 视频包装

视频在精剪的基础上，进一步对内容进行整体设计。一般包括调色、添加字幕、添加特效 3 个部分。首先，进行视频画面调色，让视频整体观感一致，具有整体感；其次，可以为视频添加字幕，增加解说，让观众对视频的理解更加全面；再次，增加特效，增强视频的表现力和感染力，突出视频展示的重点。

4. 短视频整片输出

短视频整片输出是一种现代传播手段，通过简洁、直观、生动的方式，将信息传递给广大观众。在这个信息爆炸的时代，短视频已经成为人们获取信息、娱乐和交流的重要途径。短视频整片输出不仅在国内市场表现优异，也在国际舞台上崭露头角，成为我国文化输出的一张亮丽名片。

（四）常用视频编辑软件

借助各类视频编辑工具可以实现视频的合并、剪辑、添加音频、添加特效等后期制作，后期制作是对视频素材进行的编辑和美化，能够增强视频的表现力和感染力。常用的 PC 端视频编辑工具包括 Premiere、After Effects、Camtasia Studio、会声会影和爱剪辑。常用的手机端编辑工具包括剪映、乐秀、巧影等。

知识链接

Camtasia Studio 是一款功能强大、操作简单的 PC 端视频剪辑软件，使用 Camtasia Studio 可以方便地对多种格式的图像、音频、视频等媒体素材进行编辑，快速生成短视频。

二、详情视频制作

（一）详情视频

详情视频，是插入在产品详情页中，能够介绍产品信息等内容的视频类型。优质的产品视频对产品的细节和整体均有展示，结合对产品操作使用过程的流程化表现，通过镜头语言，有特写细节、有整体呈现，能够完整将产品的特点和材质及使用操作等逐一展现。同时，结合虚拟动画进行原理说明，通俗易懂、时长适中、节奏俱佳，可以起到刺激消费者下询盘，提升转化率的作用。详情视频一般包括如下内容。

（1）介绍产品信息：介绍产品的详细信息，完整地展示产品的卖点和优势。

（2）展现使用场景：让顾客了解产品的使用场景。

（3）展现商品细节：有助于顾客更全面了解产品特点（有条件可以配上动态字幕解说）。

（4）展现产品包装、售后服务等：体现产品附加价值。

（5）介绍制作工艺、公司相关优势：展示公司实力。

（6）展现商品品牌 Logo：强调品牌 Logo，提高视频的完成度和专业感。

（二）详情页短视频的质量要求

（1）视频时长最短 15 s，最长 10 min，推荐时长为 1 min。

（2）视频清晰度须为 480 P 及以上。

（3）视频大小不超过 500 MB。

（4）视频比例要求为 4∶3/16∶9（主流）。

（5）视频展示位置：在产品详情描述的上方。

（三）短视频片头及片尾

在视频开始和即将结束的部分一般有介绍主题内容、公司介绍、制作时间等的信息，即片头和片尾。添加片头和片尾可以增加作品的原创度和专业度。片头是视频的“脸面”，是观众对视频的第一视觉印象，可以画龙点睛、确定整体风格、凸显品牌定位，片尾可以进行品牌二次宣传，引发浏览者收藏、关注，还可以进行版权声明。

在 Camtasia Studio 中，既可以使用公共库中的媒体文件制作片头和片尾，也可以导入外部媒体文件制作。

（四）视频特效

在视频制作过程中，为了美化视频及突出视频内容都需要用到一些特殊效果，如转场效果、变焦效果等。视频中从一个场景变换到另一个场景，这种变换称为转场。转场是添加在两个视频片段间的过渡动画，使两个视频片段在转换时产生某种特殊的视觉效果，使得场景的转化自然、平滑、美观和流畅。转场效果包括叠变、卷页、溶解。

三、FEEDS 短视频制作

FEEDS 短视频是发布在 Feed 或者站外，具有传播性的视频类型。FEEDS 短视频一般内容精简，可短时间内用卖点或最好的服务吸引买家。

（一）FEEDS 短视频的质量要求

（1）视频时长推荐 15 s。

（2）视频清晰度须为 480 P 及以上。

（3）视频大小不超过 20 MB。

（4）视频比例要求为 6 : 9。

（二）字幕、旁白

字幕和旁白不是短视频的必要内容，但在短视频中能起到重要的作用。首先，字幕和旁白本身就可以作为视频内容，如标题；其次，字幕和旁白可以作为对视频的解说，作为内容的补充，清晰地传达视频信息；最后，字幕和旁白可以增强表现效果，使视频更加有吸引力。

（三）视频调色

调色指对剪辑后的短视频进行色彩调试，以期把整个片子的色调做成一致，以达到视觉和审美的整体效果，渲染影片的情境氛围。视频色调影响成片效果，对视频的质量非常关键。首先，如果短视频拍摄曝光不足，后期制作剪辑的时候进行调色，可以将曝光恢复到正常状态。其次，通过环境色的调整可以提升影视作品的空间层次感、色彩对比，营造出影片需要的气氛，明色调具有浪漫的气息，因而常用于幼儿用品或者女性使用的化妆品、睡衣、内衣和寝具等，若用于冰激凌或糖果等食品时可起到增强味道的作用。

实训分析

视频剪辑与后期处理

【实训目的】

（1）学习视频剪辑与后期处理的基本原理和技巧。

（2）掌握常用的视频剪辑软件和后期处理工具的操作方法。

（3）熟悉常见的视频特效和调色技术，提高视频制作的质量和效果。

（4）培养学生对视频剪辑和后期处理的创意和思考能力。

【实训描述】

在一个充满活力与创造力的学习环境中，学生将被划分为多个小组，每个小组都将承担一个富有挑战性的视频剪辑与后期处理项目。

【实训步骤】

步骤一：视频剪辑基础知识介绍

（1）介绍视频剪辑的定义、作用和基本原理。

（2）讲解视频剪辑的基本流程，包括素材导入、时间轴编辑、音频处理。

步骤二：常用视频剪辑软件和工具的操作

（1）介绍常用的视频剪辑软件，如 Adobe Premiere Pro、Final Cut Pro 等，并演示其基本操作方法。

（2）引导学生进行实际操作，让学生熟悉剪辑软件的界面、工具和功能。

步骤三：视频后期处理技巧

（1）探讨常见的视频特效技术，如转场效果、文字动画、图像修复。

（2）讲解视频调色的基本原理和方法，包括色彩校正、色阶调整、图像稳定。

（3）给学生示范如何运用这些技巧，提高视频的质量和视觉效果。

步骤四：创意视频剪辑与后期处理实践

（1）提供一些素材资源给学生，鼓励学生进行创意视频剪辑和后期处理实践。

（2）学生根据自己的创意和想法，运用所学的剪辑和后期处理技巧，制作一段短视频。

（3）学生可以在小组内分享和讨论自己的作品，互相学习和提供反馈。

步骤五：视频剪辑与后期处理经验分享和总结

邀请一些有经验的视频剪辑师或者后期处理师进行经验分享，讲解实际应用中遇到的挑战和解决办法。

【实训反思】

通过本次实训，学生将能够熟练掌握视频特效和色彩调整技术，进一步提升视频制作的精细度和观感品质，并在此过程中培育创新思维和独立思考能力，为日后高质量完成视频制作任务奠定坚实基础。

项目小结

本项目旨在帮助读者掌握短视频拍摄与编辑的基础知识和技能。通过学习视频拍摄器材与道具、理解视频拍摄任务、拍摄脚本创作、视频拍摄和编辑等任务，读者能够制作出具有吸引力和专业感的短视频作品。通过完成该项目，读者能够全面了解短视频制作的流程和技巧，并具备独立制作高质量短视频的能力。

思考练习

一、选择题

1. 对画面效果没有太高要求且预算有限的短视频创作者，选择（　　）作为摄像设备即可。

A. 智能手机　　B. 微单相机

C. 单反相机　　D. 摄像机

2. 哪项可以被归类为短视频？（　　）

A. 15 s 短视频　　B. 情景剧

C. 电视剧　　D. 微电影

3. 关于常见的配音方式错误的是？（　　）

A. 自己配音　　B. 请专业团队配音

C. 使用配音软件配音　　D. 用他人视频的声音配音

4. 以下关于短视频脚本要注意的几个点不正确的是（　　）。

A. 受众　　B. 风景

C. 情绪　　D. 细化

二、名词解释

1. 轨道车。

2. 帧速率。

3. 主观镜头。

4. 视频调色。

项目六

跨境电子商务店铺详情页视觉设计

项目导读

本项目旨在探讨跨境电子商务店铺详情页的视觉设计，以提升用户体验和增加销售转化率。通过完成以上任务，学生将深入了解跨境电子商务店铺详情页视觉设计的关键要点，为提升店铺形象和销售业绩提供有效参考。

学习目标

☆知识目标

1. 理解店铺定位的基本原则。
2. 掌握跨境电子商务店铺消费群体定位和商品定位的方法和重要性。
3. 熟悉商品详情页的标准化布局要求，包括页面结构、元素排版等知识。
4. 学习文字制作技巧，了解如何撰写吸引人的商品描述和说明文案。
5. 掌握商品详情页优化的方法和指导原则，以提升用户体验和销售转化率。
6. 理解商品主图设计的规范要求，包括设计原则、背景色选择等知识。
7. 学习通过添加文案来提高商品主图点击率的技巧和方法。
8. 掌握商品细节展示区的表现形式和通用设计方式，以展示商品特色和优势。
9. 了解商品功效简介区的设计规范和修饰元素的重要性，提升商品的吸引力和销售效果。

☆能力目标

1. 能够根据店铺定位原则，进行目标市场分析和差异化定位策略的制定。
2. 能够通过用户画像和市场调研，确定跨境电子商务店铺的消费群体和商品定位。
3. 能够规范布局商品详情页，合理安排页面结构和元素，提升用户阅读体验。

4. 能够运用文字制作技巧，编写吸引人的商品描述和说明文案。
5. 能够根据优化指导原则，对商品详情页进行优化，提高销售转化率。
6. 能够按照规范要求设计商品主图，选择合适的背景色和布局方式。
7. 能够运用文案设计技巧，增加商品主图的点击率和用户转化率。
8. 能够设计商品细节展示区的表现形式，并根据商品特色进行设计。
9. 能够运用修饰元素，提升商品功效简介区的吸引力和展示效果。

☆素质目标

1. 增强学生对市场需求和用户心理的敏感度，为店铺定位和商品定位提供谨慎判断。
2. 注重学生细节和规范，保证商品详情页的视觉效果和用户体验。
3. 提升学生文案撰写和设计能力，通过文字表达突出商品卖点和价值。
4. 培养学生数据分析能力，根据数据指标优化商品详情页和主图设计。
5. 培养学生创新思维和艺术感知力，设计独特、吸引人的商品主图和细节展示区。
6. 培养学生团队合作和沟通能力，与相关部门和团队协作实现项目目标。

思政目标

在全球化和数字化日益深入的背景下，跨境电子商务作为新时代的产物，在教育领域中所扮演的角色愈发重要。学生不仅需要全面了解跨境电子商务的发展趋势及其深远影响，还需积极培养正确的商业道德观念和创新思维，以适应日益复杂多变的商业环境。

任务一　跨境电子商务店铺定位

任务描述

在本任务中，学生将深入了解跨境电子商务店铺的定位原则和重要性。学生需要学习如何通过目标市场分析和差异化定位策略，为店铺确定适宜的定位方向。

任务分析

在开始设计之前，首先需要明确店铺的定位，包括目标市场、目标客户群体、产品类型及品牌风格等。这些因素将直接影响到后续的设计方向和风格选择。例如，如果目标市场是年轻人，那么设计可能会偏向活泼、时尚；如果是面向商务人士，则可能需要更加简洁、专业的风格。

知识积累

一、店铺定位的基本原则

跨境电子商务店铺定位

（一）目标性原则

市场日趋细分化，为零售商提供了众多市场机会，零售商在营销活动中到底要利用哪一种机会，满足哪一部分顾客群的需要，选择什么样的目标市场等，这些都直接关系到经营的成败。因此，目标性原则是店铺定位时必须优先考虑的原则，也是店铺定位的核心内容。

（二）营利性原则

零售商确立店铺定位，最终目的是赢得消费者，增加销售额，提高经济效益和社会效益。因此，店铺的定位必须充分考虑到其所带来的效益，特别是合理的经营利润的多寡。这就需要把定位策略尽可能地与经济效益和社会效益挂钩，尽量选择成本低、环节少、销售多、利润高的定位策略，以节约开支、创造收益，提高营销活动的效益。

（三）可行性原则

在错综复杂的市场环境中，由于零售商所面临的外部环境和内部经营要素千差万别，特别是市场营销环境中一些不可控因素的存在，要求零售商必须本着务实的态度，从自身条件出发，确定既有自身特色又能发挥自身优势的定位。

二、跨境电子商务店铺消费群体定位

卖家会对自己所售的商品有一个定位，其中，对消费群体的定位决定了卖家将会使用什么样的素材来打造商品详情页。例如，对于流行女装，就需要用成人女性作为模特；对于童装，就需要用儿童作为模特。

对消费群体也可以定义得更加精准一些，因为不同年龄段的消费者对颜色的喜好有所不同，这样在设计商品详情页的时候就可以大致确定适用的颜色。例如，对服装行业来说，儿童一般喜欢比较鲜艳的颜色，可以用饱和度比较高的色彩，如绿色、红色、蓝色，如图 6-1 所示；年轻女性具有活力，性感、优雅，可以用橙色、红色、米色等来表现，如图 6-2 所示；老年人喜欢的颜色一般有白色、蓝色等，如图 6-3 所示。

总之，卖家要根据商品定位的人群来搭配、选择合适的颜色及素材等，这样打造出来的商品详情页才能吸引消费者。

同时，对消费群体的定位也带有一定的地域性，由于每个地方的风俗文化不同，人们的喜好也有所不同，所以对不同国家、不同地区的消费者要区别对待。

图 6-1　儿童服装

图 6-2　成人女装

图 6-3　老年人服饰

三、跨境电子商务店铺商品定位

知晓商品适用于哪些人群、哪些场合也是非常重要的。例如，同样是连衣裙，风格不同，适合的场合也会不同，如图 6–4 和图 6–5 所示。

图 6-4　适合婚礼场合的连衣裙

图 6-5　适合日常穿着的连衣裙

实训分析

店铺定位分析与策略制定实战训练

【实训目的】

（1）了解跨境电子商务店铺定位的重要性。

（2）学习店铺定位分析和策略制定的方法与技巧。

【实训描述】

本次实训活动的目的在于让学生全面理解跨境电子商务店铺定位的概念，通过实践操作，深化对定位理论的认识，提升实际操作能力。

【实训步骤】

（1）分析挑战：小组首先对新店铺即将面临的挑战进行深入分析，包括市场竞争格局、目标客户群体需求、行业发展趋势等方面。

（2）定位讨论：小组成员分享自身观点和想法，结合前期调研数据，展开讨论，确定新店铺的差异化定位方向和市场定位策略。

（3）策略制定：小组根据讨论结果，共同制定店铺定位策略和实施计划，明确目标和指标，并确定如何将策略落实到店铺设计和运营中。

（4）方案展示：每个小组向班级展示他们的店铺定位方案，包括目标市场分析、消费群体定位、差异化竞争策略等内容，并接受其他小组提问和建议。

（5）汇报总结：小组汇总所有提案，整理出最终的店铺定位方案和策略。

【实训反思】

通过这次实训活动，学生将通过团队合作和实战操作，锻炼店铺定位分析和策略制定能力。

任务二　跨境电子商务店铺商品详情页视觉设计要点

任务描述

在本任务中，学生将学习如何通过品牌建设来提升跨境电子商务店铺的知名度和竞争力，深入了解品牌定位、核心价值和品牌故事等关键概念，并通过案例分析和市场研究，了解成功品牌建设的策略和方法。

任务分析

在商品详情页的设计过程中，需要确保页面具备清晰的导航结构，方便用户快速查找信息。其次，通过合理的视觉层次设计，突出了页面的重点内容。

知识积累

一、标准商品详情页的规范化布局

（一）商品详情页的基本构成

对于商品详情页的理解，是仁者见仁、智者见智。详情页上主要包括以下内容：店铺促销商品、关联营销版块（图 6–6）、限时限量促销信息、买家对商品的评价，以及商品描述图、细节图（图 6–7）、场景图、对比图。这只是从商品出发，如果要提供更好的服务，甚至还需要做团队文化版块、生产工艺版块、物流版块（图 6–8）、包装介绍版块、FAQ（常见问题解答）版块、退换货处理版块等。当然还有很多其他类型的展示页面，这里不再赘述。

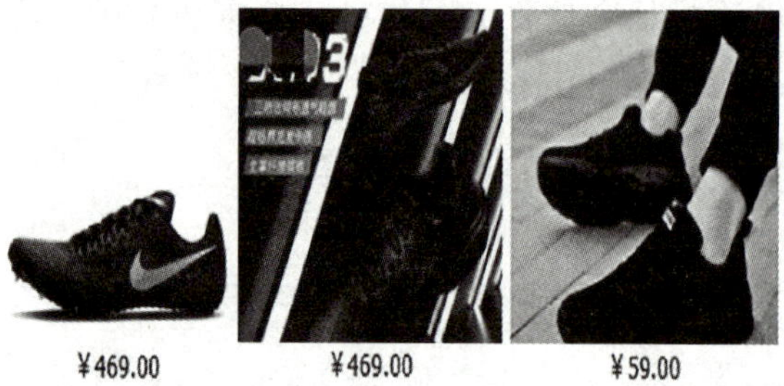

图 6-6　关联营销版块

图 6-7　商品细节图

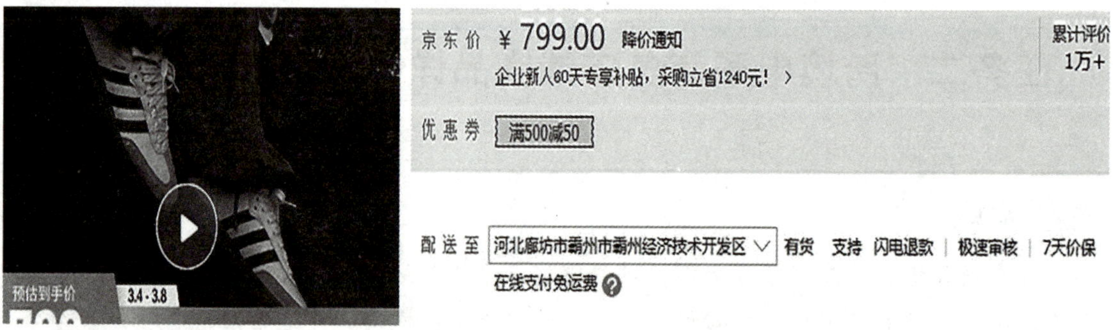

图 6-8　物流版块

（二）商品描述页

商品描述页需要全面细致地展现商品。在早些时候，在全球速卖通上，上传一张图片就能出单，但现在竞争日趋激烈，需要对商品有详细完整的图文描述，这样卖家才能在复杂多变的行业中抢占更多机会。

商品描述页又细分为多种，如方位图展示，如图 6–9 所示。

（三）商品所需素材的收集

收集素材基于对商品和消费人群的定位。只有知道买家是哪类人群，才能找到这些人所喜好的元素。收集素材时可以使用的一些网站如下。

（1）图片素材网站：昵图网、全景网等。

（2）图标素材网站：千图网等。

（3）设计方案网站：花瓣网、站酷网等。

（4）字体下载网站：素材中国、求字体等。

图 6-9　服装正面、背面、侧面方位图展示

二、商品详情页中的文字制作

对于一个完整的商品，在全球速卖通上有六张主图的位置可供上传图片，建议六个位置都利用起来，这样才能更好、更全面地展示商品。

图 6-10　多色效果展示

在一些商品发布界面，颜色版块是经常被忽略的一个版块，很多卖家出于各种原因没有上传到位，这个版块的一些功能就浪费了。如一款商品有多种颜色，主图又需要突出场景效果、细节、尺码，就没有更多的空间去展示其他颜色效果了。这时如果能很好地做到对应图片的上传，将会使详情页变得更加专业，多色效果展示如图 6–10 所示。

文字介绍是详情页中不可缺少的部分。将文字附在图片上，从表面上看是可以的，达到了让买家看到文字的目的。但是图片上的文字并不能被搜索引擎抓取到，因此不利于买家搜索。同时，图片上的文字不能随网页被自动翻译成各种语言。所以商品详情页中需要用图、文两种形式来描述。

首先来看一段未经修饰的文案，如图 6–11 所示。

这样一段密密麻麻的文字很难吸引买家，也很难体现出重点信息，会造成买家流失的后果。

因此，需要对文案进行修饰，首先需要将文字调到合适的大小，然后可以将一些关键信息加粗，突出一些重点信息。关键词加粗效果如图 6–12 所示。

Payment:
1.Before placing your order, please confirm details with us if you have request on items.
2.Please make payment within 3 days of order if possible.
3.We will just ship the goods to you according to the address that you wrote in AliExpress, if you want to change, you must notice me of it.
4.We accept Alipay (escrow), Credit Card, Western Union.
Shipping:
1.Your order will be processed in 7 days after your payment.
2.We are not responsible for any delay of orders if we have shipped them. Because the Speed of shipping is out of our control.
3.After send, as usual, China Post Air Mail will take about 15-40 days to arrive; EMS need 5-10 days; Fedex need 4-8 days; DHL and UPS will take 3-6 days to arrive. If the order is during the weekends, it will take 2 days longer. Thank you for your understanding.
4.Any import charges or fees are the buyeres responsibility.
5.Feel free to Contact us with any question, we will offer you satisfying answer.
Don't submit a dispute optionally. Thank you again!!

图 6-11　未经修饰的文案

Payment:
1.Before placing your order, please confirm details with us **if you have request** on items.
2.Please make payment within **3 days** of order if possible.
3.We will just ship the goods to you according to **the address** that you wrote in AliExpress, **if you want to change**, you must notice me of it.
4.We accept **Alipay** (escrow), Credit Card, Western Union accepted.
Shipping:
1.Your order will be processed in **7 days** after your payment.
2.We are not responsible for any delay of orders **if we have shipped them**. Because the Speed of shipping is out of our control.
3.After send, as usual, China Post Air Mail will take about **15-40 days** to arrive; EMS need **5-10 days**; Fedex need **4-8 days**; DHL and UPS will take **3-6 days** to arrive. If the order is during the weekends, it will take 2 days longer. Thank you for your understanding.
4.Any import charges or fees are the buyers responsibility.
5.Feel free to Contact us with any question, we will offer you satisfying answer.
Don't submit a dispute optionally. Thank you again!!

图 6-12　关键词加粗效果

为使标题更突出，可以将标题的字号继续放大，改变字的颜色，将字体设置为斜体等，如图 6–13 所示。

为了让标题和内容更容易区分，可以使用增加缩进量按钮将子级文案整体缩进，如图 6–14 所示。

Payment:
1.Before placing your order, please confirm details with us **if you have request** on items.
2.Please make payment within **3 days** of order if possible.
3.We will just ship the goods to you according to **the address** that you wrote in AliExpress, **if you want to change**, you must notice me of it.
4.We accept **Alipay** (escrow), Credit Card, Western Union accepted.
Shipping:
1.Your order will be processed in **7 days** after your payment.
2.We are not responsible for any delay of orders **if we have shipped them**. Because the Speed of shipping is out of our control.
3.After send, as usual, China Post Air Mail will take about **15-40 days** to arrive; EMS need **5-10 days**; Fedex need **4-8 days**; DHL and UPS will take **3-6 days** to arrive. If the order is during the weekends, it will take 2 days longer. Thank you for your understanding.
4.Any import charges or fees are the buyers responsibility.
5.Feel free to Contact us with any question, we will offer you satisfying answer.
Don't submit a dispute optionally. Thank you again!!

图 6-13　醒目的标题

Payment:
　1.Before placing your order, please confirm details with us **if you have request** on items.
　2.Please make payment within **3 days** of order if possible.
　3.We will just ship the goods to you according to **the address** that you wrote in AliExpress, **if you want to change**, you must notice me of it.
　4.We accept **Alipay** (escrow), Credit Card, Western Union accepted.
Shipping:
　1.Your order will be processed in **7 days** after your payment.
　2.We are not responsible for any delay of orders **if we have shipped them**. Because the Speed of shipping is out of our control.
　3.After send, as usual, China Post Air Mail will take about **15-40 days** to arrive; EMS need **5-10 days**; Fedex need **4-8 days**; DHL and UPS will take **3-6 days** to arrive. If the order is during the weekends, it will take 2 days longer. Thank you for your understanding.
　4.Any import charges or fees are the buyers responsibility.
　5.Feel free to Contact us with any question, we will offer you satisfying answer.
　Don't submit a dispute optionally. Thank you again!!

图 6-14　子级文案整体缩进

如果卖家掌握一定的代码知识，还可以展开源代码，用 Dreamweaver 做一个边框，为标题文字加一个自定义的背景色彩，这个颜色可以根据店铺主色调来定，如图 6–15 所示。

Payment:

1.Before placing your order, please confirm details with us **if you have request** on items.
2.Please make payment within **3 days** of order if possible.
3.We will just ship the goods to you according to **the address** that you wrote in AliExpress, **if you want to change,** you must notice me of it.
4.We accept **Alipay** (escrow), Credit Card, Western Union accepted.

Shipping:

1.Your order will be processed in **7 days** after your payment.
2.We are not responsible for any delay of orders **if we have shipped them.** Because the Speed of shipping is out of our control.
3.After send, as usual, China Post Air Mail will take about **15-40 days** to arrive; EMS need **5-10 days**; Fedex need **4-8 days**;DHL and UpS will take **3-6 days** to arrive. If the order is during the weekends, it will take 2 days longer. Thank you for your understanding.
4.Any import charges or fees are the buyers responsibility.
5.Feel free to Contact us with any question, we will offer you satisfying answer. Don't submit a dispute optionally. Thank you again!!

图 6-15　加边框，为标题文字加一个自定义的背景色彩

三、商品详情页优化指导

商品详情描述关系到商品的曝光转化、浏览转化以及订单转化，所以它的重要性不言而喻。而对于商品详情页制作，每个卖家又会有自己独特的见解。或因个人喜好不同，或因商品差异，或因客户地域的影响，或因卖家自身实力的不同，商品详情页设计千差万别。

从全球速卖通平台的角度出发，也有少许矛盾。一方面，平台希望卖家更好地处理图片，更好地应用详情发布页面的各种功能，设计、打造出独特而又有吸引力的商品描述；另一方面，又不希望看到过于绚丽，视觉效果盖过了商品本身功能的商品展示，导致喧宾夺主的后果。

由于平台的进步，商品详情页也在逐步变化，如去除了网络地址图片的使用，去除了 HTML 的发布方式。卖家也要与时俱进，及时掌握平台的各种规定，制作符合平台推广要求的商品详情页。

人们通常理解的商品详情单指商品详情描述的中间部分，从广义上来说，商品详情其实还包含主图、标题、颜色图、属性、商品信息模块、商品详情描述，甚至包含店铺招牌、侧边栏。

下面以全球速卖通平台为例介绍商品详情页的制作。

（一）主图与颜色图

商品主图就如同商品的脸面，它是消费者看到该商品的第一印象，所以一定要精致。主图画面干净整洁，商品清晰明了，可以在主图的左上方标注品牌 Logo，这是优秀的主图的标准。

主图要求如下：图片格式为 JPEG，文件大小在 5 MB 以内；图片建议大于 800 × 800 像素；图片横向和纵向比例建议为 1 ∶（1 ～ 1.3）；图片中产品主体占比建议大于 70%；背景为

白色或纯色，风格统一；如果有 Logo，建议放置在左上角，不宜过大；不建议自行添加促销标签或文字；切勿盗用他人图片，以免被网规处罚。

接下来就是颜色图，颜色图是主图的一个辅助。例如，鞋子类商品，颜色和款式可能很多，这时候颜色图就起到了补充的作用，如图 6–16 所示。颜色图便于客户直接选择喜欢的颜色和款式，然后付款。

图 6-16　颜色图

颜色图的要求：单个图片不超过 200 KB，支持 JPG、JPEG 格式；建议颜色图的大小为 500 × 500 像素。

（二）商品信息版块

通过对详情页的一系列操作调整，基于 HTML 的切片和表格将逐渐退出商品描述的主流展示方式。这样对单一的图和文案就有了更高的要求。

商品信息版块的功能非常重要。例如，在“双 11”的时候可以做大促的活动信息，但大促一过，接下来又是黑色星期五、网购星期一、平安夜、圣诞节等。这时候如果按照传统的方式在每个商品页面单独添加活动信息，那效率一定会非常低。商品信息版块主要解决的就是这个问题。

对商品版块做好母版，只需要将这个信息版块插入相应商品中。到需要用的时候，只需统一改动母版即可，无须再一个一个地添加更改。

商品信息版块有以下两种方式。

（1）关联商品版块。关联商品版块是主要依赖于系统操作的一个版块，可以选择几款关联商品。关联商品版块不会自动适应详情页的宽度，约占详情页 2/3 的宽度，如图 6–17 所示。

图 6-17　关联商品版块

（2）自定义版块。自定义版块可以插入图片、文字及超链接。这种方式比关联商品版块更加开放。因为不仅可以放商品链接，还可以放新品促销的海报图、优惠券的领取链接、物流信息以及重要通知等。对于商品海报，如新品推广、活动促销、爆款打造等都可以利用这个版块的优势。通常自定义版块中的海报高度尽量不要超过 300 像素。

关联营销图片偏高，会影响客户的购物体验。例如，客户想买 A 产品，页面中却不断出现 B 产品、C 产品、D 产品等，拖动 1 ～ 2 屏都没有看到自己想要的那款产品的信息，这样的体验是比较糟糕的。海报中只有一款产品也不是绝对不可以，只要有它相应的价值即可，如推爆款的时候和推利润款的时候。卖家也可以用自定义版块做假期或者重大节日的通知，只需要将活动通知在自定义版块的母版中编辑好，或者做成图片直接上传到母版中，这样通知就会很方便地显示在各个商品页面了。做活动促销的信息也可以用自定义版块，这样可以快速更替为下一个节日的活动。

除去以上信息，还有体现店铺服务的信息、物流信息等。

商品信息版块是一个十分方便的功能版块，卖家只有熟练掌握它的使用方法，才能更好地将店铺体系完善起来，真正在活动或者节日之时使这个版块充分发挥其优势。

（三）商品详情

商品详情是非常重要的一个环节。商品详情的专业度会直接影响消费者对品牌的定位和对店铺的定位。

随着平台的不断发展和各个类目的不断完善，消费者有了更多的比较和选择余地，继续随意上传几张商品详情图片已经不再适应未来的发展。并且，随意制作的商品详情图片会在无形中影响店铺的调性及消费者对品牌的认知。消费者会认为与这个名字、Logo 挂钩的商品都是廉价的，长此以往，必然积重难返，想再跟上平台品牌化的步伐就难多了。

因此，卖家要认真对待每一款商品的详情，时刻将其与店铺调性、品牌价值相联系，为日后品牌化打下坚实的基础。

商品详情的主要内容包含：商品海报、商品外观图、商品实拍图、商品卖点展示、商品材质展示、商品参数表、商品功能展示、商品好评展示、物流信息、卖家品牌展示、赠品及促销展示。这是一个相对科学的商品描述结构。

（1）商品海报。商品海报是以海报的形式来展示商品的信息。商品海报有很强的吸引力及情感渲染力，当消费者刚看到商品时或许还有很多疑虑，这时候就需要在最短的时间里抓住消费者的心，让消费者对商品产生强烈的兴趣。这就是将商品海报放在最顶端的原因。

（2）商品卖点展示。每个商品都有哪些卖点呢？不同的类目、不同的商品都有自己的卖点，要认真剖析，抓住商品的几个重要卖点来打造卖点展示。

（3）商品材质展示。商品材质展示是通过对商品材质的展示，让消费者体会到商品的质感，感受到品牌的价值。还有一种表达方式是直接把材质的数据列出来。通过材质的展示，体现卖家要表达的信息，来加强消费者对商品的信任、喜爱，进而产生购买行为。

（4）商品参数表。商品参数表对于商品信息的展示非常有效，卖家要将商品的各项参数罗列得非常清晰，并采用多项衡量标准，以避免消费者因不理解而造成测量失误。这样就会极大减少由于尺码、属性等参数产生的各种纠纷。卖家可以将表格做成图片形式。用图片来展示表格的各项参数对比，设计感会更强一些，看起来会更专业，只是步骤会比较复杂，在参数或表格相对复杂的情况下不建议用这种方式。

（5）商品功能展示。商品功能展示与商品卖点展示有类似之处，区别在于卖点展示更突出商品的新功能或者其他商品没有的功能；功能展示是突出该商品的一些基本功能属性。

（6）商品好评展示。卖家通常会截取一部分客户的真实好评来展示。在使用商品好评时，要将客户的评价仔细读一遍，确认是对日后销售最有用的一些信息，对重点信息甚至可以进行标记。还有一种情况就是为了促使消费者尽快下单，卖家会在商品详情部分的中央位置加入一个高度合适的好评截图。好评的出现让消费者得到一种暗示，商品详情中展示的信息得到了其他客户的肯定，可以放心下单了。好评截图下面还可以继续放置一些商品信息，一些特别理性的消费者对该商品可能还有所顾虑，卖家可以继续让买家看下去。

（7）物流信息。网上购物，买卖双方的许多纠纷都是缘于物流这个因素，尤其是国际物流，任何一个环节出现问题都会造成不必要的麻烦，增加客服压力，降低店铺指标，所以物流可视化很重要。什么是物流可视化？就是将原本看不见、摸不着的物流过程展示给客户。例如，商品需要经过哪些中转站，每个过程需要多长时间，整个过程需要多长时间等，展现出完整的物流时效图。

（8）卖家品牌展示。卖家品牌展示在B2B平台经常能见到，但是在全球速卖通平台只有很少卖家在做。在品牌化的过程中，对于品牌的打造和展示也会在商品详情中发挥其作用。可以通过对实体店、工厂、生产线的展示，增加消费者对商品的信任、认可、关注，并在潜移默化中让消费者认识到这是一个有名的品牌，某一天，可以通过这个品牌来搜索相关商品。这个过程也许是缓慢的，需要卖家不懈地坚持。

（9）赠品及促销展示。通常，卖家会将赠品及促销展示放在商品详情部分的首部或者尾部。通过“利诱”，让客户下单及支付。

商品详情的版块结构也不是一成不变的，卖家需要根据客户常见问题解答、纠纷情况、客服反馈的问题等不断总结，并调整详情版块的结构。

实训分析

商品详情页视觉设计训练

【实训目的】

（1）理解标准商品详情页的规范化布局要求。

（2）掌握商品详情页中文字制作技巧。

【实训描述】

在本次实训中，学生将通过案例分析、实践操作等方式，深入学习商品详情页的规范化布局要求和文字制作技巧。学生将亲手制作一个完整的商品详情页，并在老师的指导下不断优化和完善，直至达到标准水平。

【实训步骤】

步骤一：探讨标准商品详情页布局

（1）分析标准商品详情页的基本布局结构。

（2）演示如何根据用户习惯设置商品元素位置。

步骤二：文字制作技巧

（1）学习如何撰写吸引人的商品描述信息。

（2）实践不同文案风格对用户购买行为的影响。

步骤三：商品详情页优化指导

（1）讨论商品详情页的优化策略和技巧。

（2）分析如何提高页面加载速度和用户体验。

步骤四：实践环节

（1）分组讨论标准商品详情页设计方案，分享不同的布局思路。

（2）模拟编写商品描述文案，评选最具吸引力的文字内容。

（3）设计优化方案，尝试改进现有商品详情页的设计并进行展示。

步骤五：总结与反思

（1）总结本次活动学习到的商品详情页设计要点和技巧。

（2）反思自身设计过程中的不足之处，并提出改进建议。

【实训反思】

本次实训可以帮助学生深入了解商品详情页的视觉设计要点，提高学生在跨境电子商务店铺商品设计方面的能力和水平。

任务三　商品主图设计

任务描述

本任务旨在为跨境电子商务店铺的商品详情页视觉设计提供指导，可帮助学生更全面地了解和掌握跨境电子商务店铺的商品详情页视觉设计中的要点和注意事项，从而提高店铺的销售效果和用户购物体验。

任务分析

在商品主图的设计上，可以通过使用高分辨率的图片，确保了产品在不同设备上的显示效果。选择纯色背景或与产品风格相符的背景，避免了视觉干扰。产品占据了图片的主要位置，凸显了其外观特点。

知识积累

当消费者在跨境电子商务平台中搜索商品时，显示在搜索结果页面中的商品图片就是商品主图。商品主图使消费者形成了对商品的第一印象，决定着消费者是否打开商品详情页，并对商品产生购买欲望。因此，商品主图的设计专业性与视觉吸引力直接影响着店铺的点击率和转化率。

一、商品主图的设计规范

相关测试数据表明，消费者最关注商品主图上的促销信息和商品卖点介绍，于是在一段时间内很多卖家都在商品主图上添加大量的文字和图形内容，甚至遮盖了商品的主图。为了保证搜索页面的美观和消费者的消费体验，各电子商务平台对商品主图的尺寸和设计都提出了具体的要求和规范。

显示在搜索结果页面中的商品主图的尺寸为 220×220 像素，而显示在商品详情页左上角的商品主图的尺寸为 400×400 像素。商品主图的文件要小于 500 KB，图片格式可以为 JPG、PNG、GIF 格式。当上传的商品主图尺寸大于 700×700 像素时，商品详情页会自动提供放大镜功能，即消费者将鼠标指针移到商品主图上时会显示局部放大效果，以便查看商品细节。

主图中不许出现图片留白、拼接、水印，不得包含促销、夸大描述等文字说明，文字说明可以包括但不限于“秒杀”“限时折扣”“包邮”等内容，且不同行业店铺的商品主图要求也有所不同。

二、商品主图的作用

商品主图是商品的主要展示图片，是买家对商品的第一直观印象，是店铺流量的第一道关口，核心作用就是吸引买家点击。可以说，一张有吸引力的主图可以为店铺节省大笔营销费用，也可以在没有其他促销推广的情况下为店铺吸引精准的流量。不论是在淘宝移动端还是 PC 端的店铺，商品主图都是非常重要的。移动端因为屏幕的限制，商品主图所占的面积很大，甚至承担着一定的转化职能，很多消费者在打开商品链接后会左右滑动，把几张主图都看一下，所以好的商品主图能带来一定的流量和转化率。图 6–18 为在全球速卖通平台利用关键词“iPhone”检索后展示的商品主图列表。

图 6-18　在全球速卖通平台利用关键词“iPhone”检索后展示的商品主图列表

如果商品主图点击率过低，平台系统会判定此款商品为无竞争力商品，也就不会再为其分配流量了。因此，多花点精力做出点击率高的主图，通过排版、文案等突出卖点，在增加曝光量的同时提高点击率，配合详情页促进转化，这样才能让店铺良性运转。

三、商品主图的背景色

商品主图的背景色要能衬托商品，一般是纯色，切记不要用过于繁杂的背景。人的眼睛一次只能存储两三种色彩，以纯色做背景时在颜色搭配上比较容易，也令人印象更深刻；反之，背景色过多、过杂，会使买家的眼睛感到疲倦，只会分散买家注意的焦点，影响买家的购买欲望，让效果大打折扣。

商品主图背景色的搭配原则如下。

（1）背景色以白色或者浅色为主，展现的商品图片会更加清晰，表达的目的会更加明确，如图 6–19 和图 6–20 所示。

图 6-19　背景色为白色

图 6-20　背景色为浅色

（2）针对商品的形象搭配背景色。例如，想要呈现浪漫、可爱的感觉，以粉色为主如图 6–21 所示。

（3）商品色与背景色可以是同一色系的明暗度组合，这样会给买家较强的视觉冲击力如图 6–22 所示。

图 6-21　背景色为粉色

图 6-22　商品色与背景色是同一色系的明暗度组合

（4）背景色不要与文字颜色相近，否则会降低文字的可识别性如图 6-23 所示。

四、商品主图的设计原则

商品主图体现在搜索结果中，质量高的主图能够提高点击率，从而达到引流的目的。在浏览商品主图时，买家的浏览速度比较快，所以主图必须做得鲜活明亮，能够第一时间吸引买家的眼球。要设计制作一张吸引买家眼球的商品主图，必须遵循以下三大设计原则。

图 6-23　背景色与文字颜色相近，文字的可识别性较低

（一）比例要适当

商品主图比例要适当，比例过小则细节表达不清晰，比例过大则显得臃肿。适当的比例能增加浏览时的视觉舒适感，提升点击率。

（1）商品图片裁剪比例要合理，不要用图像处理软件拉伸商品图片，以防导致商品变形而失去真实效果。

（2）制作跨境电子商务店铺的商品相关图片时，很多尺寸都是固定的，可以预先设置图像的宽度和高度，得到固定大小的图像。

（二）宜简不宜繁

买家浏览商品主图时速度较快，因此商品主图传达的信息越简单、明确，就越容易被接受，若图中有杂乱背景，则必须处理掉。正确运用背景颜色可以使很平淡的商品瞬间变得漂亮起来，让主图更具吸引力和感染力。

（三）丰富细节

通过放大细节提高商品主图的点击率。可以在商品主图上添加文字等内容，文字内容可以是标题的补充信息，也可以是卖家想要强调的重点内容，如包邮、特价。

知识链接

跨境电子商务视觉设计技巧

1. 留白

非常大胆的留白，给内容足够的呼吸空间，各个页面的图文间距都控制得非常好，页面整体感觉更通透，衬托出信息内容。这种留白给用户思考和想象的空间，在引导用户视觉和创造流畅的视觉感受方面是至关重要的。而相比之下，商家虽然意识到留白的重要性，但在留白方面往往不够大胆而非常谨慎小心。

页面设计的主要目标是视觉认知和清楚易读。留白都是有明确的设计意图的，在信息区块之间留白比较大，在信息区块内部留白则相对较小，这是为了让眼睛找到一点点休息的区域，这相对拥挤的页面能使用户在操作的过程中不着急。信息区块间的空白首先使页面看上去更清爽一些，同时也提高了网页的可用性。

2. 色彩搭配

韩国的电子商务网站，如 About、Naver、Daum 等都是围绕着 VI 的标准色来制作的，以 Logo 的主色为主，以一种互补或者相近颜色为辅，以灰色过渡，而每一种色彩都有其特定的含义。这三个电子商务网站的设计风格都很接近，淡淡的背景，清晰的文字，直观的素材，没有过多的修饰和渲染，没有过多丰富的颜色。

国外大部分电子商务网站，尤其是欧美的网站，其背景大多是白色的，白色有着最佳的对比度、可读性和整洁性，让用户能自由地浏览网站。而其他强调色则让用户感到安定、兴奋，也让他们期望找到最满意的商品。

不同的颜色对用户有不同的情感影响，所以在寻找辅助色的时候要有目的性和引导性。

3. 平衡、对齐、对比

平衡、对齐、对比是极简主义的三大要领。累赘的内容可以用空白和适当的构图取代，不需要补充额外的视觉辅助使其看上去是完整的。国外的电子商务网站在这方面都做得很好，信息的主次对比非常明显，不只体现在颜色上，还体现在大小上，让用户在第一时间感知重要信息。平衡、对齐、对比示例如图 6-24 所示。

图片的位置、大小，人物的视觉方向，每张图片上文字的对齐方式等都要根据整体页面的平衡感来设定，同时考虑整体的对齐、流畅。

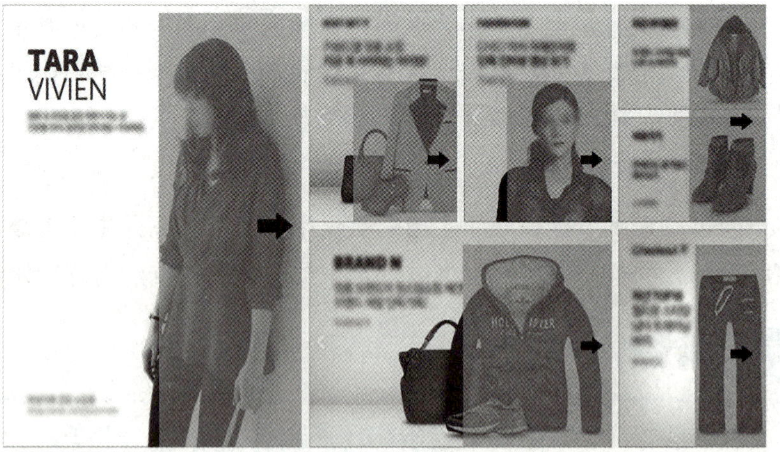

图 6-24　平衡、对齐、对比示例

4. 情景化

设定场景，传达出清晰的信息，巧妙地把价格等信息自然地融入场景中。自然、优雅的展现，并不突兀却又能恰到好处地体现信息内容。在这种表现方式的运用上，宜家是个很经典的例子，具有亲和力，同时用户又不会对赤裸裸的价格展现心生反感，如图 6-25 所示。

5. 细节

作为一名设计师，希望人们注意到自己所做出的额外努力，如降低阴影的百分比，或过渡突出，使其一目了然。有时，微妙的变化可以达到更好、更顺畅的效果，无论是为了营造视觉效果，还是抓取用户视线，都能达到预期的设想。细节是整个设计的灵魂。

6. 节奏感

视觉元素的造型、大小、色彩分布符合一定的比例关系，能在视觉上产生类似于音乐的节奏感。

如图 6–26 所示，绿色色块是节拍，是灵魂，形状的变化犹如曲调的缓急，在网页中自上而下有规律地出现，仿佛音符在跳跃。

图 6-25　情景化示例

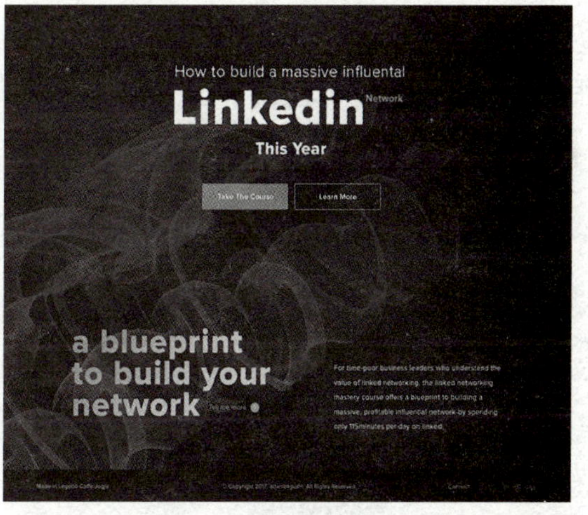

图 6-26　有节奏感的网页

7. 筛选的图形化

很多国外和国内的电子商务网站在搜索筛选上做了可视化图形，集合了趣味性与实用性于一身的表现形式，又一次佐证了“一图胜千言”这一经典道理，如图 6–27 所示。这种表现方式的缺点是当筛选属性 / 条件太多时，很难都用图形展现。

图 6-27　筛选的图形化

五、商品主图的设计形式

对商品主图的基本要求是能够展示商品的全貌，图片清晰，不能有杂乱的背景。商品主图的设计形式主要有以下几种。

（一）利用白色背景展示商品的全貌

利用白色背景展示商品的全貌是商品主图最常规的设计形式，如图 6–28 所示。这种设计形式的优点是干净、直接，可以让消费者快速了解商品的外观与颜色。

（二）场景化设计

商品主图的另一种常规设计形式是通过模特展示商品，或者根据商品的特点和用途搭建生活化、场景化的环境，如图 6–29 所示。这种设计形式的优点是可以让消费者直观地感受商品的实际穿戴或使用效果，产生心理上的映射，并且间接地向消费者传达商品的适用人群和档次。

图 6-28　白色背景商品主图

图 6-29　场景展示商品主图

（三）拼接式设计

拼接式设计就是将多张商品图片合成一张商品主图，如图 6–30 所示。这种设计形式的优点是信息丰富，不但可以同时展示商品的外观和实际效果，还可以让消费者对商品的可选颜色一目了然；缺点是众多商品图片放在一起，使商品特征不够突出。

（四）突出商品卖点

在品牌商品主图的一角放置品牌的 Logo，这种方式可以有效地让消费者识别品牌，唤醒老客户的消费记忆，吸引新客户的关注和消费。集市店铺的商品主图可以添加商品的核心卖点或打折促销等信息，这些信息对于消费者来说具有极大的吸引力，如图 6–31 所示。

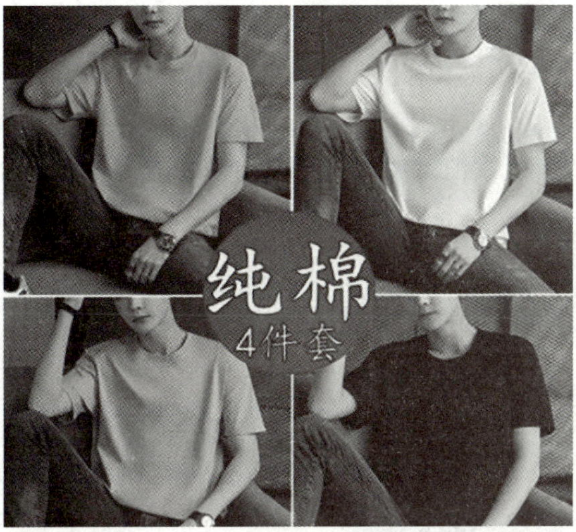

图 6-30　拼接式设计的商品主图

图 6-31　突出卖点的商品主图

六、添加文案提高商品主图点击率

商品主图是吸引消费者了解商品和进店浏览的关键，因此要充分利用商品主图的画面空间，在主图上添加一些描述商品特色和卖点，刺激消费者购物欲望的文案，如“包邮”“满减”“正品”等，进一步吸引消费者点击商品主图，如图 6–32 所示。

在商品主图上添加品牌信息也是吸引消费者的有效手段之一，其中最常见的便是添加品牌徽标，如图 6–33 所示。对于已经拥有良好形象与口碑的品牌而言，在主图中添加品牌徽标，会使浏览到该商品的消费者产生信赖感，从而提高主图点击率。对于并没有被大众熟知的品牌而言，添加品牌信息能增加商品的正规感，也能使消费者在重复不断的浏览中注意并逐步记住这个品牌。因此，在商品主图中添加品牌徽标也是利用商品主图在视觉上树立品牌认知的好方法。

图 6-32　在商品主图上添加文案

图 6-33　在商品主图上添加品牌信息

添加了文案的商品主图可以传递更多的商品信息，让消费者通过一张图片就能对商品有更多的了解，更容易激发消费者的点击兴趣和购买欲望。

在商品主图上添加文案时需要注意以下两点。

（1）文案信息的表达形式要简洁明了，要有引发消费者产生点击冲动的诱惑力。

（2）文案信息不能遮挡商品主体。

因为消费者一般是在有明确需求的情况下浏览商品主图的，所以商品主图的设计应该更多地考虑如何在同类商品主图中更好地展示商品的特色与优势，这样才能完全激发消费者的购买冲动。

实训分析

设计跨境电子商务商品详情页

【实训目的】

（1）了解跨境电子商务商品详情页的设计要点。

（2）提升学生的视觉设计能力。

【实训描述】

教师将选取跨境电子商务平台上一至两款热门商品，将其详情页以截图或展示的形式呈现给学生。此外，教师还将要求学生自行设计跨境电子商务商品详情页，以锻炼其创新能力和实践能力。

【实训步骤】

（1）让学生组成小组，每个小组负责设计一款跨境电子商务商品详情页，要求电子版展示，并包含以下元素：商品主图、商品名称、价格、商品属性、商品评价和购买按钮。

（2）分别向每个小组提供一种商品类型和品牌，比如化妆品、家居用品等，并要求学生在设计中体现该商品的卖点和特色。

（3）老师可以给学生提供一些实用的设计工具和资源，比如 Photoshop、Canva，以帮助学生更好地完成商品详情页的设计。

（4）每个小组展示他们的设计作品，并对其他组的设计作品进行评价和建议。

（5）最后，老师评选出最佳设计作品，并对该小组进行表扬和奖励。

【实训反思】

通过本次实训，可以让学生更深入地了解跨境电子商务商品详情页的设计要点，并提升学生的视觉设计能力，同时也让学生在活跃的课堂氛围中获得更多的学习和成长机会。

任务四　商品细节展示区设计

任务描述

跨境电子商务店铺商品详情页中，商品细节展示区是关键设计元素，用于展示商品特点和吸引消费者。完成此任务，学生将全面考虑设计要求，提升商品吸引力和购买率，同时提高视觉设计能力。

任务分析

对于商品细节展示区，可以通过多角度的图片展示，用户可以从不同视角了解产品。详细的文字说明补充了图片无法表达的信息，确保用户对产品特性有全面的认识。

知识积累

在商品详情页中，为了让消费者能够完整而清晰地了解商品的细节和特点，设计人员会设计相应的模块来对商品进行全方位展示，即商品细节展示区。

一、商品细节展示区的表现形式

与其他区域的设计要求类似，商品细节展示区的尺寸仍要遵循电子商务平台的设计规范进行规划。考虑到不同商品在材质、功能和外观等方面的差异，在设计商品细节展示区时可以采用不同的表现形式，常见的表现形式有指示型和局部图解型两种。

（一）指示型表现形式

指示型表现形式就是先将商品完整地展示出来，再把商品需要突出展示的局部细节图片以类似放大镜的形式排布在完整商品图的四周，并利用线条、箭头等设计元素将细节图片与完整商品图连接起来，还可以用简单的说明性语言对细节进行解说，如图 6–34 所示。

用指示型表现形式对商品细节进行展示，既可呈现商品的完整外观，又可深入展现重要部分的细节，非常适合体积较小、部件较多的商品或家具等外形较大商品的细节展示。这种表现形能够清楚地告诉消费者所展示的细节位于商品的哪个位置、具有什么特点等。

（二）局部图解型表现形式

局部图解型表现形式的设计更简单，只需将商品的局部细节放大即可，不需要对细节位置进行指示。局部图解型表现形式可以增加说明性文字内容，比较适合外观简单、部件少的商品及日常用品的细节展示。

局部图解型表现形式如图 6-35 所示，可以看出设计者将耳机的局部放大，并利用文字对该部分细节进行说明。尽管没有使用任何修饰元素来指明各部分细节位于商品的哪个位置，但浏览者还是可以很容易地判断出来。

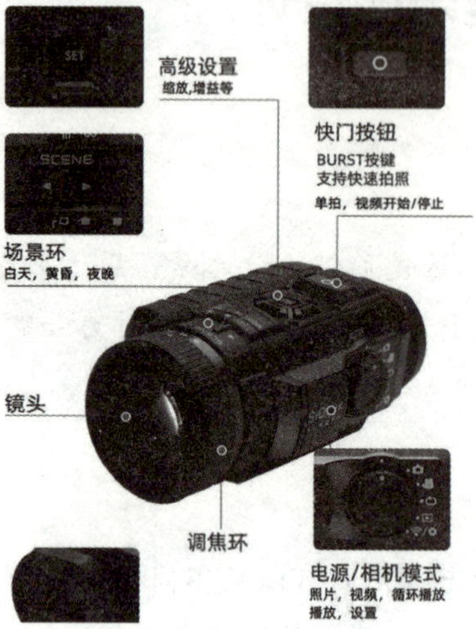

图 6-34　指示型表现形式

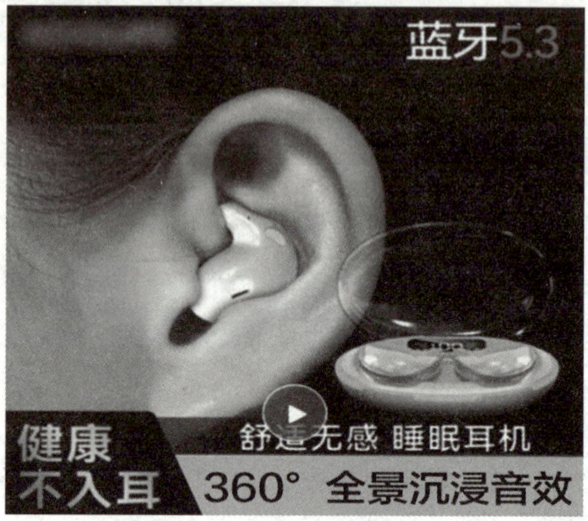

图 6-35　局部图解型表现形式

需要注意的是，卖家在使用局部图解型表现形式制作商品细节展示区时，一定要在商品详情页的开始对商品进行整体外观展示，这样才能便于消费者在浏览过程中理解细节图所传递的信息。

二、商品细节展示区通用设计方式

在设计商品细节展示区时，如果网页中只有图片，而没有必要的文字说明和细节修饰，就会显得很单一，并且不能完整、准确地展示商品的整体形象和特点。商品细节展示区通用的设计方式就是添加必要的文字和素材。

（一）使用文字对细节进行说明

要想让消费者全方位了解商品的特点，就只能依靠文字来进行说明。在商品细节展示区设计中，文字的添加也是有技巧的，一般可以使用标题文字和段落说明文字组合的方式来进行说明，如图 6-36 所示。

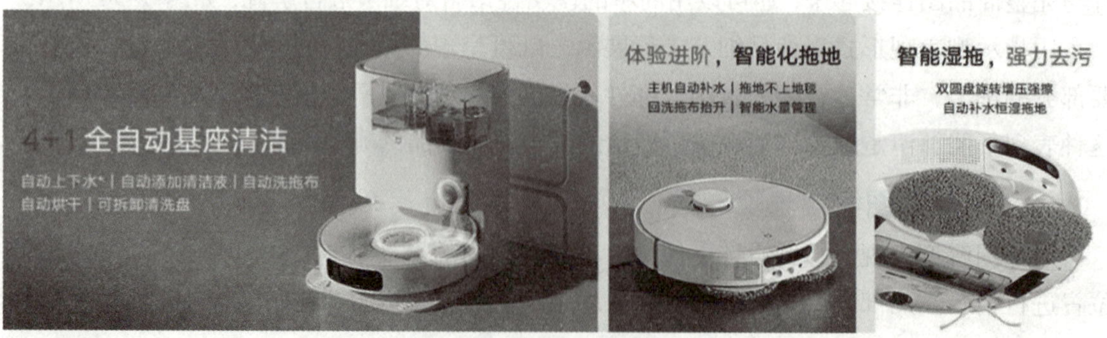

图 6-36　使用文字对细节进行说明

在细节图的周围添加文字进行说明是比较通用的设计方式，但有时为了满足版式设计的需要或出于其他原因，在进行细节展示之前，也可以先用较为系统的表格、段落文字等逐一介绍商品的属性，而在细节展示区则重点展示商品的局部细节，是否还要添加文字说明则根据实际设计内容而定。

例如，蓝牙耳机细节展示图（图 6–37），先详细说明蓝牙耳机的芯片、兼容性、待机时间、HD 呼叫等属性，在细节展示区仅使用图片和简单的文字对产品待机时长等进行介绍，让消费者能集中而专注地感受商品的形象，避免多余信息的干扰。

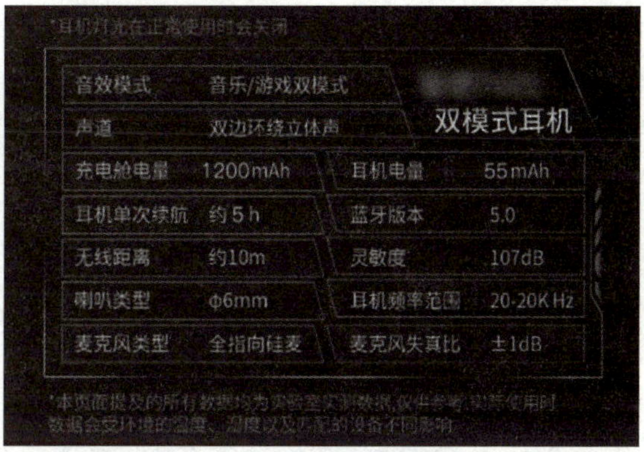

图 6-37　蓝牙耳机细节展示图

（二）素材让细节展示更直观

在设计商品细节展示区时，素材的添加和绘制是必不可少的，它不仅能让商品图之间产生一定的联系，还能对画面的布局、文字的排列进行规范。

六边形与圆形素材的使用如图 6–38 和图 6–39 所示。在两幅商品细节图中，图 6–38 使用了六边形作为说明文字的边框，使其工整地显示在固定的区域内，图 6–39 利用圆形素材让商品细节与商品整体外观图之间产生一定的联系，让消费者在浏览时能够快速明白商品的主要功能。

图 6-38　六边形素材的使用

图 6-39　圆形素材的使用

三、商品图片标签

标签可以是独立的，也可以是与商品相融合的。为商品图片添加标签，最直观的视觉表现就是可以通过标签内容吸引消费者的注意。标签内容可以是价格方面的消息，也可以是促销或新品等方面的消息。

（一）添加打折或低价标签

为商品制作图片后，添加一个打折或低价标签，可以激发消费者的购买欲望，让消费者感觉省了一些钱，如图 6-40 所示。打折或低价标签可以放在图片的边角，也可以放在图片的内部。

图 6-40　添加打折或限价标签

（二）添加限时购标签

在商品图片中添加一个限时购标签以提醒消费者购买时间，先将消费者的注意力吸引过来，才能有机会促使消费者完成后面的交易。

（三）添加新品及正品保证标签

网购时消费者最担心的应该就是买到假货了，在商品图片中给正品的商品加上正品保证标签，可以让消费者放心地购买。新品标签对追求新品的消费者来说是最有“杀伤力”的武器。标签虽小，但在网上销售中能起到非常重要的作用。

实训分析

商品细节展示区设计挑战

【实训目的】

1. 了解商品细节展示的概念与用途。
2. 提高学生的视觉设计能力和实践操作技能。

【实训描述】

在本次实训中，学生将面临一个实际的商品细节展示区设计任务。任务要求学生根据给定的商品信息，设计出一个既美观又实用的商品细节展示区。

【实训步骤】

（1）将学生分成若干小组，每个小组选择一种商品类型（如服装、家居用品、数码产品），并以该商品类型为基础，设计商品细节展示区。确保每个小组都有足够的商品细节图片和相关信息进行设计。

（2）提供设计工具和资源，如设计软件、图片库、设计模板，以帮助学生更好地展开设计创作。

（3）小组开始进行设计，考虑商品特点和目标用户群体，设计出符合商品属性和市场需求的细节展示区。鼓励他们尝试不同的表现形式和创意设计，突出商品的特色。

（4）每个小组展示他们的设计作品，并进行同行评审。其他小组成员可以提出建设性的反馈和意见，共同讨论如何改进设计方案，提升展示效果。

（5）学生根据反馈意见进行设计修改和完善，确保商品细节展示区设计达到最佳状态。着重强调如何提高商品细节展示区的吸引力和用户体验。

（6）最后，每个小组提交最终的设计作品，并整理成展示报告。老师对每个小组的设计作品进行评估和点评，选出最佳设计作品进行表彰和奖励。

【实训反思】

通过本次实训，学生将能够更加熟练地掌握商品细节展示区设计的各项技巧和核心要点，为将来从事视觉设计工作奠定坚实的基础。

任务五　商品功效简介区设计

任务描述

在跨境电子商务店铺中，商品功效简介区的设计对于吸引用户眼球、提升购买欲望起着至关重要的作用。本任务旨在让学生通过学习和实践，掌握商品功效简介区的设计规范和关键要素，以及如何有效展示商品的功效和特色。

任务分析

在商品功效简介区的设计上，采用简单的语言，配以图标辅助，突出产品的主要卖点。同时，也可展示用户评价和认证标志，增强了顾客对产品的信任感。这些设计帮助顾客更好地理解产品如何满足他们的需求，并提高了购买决策的信心。

知识积累

商品功效简介区用于对商品的功能或作用进行详尽、透彻的分析和解说。功效简介区位置在整个商品详情页中算是比较靠后的，消费者能坚持浏览到这里说明已经对商品产生了很大的兴趣。若将商品功效简介区设计得很有特色，则可以进一步提升消费者对商品的好感，从而促使消费者下单。

一、商品功效简介区的设计规范

商品功效简介区是商品详情页的一部分，设计宽度受到商品详情页宽度的限制，高度上则不受限制。

商品功效简介区主要介绍商品的功能与作用等信息，如果使用平铺直叙的语言，那么大量的文字势必会让消费者失去阅读的兴趣，从而导致转化率下降。因此，商品功效简介区的设计重点就是对商品的功效进行总结与归纳，通过文字、色彩和修饰元素的完美搭配来提升文字的可读性。

商品功效简介区设计如图 6–41 所示，通过对商品功效进行总结性归纳，将文字与修饰元素结合到一起，并进行了合理布局和版式规划，增强了文字的可读性。

二、修饰元素在设计中的重要性

在设计商品功效简介区时，为了将商品的功效表述得更加直观、形象，卖家可以使用多种修饰元素来丰富画面的内容，如用图片来代替某些文字，或者使用素材来突出某些文字。修饰元素的巧妙应用能够提升商品信息的可读性，让枯燥的文字变得更具象化，在给消费者带来美好的视觉享受的同时，有助于消费者深入了解商品的功效。

图 6–42 为两款商品的功效简介区设计，用户可分析理解修饰元素在设计中的重要性。

图 6-41 商品功效简介区设计

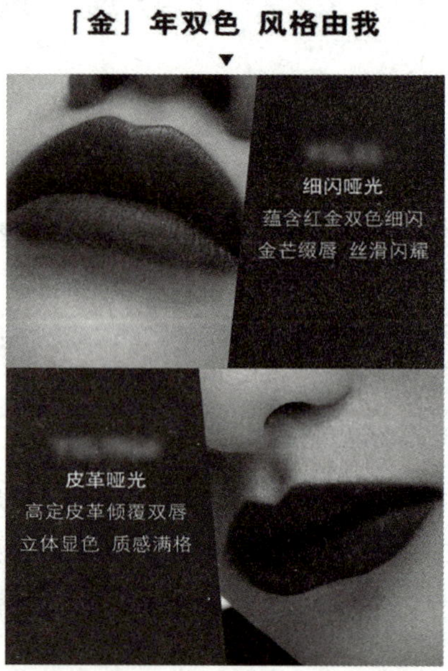

图 6-42 两款商品的功效简介区设计

三、商品功能展示

商品功能展示包括直接在图片中将商品的功能体现出来，让消费者以最直观的方式对商品进行了解；在图片中凸显其在同类商品中所独有的功能来区分自身的与众不同。具有其他同类商品没有的功能，是商品最大的一个卖点。

（一）直接描述商品的功能

有很大一部分在跨境电子商务店铺中浏览商品的消费者是直接奔着商品的功能去的，如需要美白或祛痘的人，他们会在商品介绍中只查看自己需要的那部分功能，如果商品的这部分功能没在图片中直接体现出来，则会是一件很吃亏的事情。还有一部分人已经拥有一件此类商品了，但是还想看一下有没有更好的，此时如果在商品图片中加入功能对比效果图，这部分人就会是潜在客户。直接描述商品的功能如图 6–43 所示。通过文字可以非常直观地体现商品所具有的功能，文字的好处是可以将商品的多个功能都体现在当前图片中。

（二）通过图片对比凸显商品的功能

通过图片展示商品本身的功能，能够在视觉上以最直接的方式吸引浏览者的眼球，促使浏览者更仔细地阅读与观察，从而达到最终目的，也就是将商品卖出而得到利益。用图片展现商品功能时最好用相近商品功能图片进行对比，凸显商品的功能，在视觉上形成反差，从而抓住浏览者的眼球。

图 6-43　直接描述商品的功能

四、商品特色展示

商品特色就是商品本身所具有的优势，也就是与其他商品不一样的地方。而网店的特色可以是特色商品本身，也可以是与商品特色相呼应的商品描述。

在商品描述中可以更加细致地对商品的特色进行描述，使买家对商品有更多的了解。

五、商品优势凸显

在整幅图片中，如果把商品直接放进去，那么对于浏览者来说，可能不会对商品产生最佳的第一印象；如果有一个与之相对应的背景，就可以大幅提升商品本身的可欣赏程度。在背景中将商品凸显出来，不但可以加强商品本身的视觉感，还可以增强图片整体的层次感。

（一）虚实对比凸显商品

在商品图片中对商品以外的区域进行模糊处理，可以凸显主体如图 6–44 所示。模糊可以是高斯模糊，也可以是镜像模糊。

（二）大小对比凸显商品

在图片中单独将商品进行放大，使其与原图中的商品产生大小对比，此时的视觉感受会变得非常强烈。

（三）调整细节凸显商品

调整图片中的商品细节不但可以增加主体部分的视觉强度，还可以将图片处理得更加有层次感，使商品看起来档次更高如图 6–45 所示。

图 6-44　虚实对比凸显商品

图 6-45　调整细节凸显商品

实训分析

手机商品详情页视觉设计

【实训目的】

（1）掌握跨境电子商务店铺详情页视觉设计的基础知识。

（2）能够独立设计跨境电子商务店铺商品详情页。

（3）掌握独立思考和分析问题的方法。

【实训描述】

（1）按每组 3 ～ 5 人进行分组，每个小组设组长一名，负责统筹工作。每个小组在组长的带领下完成对跨境电子商务店铺商品详情页相关知识的复习工作。

（2）小组成员运用学到的知识完成商品详情页的设计。

【实训步骤】

（1）组长带领小组成员完成跨境电子商务店铺商品详情页设计相关知识的复习工作。

（2）小组成员对要设计详情页的手机做充分的调研工作，从外观、功能、技术参数等方面入手。

（3）小组成员两人一组完成手机详情页的设计，并在组内传阅、讨论，把设计商品详情页的难点和心得形成书面文件。

【实训反思】

在本次实训中，学生不仅掌握了跨境电子商务店铺详情页设计的基础知识，还锻炼了独立设计的能力和团队合作的技巧。

项目小结

本项目旨在进行跨境电子商务店铺详情页视觉设计，涉及店铺定位、消费群体定位、商品定位、商品详情页视觉设计要点、商品主图设计、商品细节展示区设计和商品功效简介区设计。完成这些任务有助于提升店铺的吸引力和用户购买转化率。读者需遵循视觉设计规范和原则，注重页面清晰易读和吸引力，突出商品的功能、特色和优势，进一步提高商品的吸引力和点击率，为用户提供优质购买体验。

思考练习

一、选择题

1. 店铺定位的基本原则不包括（　　）。

A. 目标性原则　　B. 营利性原则

C. 可行性原则　　D. 差异化原则

2. 详情页的文案直接关系到店铺内的（　　），因此需要在此处多费一些功夫。

A. 产品印象　　B. 点击率

C. 成交转化　　D. 评论量

3. 对于以下详情文案说法不正确的是（　　）。

A. 一个好的详情文案，能更好地体现产品卖点，打动顾客的心

B. 一个好的详情文案也能提高访问深度

C. 一个好的详情文案起到引导购买、提高转化率的作用

D. 一个好的详情文案体现一个店家的诚信

4. 在正式设计商品主题之前不需要做的工作有（　　）。

A. 确定主图成品标准和参考，确立拍照的姿势，为后续的照片调型找好参照物

B. 确定主图背景为白色或纯色，产品图片风格统一

C. 做好纠正图片偏色的准备，为后续纠正偏色放置灰卡

D. 注意拍摄细节，方便后期处理，为后续调型留出衣袖和衣身的空间

二、名词解释

1. 商品详情。

2. 商品主图。

3. 局部图解型表现形式。

4. 商品功效简介区。

项目七

跨境电子商务文案视觉设计

项目导读

本项目旨在探讨跨境电子商务文案视觉设计的重要性和方法，以及如何通过文案和视觉的结合实现营销目标。通过对文案与文案策划、视觉化文案设计的内容、文案视觉化的特点等方面的研究，来探讨跨境电子商务文案视觉设计的实践与应用。

学习目标

☆知识目标

1. 理解跨境电子商务文案视觉设计的重要性和方法。
2. 掌握文案与文案策划的基本概念和方法。
3. 熟悉视觉化文案设计的内容和特点。
4. 掌握文字的编排规则，了解创意文字设计方法。
5. 熟悉字体风格与装修风格搭配的技巧，以提升文案视觉化和应用的效果。

☆能力目标

1. 能够运用文案与文案策划的基本概念和方法，进行文案视觉化设计。
2. 能够运用文字的编排规则和创意设计方法，提高文案视觉化效果。
3. 能够掌握字体风格与装修风格搭配的技巧，实现文案视觉化的应用效果。

☆素质目标

1. 注重跨境电子商务文案视觉设计的重要性和实践应用，增强学生营销意识和营销素养。

2. 培养学生良好的创新思维和审美能力，提高文案视觉化设计的创造性和实用性。

3. 注重学生合作和沟通能力，在团队协作中积极发挥个人的能动性和协作精神，共同完成项目任务。

4. 注重学生实践和实用能力，在文案视觉化设计的实践中积累经验和技能，提高实际应用效果。

思政目标

当前，跨境电子商务文案视觉设计精英不仅需要具备精湛专业技能，还需要深谙高尚商业伦理。这类人才在未来的商业竞争中将扮演至关重要的角色，并为社会的持续繁荣与进步贡献其独特力量。

任务一　跨境电子商务文案视觉设计概述

任务描述

本任务旨在探讨跨境电子商务文案的视觉设计，从文案撰写与策划到视觉元素的运用，深入分析文案视觉化的特点及其在跨境电子商务领域的重要性。

任务分析

文案设计的核心原则涵盖了字体的挑选、色彩的协调以及版面的布局等方面。通过良好的文案视觉设计，不仅可以吸引顾客的注意力，还能有效地传达产品的价值主张和品牌形象。

知识积累

一、文案与文案策划

（一）文案的概念

跨境电子商务文案视觉设计

“文案”一词来源于广告行业，是“广告文案”的简称，多指以文字表现广告信息内容的形式，有广义和狭义之分。广义的广告文案包括标题、正文、口号和对广告形象的选择搭配；狭义的广告文案包括标题、正文、口号。电子商务文案工作主要是指软文标题、正文的撰写，品牌故事的编写，店铺招牌文案、产品详情文案的撰写和卖点提炼，引流图片文案的撰写等电子商务文字工作的统称。

（二）文案策划的概念

在广告学中，文案与策划应当是两个相互联系但又迥然不同的专业，只是受制于我国各行各业普遍的公司小型化现状，产生了文案策划“复合型专业人才”。尤其对于电子商务企业来说，岗位分工也不可能非常细，为节约成本，企业特别需要既能撰写产品文案又能策划广告活动的复合型人才，于是文案策划就应运而生了。

电子商务企业的文案主要指产品详情页的文字内容，或者营销图片、视频中的旁白与说明，具体有广告语、广告标题、广告内文等，总之就是一切写给消费者看的内容。而电子商务企业的策划可以分为营销策划和文案策划。营销策划主要考虑怎样做营销广告及营销活动，如买家群体分析、营销数据分析、网站页面布局、营销活动策划；而文案策划主要考虑的是广告文案的策划，如广告的传达对象、传达重点、创意构思、情景设计。在电子商务企业，营销策划的工作通常由运营人员或者营销人员负责，而文案策划的工作就需要由文案策划人员来承担，这也是本书选用“文案策划”一词来对“文案”做更好地诠释和定义的原因。

电子商务文案强调的不是要像散文那样优美感人，也不是要像小说那般曲折跌宕，而是如何在最短的时间内吸引消费者的眼球，激发他们的兴趣，引导其点击并购买。因此，电子商务企业需要的文案是一种有思想策略的表达，不需要华丽的修辞，而是用最简单直白的语言来影响消费者的感受，比如简单地描绘出消费者心中的情景，语言简练，直指利益，让消费者脑海中充满画面感。“设计未动文先行”，电子商务企业的文案必须与策划相结合，从消费者的角度出发，才能够更好地打动消费者，达到营销的目的。

（三）电子商务文案的特征与创作要求

随着互联网多媒体技术的发展，视频、图片、声音使文案的表现日益丰富多彩，互联网给了电子商务文案无限的创意空间。

（1）快餐性。文案犹如快餐，讲究的是快速。依附短期流行元素进行创作，进而促使交易达成是其最终目的。在进行文案创作的过程中，不注重深厚的文化积累和内在价值，有些创作甚至简单粗暴。例如，促销文案经常使用“满就送”“0 元购”“1 元秒杀”等词句，这样的文案直接切中利益要害，瞬间抓住消费者的眼球。

（2）及时性。基于互联网传播的文案需要紧贴实时热点，卖家要利用实时热点进行文案创作。

（3）效果可数据化衡量。与传统的媒介广告文案到达率测算相比，电子商务文案效果的测算要简单得多。受众对每一条推送文案的点击率以及在点击后的实际购买率，包括受众查阅信息的分布范围和时间、受众群体细分、流量习惯等都可以通过数据统计出来，所以文案的效果可以采用标准化数据来衡量，这是电子商务文案的一大特点。

（四）电子商务文案的创作要求

（1）语言要求精练生动。由于图片尺寸的限制，电子商务文案的语言要求精练生动，而营销界推崇的“6秒法则”认为，通常打动消费者的时间只有6秒，因此，如果没有足够的吸引力，是无法快速引起消费者的注意的。图7–1为一家跨境服装店铺的文案。

（2）文案与视觉图片高度融合。在店铺视觉营销中，文案主要是服务于视觉图片的，所以利用视觉技术让文案产生视觉效果，利用字号、字体颜色、字体变化等来增加信息传播的趣味性和表现力，可起到画龙点睛的作用。

（3）文案用语要增强认同感。根据不同的兴趣爱好，电子商务卖家可以把受众高度细分，在针对不同目标受众的诉求时，用受众所熟悉的语气、词汇等会增强受众的认同感。在电子商务文案用语的选取过程中，流行的网络用语成为首选。

（4）创意独特。创意意味着有趣、新鲜、原创，要求创造者不仅拥有思维的深度，还需要有知识的广度。创意是一个合格的文案人员所必备的能力，良好的创意能够有深度地表达出产品信息。了解了电子商务文案的重要性，就要以更高的行业标准来要求自己，针对产品打造具有独特创意的卖点。创意不难寻，它就隐藏在日常生活中，卖家要善于观察，发现其独到之处，点滴累积，终会有所收获。

（5）真正结合产品创作。只有真正结合产品，分析产品的定位（消费者群体、产品的特质），才能更好地利用文案向消费者展现产品。分析产品就是把产品各个维度的信息都罗列出来，如从产地、外观、功能等几个方面进行罗列。转换角色，站在消费者的角度思考、归纳产品的特色和利益诉求点，消费者才会乐于阅读文案，才会想了解产品，最终接纳产品。

（6）参透目标客户的需求。客户一般有其固有的消费行为和模式。利用文案向一个根本不了解产品的人推销产品是没什么作用的。客户选择进入店铺，必然是带着诉求来的，参透目标客户，站在客户的立场思考客户的诉求，帮助客户解决问题，客户会认为卖家知道他（她）想要的，卖家是为他（她）着想的，卖家能帮到他（她），心里必然产生共鸣，图7–2为针对年轻女性的笔记本电脑文案。

图7-1　一家跨境服装店铺的文案

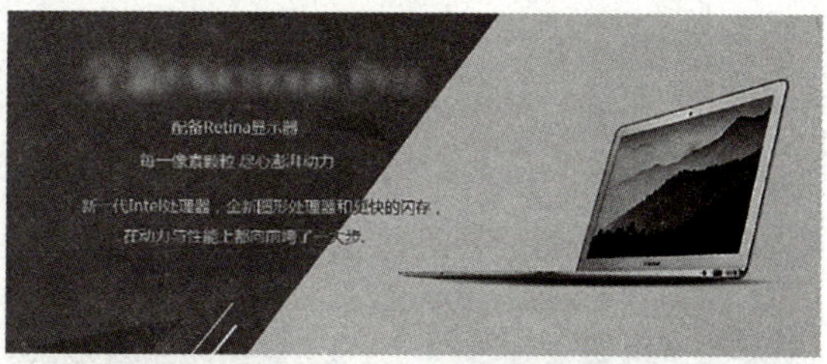

图7-2　针对年轻女性的笔记本电脑文案

（7）针对竞争对手有战略性地构思。例如，某知名卖家主打价格战，其竞争对手可以强调自己的产品货源纯正、质量优异、服务口碑良好，并在文案中一一指出。

（8）让客户采取行动。如果电子商务文案解决了客户所面临的问题，那就大胆地让客户采取行动。需要注意的是，撰写有效的电子商务文案，要站在客户的角度尽可能地挖掘客户的情感和欲望，一定要结合实际，文案要真实、具体，而不是空洞地渲染。把产品和客户的问题恰到好处地融合在一起，就能获得更多客户。

二、视觉化文案设计的内容

大多数网店在视觉营销方面非常重视网店美工，而忽视了文案工作，没有专职的文案人员；即使有文案人员，也没有较好的文案。好的文案会给网店带来较高的转化率，节约推广费用。文案主要从标题、商品主图、商品详情、促销活动、品牌故事等方面进行设计。

（一）标题文案设计

标题文案一般不超过 30 个字，主要由商品关键词构成，关键词则要紧扣商品。标题文案主要体现品牌名、商品名、商品属性等卖点。一般情况下，消费者在寻找自己所需商品时，往往通过搜索关键词进行查找。

常见的标题关键词有以下几种。

（1）属性关键词。这是关于商品的名称、类别、规格、功能等的词语，如 T 恤、韩版、圆领。

（2）促销关键词。这是关于商品价格信息的词，如清仓、折扣、甩卖、赠送、包邮。

（3）品牌关键词。它包括商品本身的品牌和店铺的品牌，如“海尔”是商品本身的品牌关键词，“官方”属于店铺的品牌关键词。

（4）评价关键词。它的主要作用是对消费者产生一种心理暗示，一般都是正面的、褒义的形容词，如皇冠信誉、市场热销。

图 7–3 为手机的标题文案。

（二）商品主图文案设计

商品主图的文案要能吸引消费者，让消费者第一眼就清楚地知道卖家销售的商品是什么。文案作为补充不应太多，要精练、准确，体现商品的卖点。某款手机的主图文案如图 7–4 所示。

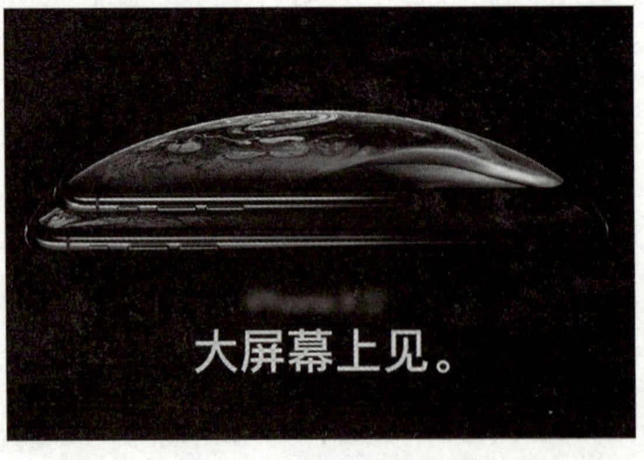

图 7-3　手机的标题文案

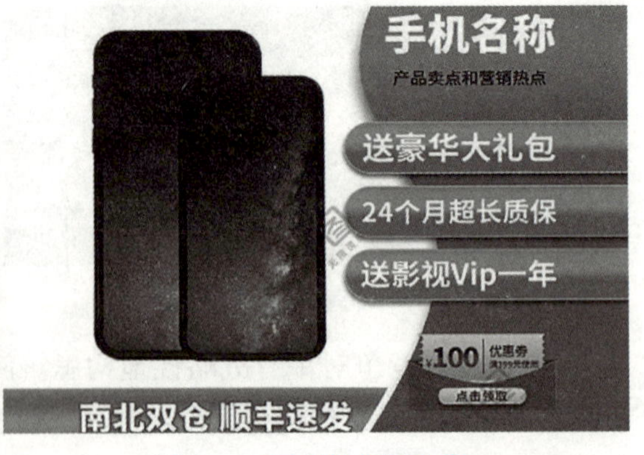

图 7-4　手机的主图文案

（三）商品详情页文案设计

只要了解了消费者的诉求，在商品详情页文案里逐个击破、层层递进，就能写出转化率较高的文案。设计商品详情页文案时应注意以下几点。

（1）与店铺定位统一。网络店铺与实体店是一样的，任何商品都有其直接受众。因此，要对商品直接受众群体的消费习惯进行分析，同时结合商品自身的特征，撰写出与店铺风格统一的商品详情页文案。

（2）商品细节描述。人们在网购时尤其会注重商品的细节，因此在文案中要着重描述商品的细节。这不仅能让消费者看到商品每个细节的质量保证，更能使其感受到店铺的专业性，从而对店铺留下深刻的印象。

（3）商品卖点介绍。寻找商品卖点时需要设身处地为消费者着想，可以与其他店铺的商品进行对比，找到必须买这款商品的理由，这样才有利于加深消费者的认同感，引起消费者的共鸣，提升他们的购买欲。

（4）商品来源地介绍。介绍商品来源地是为了让消费者更好地了解商品，增加消费者的认可度。商品来源地介绍可以是原产地介绍、原料特点介绍、原料与商品的关联性和功效介绍以及商品质量保证等。

（5）商品功效介绍。商品功效介绍必须实事求是，最好使用图片与文字相结合，可以减少客服的部分工作量，直接展现商品功效、促进转化。它包括商品的功效、使用方法、制作工艺、清洗方法、售后服务等附加内容。

图 7–5 为某款手机的详情页文案。

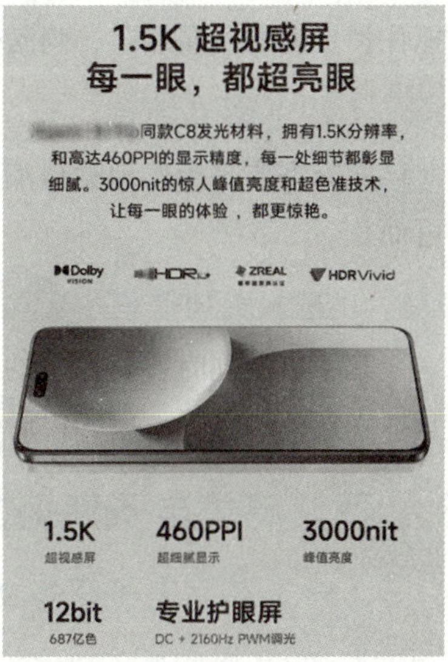

图 7-5　手机的详情页文案

（四）促销活动文案设计

如果店铺促销信息不能在几秒内抓住消费者的眼球，那么跳失率将会很高。因此，设计促销活动文案时要知道哪种促销信息是别人所没有的，而消费者对此的感知又是较深的。同时，促销活动文案离不开优美的文字，这些文字或激情澎湃，或清新文艺。只有让消费者觉得自己占了便宜或者感觉舒服时，消费者才可能参加促销活动。

（五）品牌故事文案设计

一般大型网店都有自己的品牌故事。设计品牌故事文案主要从以下几个方面入手。

（1）介绍品牌的来源，即因为什么而创造了这个品牌。

（2）解释店铺名字的缘由，有什么意义。

（3）介绍产品的理念，交代清楚做什么产品，怎样去做，做得怎么样。

品牌故事文案写法多种多样，主要取决于卖家想如何诠释、包装自己的品牌和产品。

三、文案视觉化的特点

要想写出让人眼前一亮的文案，需要长期的知识积累，要站在消费者的立场帮助消费者解决难题，引起消费者共鸣。优秀的文案能吸引人的眼球，能直接打动消费者，必须具备相应的特点。

（一）定位准确

注重商品定位，从营销的角度抢占消费者的心智竞争制高点，如“全网畅销”“类目排名 TOP 5”。如果是低价商品，文案就要重点突出商品品质，主图、详情页均适用；如果是高价商品，文案就要强调价值，强调商品价格高的理由。

（二）凸显专业

在商品详情描述中，卖家怎样证明自己的商品就是正品呢？除了用授权书、营业执照等，主要就是与同行对比，用专业知识从细节处告诉消费者自己的商品更优质，此方式多用于详情页。

（三）紧抓“痛点”

消费者为什么要买自己的商品？他们的购买动机是什么？要弄清楚这些问题，从源头抓住消费者的“痛点”，刺激他们马上购买。

（四）图文结合

卖家不要想当然地觉得消费者什么都懂，应尽量图文结合地分解商品细节，但也要适可而止。

（五）增强信任

几家店铺同时售卖类似的商品，怎样让消费者更信任自己？除了展现自己的专业性、紧抓卖点外，品牌故事、售后保障等也非常重要。

四、跨境电子商务文案视觉设计的技巧

（一）跨境电子商务文案视觉设计的方法

1. 九宫图分析法

九宫图分析法是一种有助于思维发散的思考策略，即利用一幅九宫图（图 7-6），将主题写在中央，然后把由主题所引发的各种想法或联想写在其余 8 个格内。其优点是从事物核心出发，向 8 个方向思考，提出 8 种不同的创意。

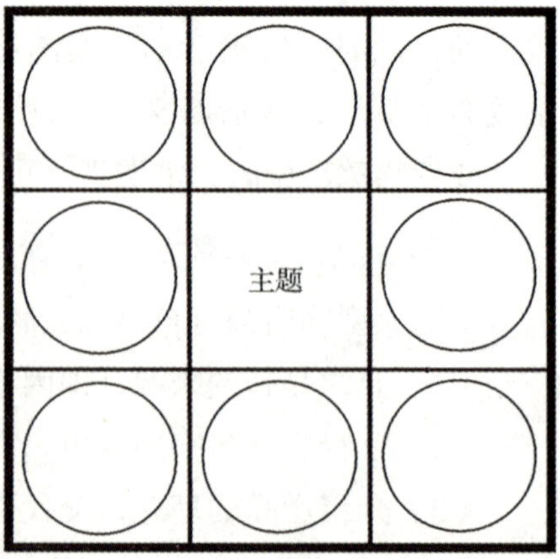

图 7-6　九宫图

在海报和推广引流图中，商品的卖点最好不要超过 3 个。进行海报和推广文案设计时，可以利用九宫

图加上数据化视觉营销管理来进行，通过搜索数据找出消费者最关心的卖点，进行提炼组合。

2. 型录要点延伸法

型录要点延伸法是指把商品型录上的商品特点照抄下来，然后对每个要点加以延伸。如果不愿加以延伸，照抄型录商品卖点也可以，但文字会比较没有滋味，说服力会稍差。

3. 三段式写作法

三段式写作法是仿新闻学中的“倒三角写作法”。第一段，精要地浓缩全文的销售话术，因为多数人都没耐心看完全文；第二段，依照型录要点延伸法，逐一说明该商品的众多特色。到底是使用点列式还是撰写一段长文章，要看文字功力。若文字功力欠佳，点列式写出卖点即可；最后一段是“钩子”，主要任务是促使消费者立即购买，所以一般是强化商品的独特卖点、价格优势或赠品等。

4. 思维导图文案创意法

（1）思维导图文案创意法的特点。

① 将焦点清晰地集中在中心词或中央图形上。

② 主题分出分支，从中央图形向四周放射。分支由关键的图形或关键词（卫星词）构成，相关的话题也以分支的形式表现出来，附在更细的分支上。

③ 用文字搭建闪光点加入图形，图文互补。尽量准确地捕捉、联想闪光点。

（2）思维导图文案创意法的具体步骤。

① 放射性联想。确定中心概念后，快速地在中心概念四周的引线上写出数个联想到的单个关键词，不要停下来选词，要把脑海中出现的第一个词写下来，不要管这些词是否荒诞，这往往是打破旧的限制习惯的关键，要创造充分的自由联想的环境、过程。

② 深入联想。在写下的数个词当中任选一个词，把这个词作为卫星词，再展开放射性联想。按照放射的本质，每个加到思维导图上的关键词或图形都可以自成一体地产生无穷多的联想。常见的联想有逻辑联想和形象联想。

（二）跨境电子商务商品详情页文案写作技巧

1. 商品详情页文案的重要性

商品详情页文案作为最重要的推销文案，对于促进销售有着非常大的帮助。详情页文案包含关联商品文案、促销文案、品牌介绍文案、买家须知文案、商品卖点展现文案、工艺文案和设计文案等，这些文案几乎涵盖了店铺所有的信息。详情页文案需要尽量罗列商品的优点。好的详情页文案犹如一位优秀的销售员，消费者浏览完毕即可自助下单。

商品详情页文案赋予了商品详情页灵魂，对于消费者做出购买决定起着重要作用。转化率是衡量店铺良性运营的重要指标之一，商品详情页文案对于转化率的提升尤为关键。在电子商务运营过程中，转化率是企业每天必须进行分析和总结的一项指标，而如何提升店铺的转化率也是电子商务运营首先要解决的事情。

2. 商品详情页文案的逻辑关系

创作商品详情页文案并不是简单地写一些广告语，而是要像写剧本一样，详细地规划商品详情页的布局，并且要遵循其逻辑关系。

（1）品牌介绍。在商品详情页文案中，品牌介绍有助于增加消费者对商品品牌的认知，增强消费者对商品的信心。在品牌介绍中，只需要将企业的理念、企业发展历程以及企业获得的荣誉进行简单介绍即可。

（2）促销优惠。在撰写促销优惠文案时需要清晰地传达利益点，而促销优惠文案往往源于活动策划方案。

（3）了解消费痛点，激发目标客户群的需求。目标客户群的定位可以细分为很多维度，如针对性别的定位除了包含男性、女性、中性、儿童、情侣外，不同的组合会有不同的定位，而除了性别外还有年龄、职业、生活场景、工作场景等不同的定位维度。围绕目标客户群的需求进行文案创作以激发目标客户群的潜在需求是文案需要完成的首要任务。在目标客户群的众多需求中，要抓住消费痛点进行放大。

（4）卖点提炼及优化。前文阐述了如何利用九宫图分析法进行文案创意，商品详情页的卖点提炼也可以应用九宫图分析法。如今电子商务同质化严重，商品卖点的提炼成为展现商品差异化的关键。商品详情页的卖点文案与引流图片不同，需要从不同的角度尽可能全面地将商品的优点展现出来。也就是说，在商品详情页的文案中展现的优点越多越好，当然这些文案肯定是基于商品的基本情况来创作的，不能无中生有、生编硬造，否则有可能导致实物与描述不符，甚至买家投诉。

（5）给客户一个购买的理由。商品的使用价值往往是客户购买的理由之一，对于犹豫不决的客户群体，给客户一个购买的理由非常关键，“送父母”“送妻子”“送恋人”等需求成为客户购买的理由，在商品详情页文案中要尽量体现出来。

（6）购物须知。购物须知需要说明发货的时间与物流过程，这部分文案需要根据企业自身的情况结合电子商务平台的规则要求进行创作。

3. 制作一篇“会销售”的商品详情页文案

商品详情页文案的规划犹如导演一部电影，需要根据不同的商品选择不同的场景，而且卖点不同，选择的道具也有所区别。商品详情页文案不是一条简单的广告语，而是一部经过精心导演制作的具有销售能力的“促销大片”。

在商品详情页文案的创作中，促销和关联营销可以放置在前面。例如，对于性价比高的商品，在详情页文案中可以突出促销文案，如“前 100 名半价，卖完涨价”；之后可以介绍商品的卖点，然后展现商品使用场景，分析价格优势，打消消费者关于质量问题的顾虑，亮出企业品牌实力；紧接着展示买家评价、买家秀、销售数据等，进一步增强消费者对商品的信心，再使用一些催单的小技巧，如“送朋友”“送父母”等，描述一个美好的场景；然后可以增加一个打消消费者顾虑的页面，如“朋友不喜欢，家人不喜欢，宠物不喜欢，各种不喜欢，均可无理由退货，购物零风险”；最后加上“宝贝都是精心包装，快速发货”。这样一个详情页文案的整个逻辑就是一个导购的营销过程。

广告语在商品详情页文案中力求精简，标准就是一屏主要有一句简短的文案，解决一个问题。主题广告语下面可以配合小的说明文字，主要起到在排版上装饰美化的作用，消费者基本上很少详细阅读。

4. 商品详情页文案的后期优化

商品详情页文案设计好以后并非一成不变，应利用数据分析商品详情页存在的问题，进而将商品详情页优化到最好。在进行数据分析前主要从以下几个方面来判断效果并进行优化：对于来自买家的差评，若是详情描述出现偏差而引起的误会，需要客户服务部门建立一套统计机制，发现问题立刻进行检视，如果是详情问题，可以要求设计部门立即更换；对于客户集中反映、经常提出的问题，需要将其添加到商品详情页中加以解决。此外，对于经常进行促销活动的店铺，商品详情页的优化也不用太过复杂，只需要增加或替换活动信息即可。

商品详情页不是万能的，并不能解决一切问题，如商品本身存在的问题详情页就不能解决，所以将商品做到极致是商家和店铺要重视的问题。

知识链接

亚马逊产品描述怎么写才好?

很多卖家的运营痛点之一是文案表述不够准确，从而导致产品的点击率和转化率低。亚马逊产品描述究竟怎么写才好呢?

在构思文案时，不应该使用太多“YEAH YEAH”式表达。所谓“YEAH YEAH”式表达，就是指没有实际内容，侃侃而谈，但有效信息却寥寥无几，“超棒的产品质量”或者类似的表达就是“YEAH YEAH”式表达了。当消费者看到这句“超棒的产品质量”时会产生略带抵触的心理。当消费者对产品文案产生抵触心理后，文案就很难再建立起说服力了。为了防止出现这样的情况，卖家需要让文案的内容更实质化一些。

在回避“YEAH YEAH”式表达的同时，卖家要做的是呈现产品的细节。产品的细节展示能提高文案的可信度，能提升产品的销量。但是不要在描述中加入太多的技术细节，因为技术细节枯燥难懂，而且用到的词会很长，这些都是不利于消费者阅读的。

当使用英文描述产品时，卖家都喜欢使用形容词的最高级来表现自己产品的优质。然而对于最高级的使用却是卖家需要警惕的一部分。单纯地使用形容词的最高级会使文案显得夸张而不真实。试想，如果一个产品的说明书里写着“最好的……”“最简单的……”“最先进的……”，但是没有任何补充，这样的说明书是否能让人们相信呢?

要使用形容词的最高级，需要同时对这个最高级进行补充，就像图 7–7 中 Kindle 的文案。亚马逊声称这个阅读器是“最先进的”。那么问题来了，有些消费者会立刻发问“凭什么”。于是有了下面的三小段。“Patented（有专利的）”会让消费者产生产品是“独一无二”的感觉，之后更是有具体的百分数来体现 Kindle 的高对比度和高分辨率，最后还有一个妙招：在强光照射下也不会出现屏幕反光而影响阅读的情况。有理有据，令人信服。

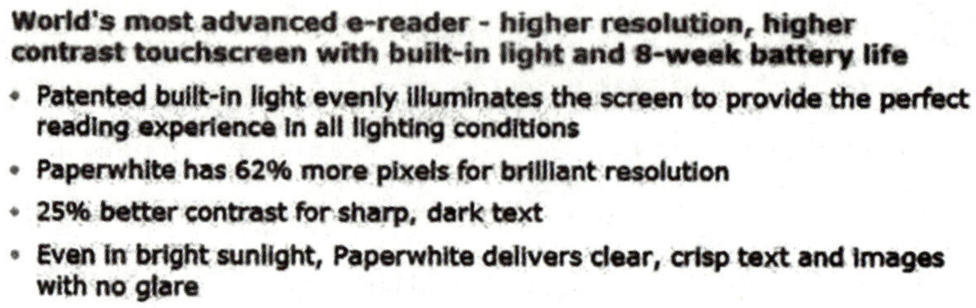
World's most advanced e-reader - higher resolution, higher contrast touchscreen with built-in light and 8-week battery life

- Patented built-in light evenly illuminates the screen to provide the perfect reading experience in all lighting conditions
- Paperwhite has 62% more pixels for brilliant resolution
- 25% better contrast for sharp, dark text
- Even in bright sunlight, Paperwhite delivers clear, crisp text and images with no glare

图 7-7　Kindle 文案

如果产品的某个方面的确非常棒，那么千万不要吝于使用形容词的最高级，但同时也要说明原因，引用某个购买者的评价也是可以的。

高清的图片、视频都能让消费者直观地感受到产品的特性。在文案中，卖家也可以使用一些手段来达到同样的目的，这个方法就是要调动消费者的想象力，让消费者在脑海中想象产品的样子。例如，下面的一个文案便是相对成功的例子。

There is a person who is the hero of every BBQ or family cookout and that is the Grill Master. We always looked up to our Mom or Dad as they tended the grill and looked forward to the day when we could be in charge of charring the meat stuff and searing delicious slices of fresh pineapple. Now that we’re adults,it’s finally our turn and technology has smiled upon us, giving us a tool that is destined to impress.

Think Geek 就这样为它的烧烤工具设置了一个场景，一个能唤起消费者记忆的场景。于是消费者就会跟着这个场景开始想象了。当卖家在尝试这样的文案写作时，可以让段落以“imagine（想象）”开始，在这之后描述一个具体的、感人的场景，然后最终以拥有产品后的体验来收尾。

（三）跨境电子商务引流图片文案写作技巧

1. 引流图片文案的重要性

引流图片文案主要是指用于引进流量的文案。引流图片文案的好坏直接决定了在相同的展现情况下获取访客的能力。当然引流图片文案除了主图和推广图片中的文案外，还有标题、短信等文案。

对于任何店铺而言，在相同的展现情况下，引流图片文案是决定店铺流量的主要因素之一。店铺的流量不仅与商品的排名、展现有关，与引流图片文案更是密切相关。所以，从某种程度来说，引流图片文案影响了店铺的销售业绩。

2. 引流图片文案的创作方法

引流图片文案作为消费者接触商品的第一要素，需要更直接地明确其创作目标。引流图片文案的创作目标就是让消费者点击，进而产生收藏和购买行为。在文案创作的过程中，一定要清楚目标客户群体的范围，一定要紧抓消费需求，对于不同的目标客户群体要采用不同的方法。例如，对于低端目标客户群体要强调性价比，甚至运用低价策略，对于中高端目标客户群体要强调品质和购物感觉。

（1）以利诱之。以利诱之的方法适合低价、做促销活动的商品的文案创作。

（2）以数示之。以数示之即用数字展现店铺的销售实力，这样更容易引起消费者的“羊群效应”。“羊群效应”也称“从众效应”，是指人的观念或行为由于真实的或想象的群体的影响或压力，而向与多数人一致的方向变化的现象，其表现为对特定的或临时的情境中的优势观念和行为方式的采纳，以及对长期占优势地位的观念和行为方式的接受。

（3）以情动之。情感营销是从消费者的情感需要出发，唤起和激起消费者的情感需求，引起消费者心灵上的共鸣，寓情感于营销之中，让有情的营销赢得无情的竞争。在情感消费时代，消费者购买商品时更看重情感上的满足和心理上的认同。情感营销方法作为经久不衰的方法之一，长期以来，无论在线上还是线下销售中都得到了充分的利用。

五、跨境电子商务视觉文案设计应用

电子商务的文案策划人员就好比一部影视剧的编剧或导演。那么，对于在全球速卖通平台销售商品的卖家来说，文案策划的工作具体有哪些呢？全球速卖通平台店铺的文案策划工作主要涉及店名、店铺招牌、海报、商品分组、商品详情页等。

（一）店铺名称策划

店名一定要通俗易懂、简单易记、朗朗上口。经营多品类商品的店铺，店名要简单大气；商品品类单一的店铺，店名最好与经营商品有一定的关联性，比如把商品的关键字词包含其中。图 7-8 为一家跨境婚纱店铺的名称。

图 7-8　一家跨境婚纱店铺的名称

（二）店铺招牌文案策划

店铺招牌首先要做好商品、品牌、买家群体的定位，通俗点来说，就是让人一看就知道店铺是卖什么商品的，适合什么样的人买，是专卖店还是百货超市；其次要充分体现出店铺的优势，并辅以简短的让人过目不忘的广告语。

具体来说，在策划和撰写店铺招牌文案时可以从以下几个方面来发挥。

1. 店铺的定位

店铺的定位包括商品定位、品牌定位、买家群体定位、价格定位等。只有做好店铺的定位，才能更精准地吸引消费者进来购买，并将其转化成经常回头购买的老客户。

2. 店铺的卖点和优势

店铺招牌文案一定要能体现出店铺的主要优势，如经营的是品牌类商品，可做个性化定制，支持海外仓发货，厂家直销。

3. 店铺最近的营销活动

店铺招牌所处的位置即店铺的黄金广告位，因此，在一些重要的营销活动前期，卖家往往会更换店铺招牌，对即将开始的营销活动进行预告和宣传。

（三）广告文案策划

广告在这里是指海报广告，这些广告图片主要应用于全球速卖通的店铺首页，此外还有商品详情页的置顶广告、平台活动流量入口的广告图片、站外引流的广告图片等。

要设计一张具有营销效果的广告图片，需要从以下几个方面着手。

1. 爆款打造

爆款打造即单品推荐。店铺爆款的广告一般会放置在店铺首页的滚动横幅广告位置，以及在详情页的置顶位置做关联营销。爆款的广告需要传达的关键信息往往是物美价廉，所以文案策划只需要抓住价格的吸引力和商品的关键卖点就行了。

2. 品类推荐

品类推荐是指针对店铺主营商品类目的推荐，把流量导入店铺最有优势的商品分组中，从而提升店铺的转化率。因此，品类推荐的文案策划需要把握的是该类商品的共同优势，以及流量和转化率较高的商品的优先展示。

3. 活动广告

活动广告是指促销活动、清仓甩卖、新品预售这些广告。活动广告强调利益引诱，所以一定要清楚地传达能给消费者带来什么样的利益，比如让利促销和清仓甩卖，常用的文案描述就是“$69, Save $30”或者“$49，50%off”。如果是新品预售，利益诱惑除了价格外，更重要的是要传达“新”在哪里，要重点宣传商品的创新卖点。

（四）商品分类分组文案策划

之所以特别提及商品的分类分组，是因为前文强调过，店铺首页的布局设计必须具备能够帮助买家快速找到自己想要的商品的作用。为了达到这一目的，店铺的分类导航和商品分组就非常重要。

商品的分类分组方法有很多，主要依据买家的搜索习惯和商品本身的特点来定，如按商品类目分，按功能用途分，按适用性别、年龄分，按颜色、尺码分，按使用场景分，按价格范围分，按品牌分，尽量使用热搜关键词，简单明了。同一个店铺也可使用多种商品分类分组方法，只要能够达到帮助买家快速找到商品的目的即可。

（五）商品详情页文案策划

通过对全球速卖通后台的数据分析得知，90% 以上的买家都是通过搜索进入商品详情页，然后进入店铺的。因此，商品详情页是文案策划的核心。

人们平时在逛街购物时，如果决定进入一家店铺，一定是因为被该店铺所陈列的某些商品吸引到了，或者通过橱窗商品的陈列判断出这家店铺有符合自己需求的商品，已熟知的店铺或品牌除外（这与网上消费者通过点击商品主图进入商品详情页是同样的心理）。买家进入店铺后，看一圈如果发现没有自己想要的商品，就会离开（在网店里称为跳失）。反之，如果对某件商品很感兴趣，就会停留下来做进一步了解（在网店里称为停留时长，买家停留时间越长，就代表越有希望成交）。

策划商品详情页文案时，必须层层剖析买家心理，使商品详情页文案从上到下依次呈现出能迎合买家心理需求的视觉内容，层层递进，让买家越看越喜欢，越看越想买。因此，商品详情页文案依次需呈现的内容包括留住买家——卖点提炼，打消疑虑——细节展示，促使成交——利益引诱，购买更多商品——关联营销。

1. 塑造视觉感，引起买家兴趣

卖点提炼的文案必须写得让买家一眼就能看出商品区别于其他同类商品的地方，引起买家的好奇心，尤其是最新上市的商品。

例如，有一款手机区别于其他手机的特点就是“夜拍能力超强”，文案策划人员为了表达这一特点，写一句“能够拍星星的手机”，就能引起买家的兴趣，让人想起“在璀璨星空下拿起手机拍下美妙星空”的情景。

优秀的文案是关于用户感受的设计，而不是单纯的文字设计。什么样的表达更容易被用户感受和理解？就是让人看到后能联想到具体的情景，能够塑造视觉感的文案。但是，大多数文案都非常抽象和模糊，让人一头雾水，如航拍飞行器：“飞翔精灵，空中记录美丽瞬间！”，传统手工面：“传承制造经典！”。

同样的商品表达同样的意思，如果加入有“视觉感”的描述，效果就会显著不同，如航拍飞行器：PHANTOM2 VISION–Your Flying Camera（会飞的照相机，大疆无人机广告语）。

商品详情页文案开篇必须紧抓商品的主要卖点，配以相应的情景画面，当买家点击进来后，在首屏的视觉内容中就能感到内心的触动，产生进一步了解的兴趣。对于一些功能性比较强的商品，因功能较多，其卖点也比较多，为了让买家快速了解其主要的功能卖点，

可以在详情页的首图后面紧跟着用一张拼接的功能预览图先让买家获知商品的主要功能，后面再用大图进行详解，如果买家对其功能卖点有兴趣，就会继续往下翻看。

2. 分解商品属性，获取更高的认知度

消费者选购商品有两种模式：低认知度模式（不花什么精力去了解或思考）和高认知度模式（花费很多精力去了解和思考）。

电子商务发展初期，大部分消费者对商品的认知处于“低认知度模式”，他们没有详细了解和比较，而是简单地通过价格、颜色、款式、是否是品牌等来判断商品的好坏。随着电子商务的发展，竞争也越来越激烈，在低认知度模式下，消费者只会购买一些价格便宜的日用消费品或者已被认知的品牌产品。例如，“这个是品牌产品，质量和服务肯定比其他家的好”，在这种情况下，小品牌是竞争不过大品牌的，因为消费者直接通过品牌来推测商品质量，而不是详细比较商品本身。

针对这种情况怎么办呢？应该使消费者转变为“高认知度模式”，让他们花更多的时间和精力来比较商品本身，而不是简单地通过品牌和产地来判断。而“分解商品属性”就是一个很好的方法，可以让消费者由“一个模糊的大概印象”到“精确地了解”。

对于网络上销售的商品，消费者只能通过视觉感官来判断。因此，所有销售平台都要求卖家必须真实描述并能全方位地展示商品，即要求必须有细节图的展示。那么，在细节展示上，如何分解商品属性，获取买家更高的认知度呢？所谓分解商品属性，就是对商品的功能、用途、材料、技术、工艺等属性进行分解，用量化的文案搭配能让人产生联想的画面，从而给买家留下深刻的印象。

为了获取买家对商品更高的认知度，除了商品属性分解以外，常常还会用到对比及情景关联等手法。

对比手法：如与竞争对手商品的对比，升级换代后的商品与上一代商品之间的对比。

情景关联：如把商品定位到使用场景中。当人们被要求描述一款商品时，大部分人首先想到的是“这是一个 ××（定位到商品属性）”。有些人还会想到“这是一款专门为某人群设计的商品（定位到人群）”。其实还有第三种：这是一款可以帮你做某商品（定位到使用情景）。

实际上，针对互联网商品的特点（品类复杂、买家分散），卖家应该更多地把商品定位到使用情景中，即用户需要用自己的商品完成什么任务。例如，如果说“这是一款智能无线路由器（商品类别）”，可能很多人不知道它是什么。如果把文案写成“你可以在上班时用手机控制家里的路由器自动下载影片（使用情景）”，买家就有可能心动。所以，最重要的并不是“这是什么”，而是消费者能用它来做什么。

3. 指出利益，从买家出发

利益引诱重点不是优惠打折，不是“买一送一”，也不是“满立减”，而是指把商品的利益点说出来，如这个商品具体可以给买家带来什么好处。

无数销售员败在了这一点，他们详细地介绍了商品，但是买家抱怨说：“你说的这些特点都不错，可是对我来说有什么用呢？”如果想写出好的商品文案，就需要转变思维，不是“向对方描述一个商品”，而是“告诉对方这个商品对他有什么用”。例如，在描述iPod的轻薄小巧和大容量的时候用的是“1 000 songs in your pocket（将 1 000 首歌装进你的口袋）”。如果卖移动电源的商家在描述其大容量的时候写“超大容量，20 000 毫安”，用户是完全没有感觉的，但如果写成“Can charge your iPhone over 6 times（可以给你的iPhone 充电 6 次以上）”，用户马上就能明白了。

当然，在展示完商品的细节后，为了促成交易，卖家能使用的“利益诱惑”也有很多，如以下两种。

（1）买家好评。王婆卖瓜，都会有“自卖自夸”的嫌疑。如果放人一些买家对该商品的好评截图，那效果就不一样了。买家的真实好评会更具诱惑力，更容易被人信服并促成交易。

（2）价格优惠。价格优惠包括折扣优惠、“买一送一”、“满立减”、会员优惠等。任何买家都有“贪小便宜”的心理，所以，详情页里展示完商品后，再提醒一下买家有什么样的价格优惠，其诱惑力是不可抵挡的。

4. 关联搭配，提升客单价

买家通过商品搜索进入详情页后，大多会有以下两种反应。

（1）买家浏览完整个页面后对商品十分满意，接下来就会返回顶部去购买或加入购物车并准备付款。在这种情况下，卖家要做的关联营销就是让买家购买更多商品，所以通常会在详情页的末尾加入可搭配使用的关联商品，以及加入一个让买家进入店铺的链接。例如，电子商品可搭配相关的配件，如存储卡、保护膜、保护套；衣服可以搭配相应的上衣、下装、外套、围巾等。

（2）买家进入页面后发现商品不是自己想要的，或者看到一半后对商品不满意，就有可能关掉页面。在这种情况下，卖家要做的关联营销就是加入一些可类比的商品或转化率高的商品，把买家留在店铺里面。因此，这类关联商品一般会放在详情页的顶部或者展示完商品主要卖点后的中间位置。这里所说的可类比是指价格类比、功能类比等，如价格差不多但功能更强大，或者功能差不多但价格更低。

当了解了买家进入页面的行为习惯后，就不难策划出好的关联营销文案和图片了。具体办法如下。

（1）相关性商品的关联。相关性商品一般选择放在详情页的页尾（也有放在页首的，位置可自行调整，视最终效果而定），并结合优惠券及“满立减”的设置来促使买家购买。因为对很多买家来说，买了上衣就要考虑买条裤子或裙子搭配，买了手机就要想着买一张贴膜及一个手机保护壳。如果能在同一店铺里买到这些，就不必再浪费时间去搜索选购，这时配件的价格适当高一点买家也不在乎了，卖家却可以从配件中获取比较高的利润。

（2）可类比商品的关联。可类比商品建议放在详情页中间位置，用对比的手法来呈现。通过关键词搜索进来的买家，有的消费能力高，有的消费能力低，有的追求功能强大，有的追求功能简单，有的追求外观新颖，有的追求功能实用。为了尽可能满足更多买家的需求，对于一些搜索量大的商品，在选品时可以适当考虑提供 2 ～ 3 个不同价位、不同功能、不同品牌的商品与之关联。

（3）热销商品的关联。热销商品的关联多用于店铺爆款打造，一般选择放在详情页的页首展示。其文案策划要偏重于展示所推荐商品的优势和卖点，就像海报广告。

总之，文案策划最重要的是要善于研究和琢磨买家的心理，只有符合买家心理需求的视觉内容，才能够更好地达到营销的目的。

实训分析

跨境电子商务文案视觉设计实训

【实训目的】

（1）掌握跨境电子商务领域文案策划和视觉化设计的关键技巧。

（2）激发和引导学生的学习兴趣。

【实训描述】

在全球化的大背景下，跨境电子商务行业日益繁荣，成为连接国内外市场的桥梁。因此，对于从事该行业的人员来说，掌握文案策划和视觉化设计的核心技能至关重要。本次实训旨在帮助学生深入理解和熟练运用这些关键技巧，同时激发和引导学生对于跨境电子商务领域的兴趣和热情。

【实训步骤】

（1）将学生分成小组，每组选择一款跨境电子商务产品，进行文案策划。

（2）每组展示他们的文案策划方案，并进行同学互评。

（3）学生根据自己的文案策划方案，选择相应的视觉元素进行设计，可以是海报、广告图或简短视频。

（4）学生在设计过程中实时获得指导和建议，确保设计与文案策划相互匹配。

（5）要求学生在实践中将所学的文字设计和排版原则运用到他们的视觉化作品中。

（6）学生展示设计作品，并进行现场点评和讨论。

【实训反思】

通过本次实训，学生将能够在实践中掌握跨境电子商务文案设计和视觉化呈现的技巧，并在专业指导下进行实际操作，提升学生的实际工作能力和创造力。

任务二　文字的设计与应用

任务描述

在本任务中，学生将深入了解文字的编排规则、创意文字设计方法以及字体风格与装修风格的搭配。通过学习这些内容，学生将掌握有效的文字设计技巧，为跨境电子商务文案视觉设计提供更丰富的表现形式。

任务分析

良好的文字设计不仅能吸引用户的注意力，还能有效地传达产品的特点、品牌的价值以及促销信息。因此，对文字的设计与应用进行细致规划和实施，对于提升店铺的整体视觉效果和营销效果至关重要。

知识积累

一、了解文字的编排规则

在电子商务平台中的商品和店铺中，所有的设计意图和营销策略都需要通过文案来表达，文案的表现形式则要通过字体来呈现。选择一款好的字体会使设计事半功倍。

随着时代的发展，字体的样式也越来越多。在西方国家，文字主要使用字母来表现，根据字母的特点可以把英文字体分为两大类：衬线体（serif）和无衬线体（sans serif）。这种分类方法被广泛认同并沿用，同样也适用于中文字体。

（一）衬线体

衬线体指在字的笔画开始、结束的地方有额外的装饰，而且笔画的粗细会有所不同。文字书写时，无法保证每一个笔画从开始到结尾都是一样的粗细，而且不论是字母还是汉字，笔画都会随力量和角度的不同而发生变化。例如，“宋体”就属于衬线体，如图 7–9 所示。

（二）无衬线体

无衬线体没有笔画首尾的装饰，所有笔画的粗细相同。与衬线体相比，无衬线体的发展则要晚很多，一直到 20 世纪 80 年代才开始兴起，它摆脱了传统衬线体的风格和气质，使当时只有贵族们才能使用的文字变得平易近人，让文字真正变成一种传递信息的工具，其中，以 1957 年上市的 helvetica 等为代表的字体，成为现代字体的主流，也正是因为无衬线的字体结构简单，在同等字号下看起来会比有衬线的字体更清晰，所以在电子设备的默认显示中使用率较高，如图 7–10 所示。

图 7-9　衬线体

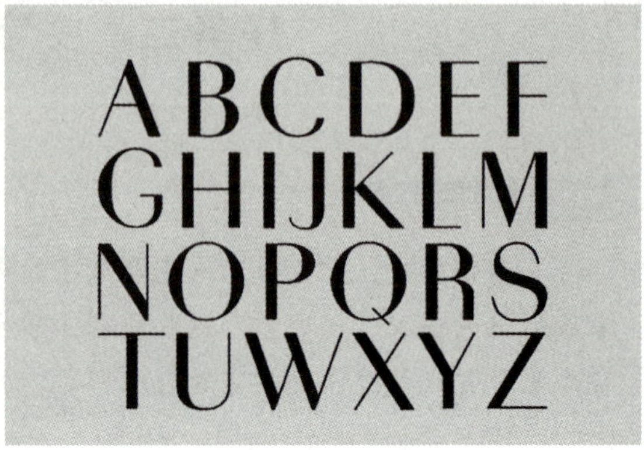

图 7-10　无衬线体

在电子商务的应用中需要根据不同的使用环境来选择不同的字体。目前，大部分字体是由字体设计公司设计的。常用的公司品牌有方正字库、造字工房（图 7–11）、华康字形（图 7–12）、文鼎字库、汉仪字库（图 7–13）及以书法见长的叶根友字体（图 7–14）。

图 7-11　造字工房

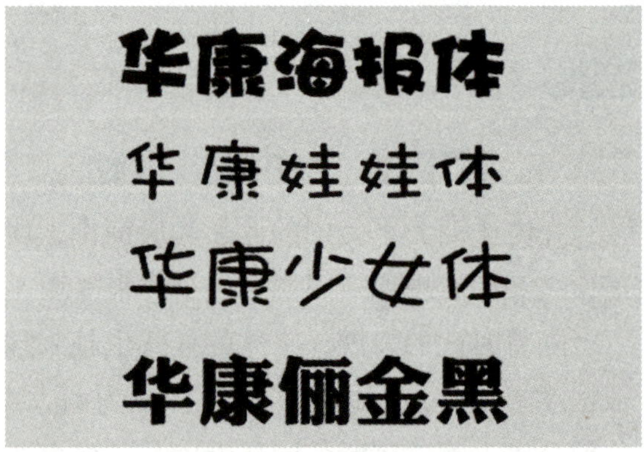

图 7-12　华康字形

图 7-13　汉仪字库

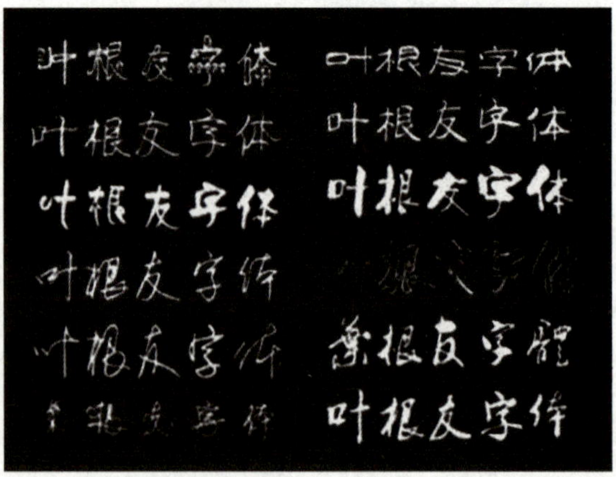

图 7-14　叶根友字体

由字体设计公司设计的字体大部分都拥有独立的知识产权，在使用时一定要注意是否获取了字体设计公司的授权。未经授权而私自商用会被追责，需要承担相应的法律责任。当然，对于电子商务平台上的中小商家，许多字体设计公司专门推出了可供电子商务平台使用的字体授权价格。

当然，并不是所有字体都是收费的，电脑系统自带字体，如“宋体”“黑体”“楷体”“仿宋”都属于免费字体，不会涉及侵权，可以放心使用。

（三）编排规则

1. 字体对齐

对齐是文字编排中最基础的，也是最重要的操作。常用的对齐方式主要有左对齐、右对齐、居中对齐。在电子商务文案设计中多使用居中对齐，即所有的文案和商品都是基于画面的中心对齐，这种对齐的方法会让画面看起来和谐平衡，起到突出主题的作用，让画面看起来更有灵性。文字可以从大小、粗细、颜色等方面来体验，同一种风格的文字，大小粗细不同可以组合成更有趣的设计，让画面看起来更有设计感。

2. 字间距和行距要适中

一般情况下，字体间距较大会使人产生一种轻松、透气的感觉；反之，字体间距较小则会显得更集中、更有力量。通常行间距会大于字间距，这样会更容易阅读。

3. 字体倍率

通常字体间的倍率为 1.5 倍的时候，视觉上会比较舒服。例如在广告图中，如果正文的字体字号是 12 磅，那么标题的字体字号就可以设定为 18 磅，更大一级的标题可以设定为 27 磅。

二、创意文字设计方法

在电子商务的使用范围当中，字体使用的首要目的是传达信息，其次才是美观，在使用时切记不要本末倒置。为了美观而使消费者看不清楚文案所表达的内容，从而不能够达到促使消费者购买的目的，这样的广告图只能称为装饰图，是一张失败的广告图。

在实际的字体使用当中，供应商可以根据商品的性质、店铺的理念，以及目标人群的定位，按照从目的到氛围的优先级来挑选、设计字体。按照设计目的，可以把广告图分为以下两大类。

（一）促销

优惠、活动是最直接的营销模式，也是消费者最能够接受的方式。在制作以促销为主题的广告图时，可以选用一些粗壮、有力、大气的字体，让消费者第一时间就可以注意到要促销的内容和主题。同时这类字体有厚重感、力量感和安全感，能给消费者强烈的心理暗示，产生“优惠”“便宜”的感觉，刺激消费，完成宣传和引流的目的。在此基础之上，可以对字体进行二次设计，使其更具趣味性和设计感。

（二）强调商品和品牌的品质

随着消费升级，人们对于商品的需求再也不是简单的“能用”，而是更多地强调商品的品质或其价值观是否和自己相符。这类商品往往都有着较高的客单价，目标消费群体对于价格并没有那么敏感，在制作广告图时，需要尽量凸显商品的品质和附加价值，此时就应避免使用粗壮的字体，转而选择那些纤细、简洁的字体，而且在画面中还需要有大量的留白，从心理层面向消费者暗示商品的稀有性和尊贵感，从而达到塑造品牌和商品形象的目的。

三、字体风格与装修风格搭配

选择和商品风格相同的字体可以提升消费者对商品的认同感，下面列举一些跨境电子商务环境中常见的风格使用场景。

（一）文艺风

文艺风商品涵盖范围广泛，消费者的共同特点是感情细腻，容易被感染，对自由、乐观的生活充满向往，喜欢自然、朴素。这类商品在字体设计时可以选择一些有衬线的字体或手写体，搭配商品图片更能展现出自己的风格和特点，容易与消费者产生共鸣，如图 7–15 所示。

（二）中国风

中国风在电子商务领域总是受到喜爱传统文化和民族风的消费者的追捧，那么中国风在字体的选择上大多使用书法字体来表达商品的意境，男性消费者更喜欢笔触苍劲有力的书法字体，女性消费者则更喜欢娟秀优美的书法字体，如图 7–16 所示。

图 7-15 “文艺小清新”示例图

图 7-16 “中国风”示例图

（三）欧美风

欧美风主要集中在服装和家居领域，消费者年龄层次偏高，字体多表现奢华，常用棱角分明的英文字体烘托氛围，以体现出商品的时尚和尊贵。这类商品的字体选择一定要大气，常用较细的衬线体来表现，如图 7–17 所示。

（四）时尚简约风

这类消费者喜欢原生态的生活方式、年龄以 25 ～ 35 岁的男女为主，强调实用主义，以科技 3C、服装、健康食品、功能类商品为主。时尚简约风的字体多采用与海报设计风格相近的非衬线体来表现，如图 7–18 所示。

由此可见，字体风格的选择应与店铺装修风格一致。但在一张视觉传达优秀的广告图当中，中英文字体的使用最好不要超过三种，否则会让人产生杂乱无章的感觉。其实，字体的选择是不断做减法的过程，不断缩小选择的范围，从而使广告图达到最佳的营销效果。

图 7-17　“欧美风”示例图

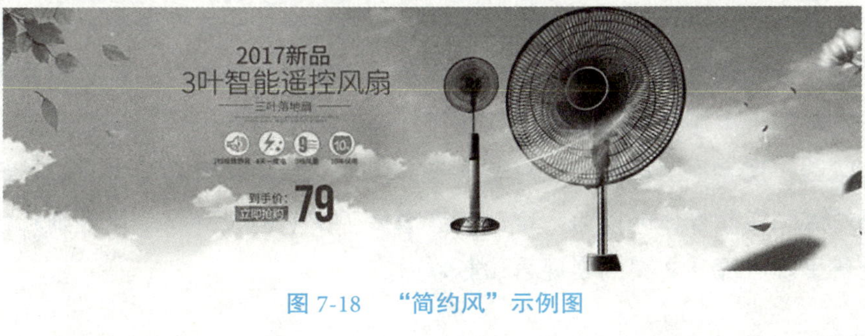

图 7-18　“简约风”示例图

实训分析

创意文字设计工作坊

【实训目的】

（1）了解文字的设计与排版规则。

（2）培养学生的创意思维和文案设计能力。

【实训描述】

在这个任务情景中，学生将面临如何平衡文字设计与视觉效果、如何使文字与图像相互映衬、如何传递产品的核心信息等多重挑战。通过本次实训，学生将有机会将这些挑战转化为实践机会，提升学生的文字设计能力和创意思维水平。

【实训步骤】

（1）简要介绍本次活动的主题及目标，激发学生的兴趣。

（2）解释文字的设计与排版规则，包括字号、行间距、段落间距等基本知识。

（3）讲解不同排版风格的特点和应用场景。

（4）分享创意文字设计方法和技巧，包括文字艺术处理、排版创意等内容。

（5）展示案例，讲解如何通过文字的设计来突出产品特点和情感表达。

（6）学生分组进行创意文字设计实践，根据指定主题或产品进行文字设计。

（7）指导老师提供实时指导和建议，帮助学生实践运用所学知识。

（8）每组展示他们的设计作品，并对设计灵感、创意点进行分享。

（9）其他学生和指导老师对作品进行点评和讨论，提供反馈和建议。

【实训反思】

通过本次创意文字设计工作坊，学生将能够通过实际操作，掌握文字设计的基本规则和创意方法，提升创意思维和文案设计能力，为未来的文案视觉设计工作打下坚实基础。

项目小结

本项目主题为跨境电子商务文案视觉设计，旨在培养读者在跨境电子商务领域中运用文案与视觉化设计的能力和创意水平。项目涵盖了文案与文案策划、视觉化文案设计的内容、文案视觉化的特点等核心知识点，并通过任务实践的方式进行了实际应用。通过本项目的学习和实践，读者不仅增强了在跨境电子商务领域运用文案与视觉化设计的能力，还提升了创意思维和实际操作的能力，帮助读者掌握了文字的设计与应用规则和技巧，能够将文案视觉化呈现，提升文案的表现力和影响力。

思考练习

一、选择题

1. 电子商务文案的特征不包括（　　）。

A. 快餐性　　B. 及时性

C. 效果可数据化衡量　　D. 内容具体细致

2．关于详情页中的字体，不正确的是（　　）。

A．字体在详情页中间会起到对产品的解释说明作用

B．方便顾客阅读，和重要信息引导的作用

C．在内页整个从上到下的延续使用

D．需要使用多种字体和字号，强化页面内容，提高转化率

3．下面对文案标题说法不正确的是（　　）。

A．标题最基本的作用是被消费者搜索

B．一则优秀的标题要能激发受众的点击欲

C．文案标题应由尽量多的关键词堆砌起来

D．文案标题的写作方式很多，可以提问、证明和悬疑方式写作

4．下面对标题的说法不正确的是（　　）。

A．标题要让受众明白你要真实准确地表达的信息

B．有趣的标题能够提升受众的阅读欲望

C．具有痛点的标题内容可以更加打动受众

D．标题内容要尽量书面化，专业化

二、名词解释

1．促销关键词。

2．衬线体。

3．无衬线体。

4．“6 秒法则”。

项目八

视觉营销与无线端的关系

项目导读

本项目旨在探讨视觉营销与无线端店铺设计之间的关系，包括无线端店铺首页设计、店铺详情页设计、旺铺装修和移动端电子商务设计优化。具体任务包括搭建店铺框架、装修页面模块、编辑详情内容，以及优化图片展示、细节处理等。通过项目实施，旨在提升品牌形象、用户体验和销售效果。

学习目标

☆知识目标

1. 理解视觉营销与无线端的关系，了解无线端店铺设计的概念和原则。

2. 掌握店铺框架的搭建方法，了解页面装修模块的使用技巧。

3. 熟悉无线端详情编辑器的特点和使用方法，掌握智能编辑和普通编辑的区别。

4. 理解无线端旺铺装修的两种方式，掌握无线装修模板的使用技巧。

5. 了解移动端电子商务设计的优化原则，掌握图片清晰度、尺寸控制、细节图的展示方法，以及水印、边框的应用技巧。

6. 了解图片大小控制和展示风格统一的原则，掌握定期更新视觉效果的方法。

☆能力目标

1. 能够设计无线端店铺首页，搭建清晰易用的店铺框架并运用页面装修模块美化页面。

2. 能够设计无线端店铺详情页，利用无线端详情编辑器编辑商品详情，并灵活运用智能编辑和普通编辑方式。

3. 能够进行无线端旺铺装修，实现PC端一键同步装修无线端和独立无线旺铺装修，并利用无线装修模板快速搭建店铺。

4. 能够优化移动端电子商务设计，控制图片清晰度、尺寸和大小，展示细节图，并谨慎运用水印、边框等元素。

5. 能够突出主体，注意背景和拼图数量，确保展示风格统一，定期更新视觉效果。

☆素质目标

1. 增强学生对视觉营销和无线端设计的敏感度和创造力，提高对用户体验的重视程度。

2. 培养学生清晰的思维和逻辑分析能力，以便能够准确把握设计要素和需求。

3. 培养学生团队合作能力，能够与其他成员有效沟通和协作，在项目中发挥协同作用。

4. 培养学生学习能力和项目管理能力，能够及时学习和掌握新知识，并合理安排时间和资源，高效完成任务。

5. 培养学生注重细节和品质的态度，追求完美的工作品质，提升个人职业素养和质量意识。

思政目标

关注无线端设计与用户体验的关系，探讨目标用户的需求和购物习惯，分析视觉营销对用户购买行为的影响，从而涉及消费主义、市场营销、信息技术等领域的知识，并引发伦理道德和社会责任的思考。

任务一　无线端店铺首页设计

任务描述

在本任务中，学生将从零开始设计无线端店铺的首页，确保页面布局合理，视觉效果突出，并达到良好的用户体验。

任务分析

在无线端店铺首页的设计中，可以通过简化导航菜单、优化焦点图和轮播图、设置快速访问按钮等措施，提升用户的访问体验。

知识积累

无线端旺铺首页由店铺框架、轮播、视频、产品、主营类目、热区切图（独立自定义装修）等页面装修模块组成。

无线端店铺首页设计

一、店铺框架

店铺框架即店铺主导航结构，新版店铺框架主要由顶部导航、底部导航、店铺招牌构成。

（一）顶部导航

顶部导航由 Home（首页）、Product（产品）、Profile（公司信息）3 大固定 Tab 和第 4 个可变的 Tab 构成。当前默认为用户在店铺后台设置的第 5 个 Tab；默认顺序为：Promotion> Feeds> Video> Member。

（二）底部导航

底部导航由 Categories（全部宝贝）、Send Inquiry、Chat Now 构成。

（三）店铺招牌

店铺招牌模块展示买家最关注的公司核心信息，包括平台经营年限、是否支持信保、Feed 关注人数等信息。顶部导航在用户浏览无线端店铺的时候会全局悬浮，方便用户查看和快速切换。

二、页面装修模块

首页中部的页面装修模块可以从编辑器直接拖拽入页面后自由组合，有产品、图文、视频、营销、公司 5 个模块，每个模块包含丰富模块组件，是旺铺内容的重要组成部分。

（一）产品模块区

产品模块区包括双排产品、橱窗产品、类目带产品、重点推荐、爆品专区、主营类目、智能产品推荐、无线双列产品、图形化类目导购、产品导购—会员私密品、RTS 现货品专区、样品专区 12 个装修模块。其中“无线双列产品”模块是无线端的特色功能，“主营类目”模块在无线端装修中也较常用，展示主营类目有助于方便客户精准导航到所需产品列表。

（二）图文模块区

图文模块区包括横幅、无线热区切图、标题 3 个模块。其中，“无线热区切图”模块是移动端的特色功能，无线端装修支持热区切图模块，提炼强化展示可以为卖家设计个性化的店铺提供足够的自定义空间，以彰显企业实力与优势。

（三）视频模块区

视频是无线端旺铺首页必备的视觉营销工具，是展示企业及店铺形象及实力的主要方式之一。通过视频生动形象地将企业或产品展示出来，相比平面图片，视频更有助于客户直观地了解产品和企业信息。无线端视频模块包括视频模块、视频带货、视频导购 3 个细分功能。

（四）营销模块区

营销模块区包含店铺优惠券、限时折扣、无线单列图片、3D 家居场景购 4 个模块。其中“无线单列图片”模块是无线端的特色功能，一共可添加 5 个单张图片，每张图可添加一个跳转链接。

（五）公司模块区

公司模块区目前仅有证书导购 1 个装修模块。

实训分析

无线端店铺首页设计

【实训目的】

（1）理解无线端店铺首页设计的基本原则和要素。

（2）通过实践操作，掌握布局、视觉效果和用户体验的关键技能。

【实训描述】

在电子商务日益繁荣的今天，无线端店铺首页的设计显得尤为关键。一个精心设计的首页不仅能吸引顾客的眼球，还能有效地传达品牌理念，提升用户购物体验。因此，本次实训的目的在于深入理解无线端店铺首页设计的基本原则和要素，并通过实践操作，帮助学生掌握布局、视觉效果和用户体验的关键技能。

【实训步骤】

（1）阐述无线端店铺首页设计的重要性及应用。

（2）讲解无线端店铺首页设计的基本要点和原则。

（3）介绍常用的页面框架结构和装修模块。

（4）学生利用设计工具或平台进行实际操作，根据指定的品牌形象和用户习惯设计无线端店铺首页。

（5）学生展示设计的无线端店铺首页，包括设计思路和具体操作。

（6）老师和同学进行点评和讨论，提出建设性意见和改进建议。

（7）总结本次实训课程的收获和经验。

【实训反思】

通过此设计的实训活动，学生将有机会理解无线端店铺首页设计的基本原则和技巧，运用所学知识进行实际操作，并在展示与点评中获得老师和同学的反馈，提高设计能力和综合素质。

任务二　无线端店铺详情页设计

任务描述

无线端店铺详情页是电子商务中至关重要的页面，直接关系到用户对商品的了解和购买决策。本任务旨在让学生深入了解无线端店铺详情页的设计要点，掌握无线端详情编辑器的特点和使用技巧，以及产品详情编辑的智能编辑和普通编辑方式，提高用户体验和销售转化率。

任务分析

智能编辑以其强大的自动化和个性化功能，让店铺能够轻松实现多平台、多终端的详情页同步与优化。而普通编辑则更加注重内容的直接性和信息的完整性，通过图文结合的方式清晰展示产品信息，满足买家的基本需求。

知识积累

一、无线端详情编辑器的特点

相对于 PC 端，无线端屏幕尺寸更小，对信息的排版有一定要求。阿里巴巴国际站的智能装修编辑器可以优化商品详情页无线端的展示，实现针对无线端的单独设计和单独编辑。

无线端详情编辑器可以添加超链接，增大运营空间，还可以一键批量同步相同模块到多个商品，节省人员操作成本，并支持在详情页放置以品带店、以品带品等营销模块，提升转化率。

二、无线端详情编辑器的使用

无线端详情页的操作路径为：点击“My Alibaba”→“产品管理”→“发布产品”→“根据系统提示填写产品信息”→“选择智能编辑”→“我要编辑”命令，打开“无线端详情编辑器”页面，顶端切换到 Mobile 即可。左侧由导航配置、视频、营销、图文、图片、表格、文字、自定义模板等模块组成，每个模块包含丰富的模块组件，是产品详情内容的重要组成。中间是展示区，实现三端一体、所见即所得的装修效果（装修后台、预览、发布三端的展示效果一致）。右侧是装修模块的编辑区。

左侧选择图文 / 图片等形式，拖动到中间要放置的位置，再点击对应模块，可打开右侧编辑区的操作界面，对模块进行编辑。全部设置完成后，可点击“预览”按钮进行查看，没有问题即可点击“编辑完成”按钮结束操作。

三、智能编辑和普通编辑

智能编辑分 PC 端和无线端，产品图除必要的参数外，一般不在图片上呈现。不管 PC 端还是无线端，均支持导航配置、视频、营销、图文、图片、表格、文字、自定义模板等，其中，营销、图文、图片等都支持设置链接。

普通编辑不分 PC 端和无线端，详情设计简单，定好基本模块（视频、属性表格、文字较多的图片、公司介绍、FAQ 后），更多的产品信息借助图文结合的方式呈现，买家不能直接复制图片上的文字用于翻译。平台对产品详情普通编辑的要求有以下几个方面。

（1）应包含规格参数、用途特征、质量标准、相关认证、服务等内容的详细描述。

（2）利用图片更直观地向买家展示产品信息，可以使用多角度图、细节图、包装、设计图等。

（3）将信息分段、标号，或使用表格，以方便买家进行阅读。

（4）避免大段文字简单罗列，会降低买家对产品的兴趣。

在产品详情普通编辑操作页面不能上传视频，可以在主图视频上传区的下方上传主图视频。

实训分析

无线端店铺详情页设计

【实训目的】

（1）了解无线端店铺详情页设计的重要性和技巧。

（2）学习无线端店铺详情页设计的关键要素和技巧。

【实训描述】

在这个过程中，学生将深刻体会到无线端店铺详情页设计的重要性和技巧，以及团队协作和沟通能力在设计工作中的重要性。通过本次实训，学生将更加熟悉无线端店铺详情页设计的流程和方法，为未来的电子商务设计工作积累宝贵的经验。

【实训步骤】

（1）简要介绍无线端店铺详情页设计在电子商务中的重要性以及对用户体验和销售转化的影响。

（2）解释本次活动的目标和意义，激发学生对设计的热情和学习动力。

（3）讲解无线端详情编辑器的特点和功能。

（4）演示如何使用无线端详情编辑器进行页面设计和编辑，重点介绍常用工具和操作技巧。

（5）将学生分成小组，每组分配一个虚拟产品，要求设计该产品的无线端店铺详情页。

（6）学生根据产品特点和目标用户群体，选择合适的布局、图片、文字等元素进行设计。

（7）老师在一旁指导学生，解答学生在设计过程中遇到的问题，并提供实时反馈和建议。

（8）每组学生展示设计的无线端店铺详情页，分享设计理念和思考过程。

（9）全班同学进行互动讨论，就各组设计作品进行评价、反馈与改进建议，分享经验和心得体会。

（10）老师对本次活动进行总结，强调无线端店铺详情页设计的关键要素和技巧。

【实训反思】

通过本次实训，学生将能够通过实际操作，深入了解无线端店铺详情页设计的重要性和技巧，提高学生的设计能力和实践经验，为将来的电子商务实践和工作打下坚实基础。

任务三　无线端旺铺装修设计

任务描述

无线端旺铺是电子商务中至关重要的营销渠道之一，通过无线端旺铺的装修，可以提高用户体验和购买决策的实现。本任务旨在让学生深入了解无线端旺铺装修的要点和技巧，掌握PC端一键同步装修无线端、无线旺铺独立装修和无线端装修模板的方式，提高无线端电子商务装修的效率和质量。

任务分析

通过对无线端旺铺的全面装修，可以选择符合店铺定位的主题风格，并通过色彩搭配、独特的Logo和店招设计，增强了品牌的视觉识别度。优化后的页面布局使信息呈现更加有序，而互动元素的加入则增加了用户的参与感，提升了店铺的整体体验。

知识积累

一、PC 端一键同步装修无线端

阿里巴巴国际站无线端旺铺装修可以通过 PC 端旺铺装修同步和无线端旺铺独立装修两种方式进行。PC 端旺铺装修完，可一键同步至无线端旺铺，减轻无线旺铺装修的时间成本。

可同步模块包括主营类目、橱窗产品、带类目产品、单品、平铺产品、重点推荐、智能产品推荐等，具体可登录后台，查看 PC 端旺铺编辑器后台各模块左上角“可同步至无线端”的标记。

这里需要注意，“可同步”指模块类型及模块顺序可同步，内容无法同步，如轮播 Banner 模块，模块类型和顺序可同步，但图片内容不可同步。目前旺铺装修无线端店铺招牌尺寸要求为 750×300 像素。如果旺铺装修无线端店铺招牌图形不符合要求，则需要重新进行调整。

知识链接

阿里巴巴国际站

作为全球最大的 B2B 跨境电子商务平台，阿里巴巴国际站物流已覆盖全球 200 多个国家地区，将与生态合作伙伴融合共振，通过数字化重新定义全球货运标准。“门到门”服务能力是重点方向之一。货物从工厂拉到境内港口、报关，通过海陆空进入境外港口，清关、完税，最后完成末端配送。

“阿里巴巴国际站”提供一站式的店铺装修、产品展示、营销推广、生意洽谈及店铺管理等全系列线上服务和工具，帮助企业降低成本、高效率地开拓外贸大市场。

二、无线旺铺独立装修

在旺铺后台 PC 端编辑器中点击“无线”Tab，即可切换到无线端装修，可单独装修手机端的旺铺页面，拖拽添加必要的内容模块到页面后，可独立发布。

三、无线装修模板

利用外贸服务市场的装修模板进行一键装修也是较快捷的方式。旺铺装修模板目前由第三方提供，需在外贸服务市场在线购买，支付成功后所购买的模版会加入旺铺后台。

实训分析

无线端旺铺装修设计

【实训目的】

（1）学习无线端旺铺装修设计的关键技巧和方法。

（2）提升学生的设计能力和实践经验。

【实训描述】

在现代电子商务领域，无线端旺铺的装修设计至关重要。一个美观、易用且具有吸引力的旺铺设计，不仅能提升用户体验，还能有效促进销售。因此，本次实训的目的在于让学生掌握无线端旺铺装修设计的关键技巧和方法，通过实际操作提升他们的设计能力和实践经验。

【实训步骤】

（1）简要介绍无线端旺铺装修设计在电子商务中的重要性，以及对用户体验和营销效果的影响。

（2）解释本次活动的目标和意义，激发学生对装修设计的兴趣和学习动力。

（3）讲解无线端旺铺装修设计的关键要素和技巧，包括布局设计、配色搭配、文案撰写等方面。

（4）分享成功案例和实用技巧，帮助学生更好地理解装修设计的重要性和实践方法。

（5）将学生分组，每组分配一个虚拟产品，要求设计该产品的无线端旺铺装修。

（6）学生根据产品特点和目标用户群体，选择合适的装修方案和元素进行设计，并可以使用电脑和装修工具进行实际操作。

（7）老师在一旁指导学生，提供设计建议并回答他们的问题。

（8）每组学生展示设计的无线端旺铺装修作品，分享设计理念和具体操作过程。

（9）全班同学进行互动讨论，就各组作品进行评审，提出建议和改进建议，分享创意和设计心得。

（10）老师总结并指出学生在设计过程中的优点和改进建议，鼓励学生在实际应用中不断完善和提升设计能力。

（11）学生结合反馈和心得体会，进行个人总结和自我评估，为将来的设计实践做好准备。

【实训反思】

通过本次实训活动，学生将有机会通过实际操作设计无线端旺铺装修，深入理解装修设计的关键技巧和方法，提升学生的设计能力和实践经验。

任务四　移动端电子商务设计的优化

任务描述

移动端电子商务设计的优化是为了提升用户体验和增加转化率，在移动设备上呈现更好的页面效果和功能体验。本任务旨在帮助学生了解移动端电子商务设计的优化技巧，掌握如何优化图片质量、细节图、水印和背景等方面，以及定期更新视觉效果的重要性。

任务分析

通过数据分析和竞争对手分析，读者可以了解哪些设计元素更能吸引用户，从而不断优化店铺和产品的视觉呈现，提升转化率和用户满意度。

知识积累

阿里巴巴国际站移动端受屏幕尺寸限制，没有固定的分页页面，以方便买家进行多次快速地浏览。商品的图片是否具有直观性，是能否吸引买家点击的决定性因素，因此，想要提升阿里国际站移动端的转化率，做好电子商务视觉设计优化，就应该把移动端的图片优化放在首位。

一、图片的清晰度和尺寸

移动端的商品图片经常占到了商品页面屏幕的绝大部分面积。对于商品图片来说，图片的清晰度、尺寸大小都会影响商品在移动端的展示。移动端的商品主图建议采用长度、宽度比为 1∶1 的正方形，其他图片可选择长度大于宽度的长方形。选择更好地适配角度，一般正方形的商品图片优于长条形的商品图片。

二、细节图

在移动端可以通过手势左右滑动，查看商品的多张主图，非常方便，但是查看描述页面时需要再次点击进入页面。供应商应该充分利用好主图板块，通过多图、细节图尽量让买家通过主图就能大致了解商品的基本情况，如多角度展示产品、产品细节、产品认证、卖点等。

三、慎用水印、边框

商品的图片上尽量不要加文字、水印，水印会影响图片的美观；文字在无线端可能会看不清楚，反而影响整体效果。店铺和品牌的 Logo，可以放在商品的上方角或者下方角，以不挡住商品为基本要求。同时，建议同一个店铺内的 Logo 都放在统一的位置，有利于提升质感，加强店铺的辨识度和认知度。边框建议不加，在移动端的搜索页和产品 List 结果页，加上边框会让商品看起来不美观，对引流产生负面的影响。

首页的图片介绍要简短，忌用大段的介绍性文字。Banner 只需要公司 Logo，公司名称下方加一句公司服务宗旨即可。在不影响产品信息的情况下，橱窗的产品详细描述页中，可以适当扩展公司的其他主打产品或是凸显公司的优势，但穿插的关联内容切不可喧宾夺主。

四、控制图片的像素数量

移动端的买家在访问的时候，网络情况不稳定，可能出现打开过程中加载缓慢的情况。为了保证买家在移动端的打开速度、清晰度，图片像素数量（K 数）尽量最小。可以在 Photoshop 中将图片存为 Web 格式，并且通过调整“品质”的数字，在清晰度和 K 数之间取最佳值。

五、突出主体，注意背景和拼图数量

（1）主体：大小适中，居中展示，不宜过大或过小，产品图片需完整。

（2）背景：建议浅色或纯色底，推荐使用白底（如浅色产品可用深色背景），不建议使用彩色底及杂乱的背景，这类背景大多会分散买家的注意力，但具体需要结合店铺的产品种类和目标客户进行设计。

此外，产品主体应该在图片中突出展示，且拼图数不可过多，商品主体最好是 1 ～ 3 个，不建议 3 个以上，数量太多在无线端显示清晰度不是很高，影响引流和转化。

六、展示风格统一

首页各大板块，以及产品主图等的风格、色调要保持一致，忌五颜六色各种拼凑。例如，在国际站店铺中的橱窗产品，根据公司分工的不同，可能交由不同业务员来打理，不同业务员会使用不同风格的产品图片，那么就会导致橱窗产品整体缺少统筹性和系列性。

七、定期更新视觉效果

做好数据统计和竞争对手的习惯分析，了解哪种类型的店铺和产品视觉组合效果有更高的客户引流和转化率，以此为依据，对老旧的视觉设计进行更新替换，增加客户的新鲜度和好感度，进而吸引并留住更多客户。

实训分析

移动端电子商务页面设计优化

【实训目的】

（1）加深对移动端电子商务页面设计优化的理解和掌握。

（2）提升移动端电子商务页面设计优化的能力和水平。

【实训描述】

在现代商业环境中，移动端电子商务的兴起和普及已成为不可逆转的趋势。对于电子商务平台而言，一个优化良好的移动端页面不仅能提供流畅的用户体验，更能显著提升用户参与度、转化率以及品牌忠诚度。

【实训步骤】

（1）简要介绍移动端电子商务设计优化的重要性，以及对用户体验和营销效果的影响。

（2）解释本次活动的目标和意义，激发学生对设计优化的兴趣和学习动力。

（3）讲解移动端电子商务设计优化的关键要素和技巧，包括图片清晰度和尺寸、细节图、水印和背景等方面。

（4）分享成功案例和实用技巧，帮助学生更好地理解设计优化的重要性和实践方法。

（5）将学生分组，每组分配一个电子商务产品，要求对该产品在移动端上进行页面优化设计。

（6）学生根据产品特点和目标用户群体，选择合适的图片、细节图和背景等要素进行设计，并可以使用电脑和设计工具进行实际操作。

（7）老师在一旁指导学生，提供设计建议并回答学生的问题。

（8）每组学生展示优化的移动端电子商务页面作品，分享设计理念和具体操作过程。

（9）全班同学进行互动讨论，就各组作品进行评审，提出建议和改进建议，分享创意和设计心得。

【实训反思】

通过本次实训活动，学生将有机会通过实际操作优化移动端电子商务页面设计，深入理解设计优化的关键技巧和方法，提升学生的设计能力和实践经验。

项目小结

本项目介绍了电子商务领域中无线端设计、视觉营销和用户体验的重要性，以及如何针对移动端进行电子商务页面设计的优化。项目分为无线端店铺首页设计、无线端店铺详情页设计、无线端旺铺装修和移动端电子商务设计的优化四个任务，讲解了关键因素和要点，包括店铺框架、页面装修模块、详情编辑器、智能编辑和独立装修。通过本项目，学生可以了解到电子商务视觉营销的应用，掌握移动端页面设计的优化技巧，为电子商务实践和工作打下基础。

思考练习

一、选择题

1．登录阿里国际站后台，点击“店铺管理”—“管理全球旺铺”，切换页面左上角（　　）为无线端，在该页面的左侧编辑板块中，包含的板块为旺铺无线端前台页面板块的展示范围。

A．PC 端　　B．店铺分类

C．产品推荐　　D．视屏

2．（　　）具有直观性，是买家产生点击的决定性因素。

A．商品的图片　　B．商品的大小

C．商品的形状　　D．商品的属性

3．移动端通过手势左右滑动，查看商品的多张主图非常方便，但是查看描述页面需要再次点击。供应商应该充分利用好主图板块，通过（　　）尽量让买家通过主图就能大致了解商品的基本情况，如产品的多角度展示、产品细节认证、卖点。

A．细节图　　B．圆形商品图

C．长条形商品图　　D．正方形商品图

4．移动端的买家在访问的时候，网络情况不稳定，可能出现打开过程中加载缓慢的情况。为了保证买家在移动端的打开速度、清晰度，（　　）尽量最小。

A．图片 K 数　　B．图片像素

C．图片大小　　D．图片格式

二、名词解释

1．店铺框架。

2．店铺招牌。

3．图文模块区。

4．智能编辑。

项目九

店铺视觉诊断与优化

项目导读

本项目旨在通过店铺视觉诊断与优化，提升店铺的设计效果和用户体验。该项目包括三个主要任务：查询并计算首页跳出率、平均访问深度和平均访问时间，评估各页面的设计效果，并对店铺装修进行综合评价与优化。通过这些优化工作，旨在提高店铺形象、品牌认知度和用户满意度，进而提高转化率和销售额。

学习目标

☆知识目标

1. 理解店铺视觉诊断与优化的概念和原理。

2. 了解店铺网站上用户行为定量分析的方法和相关指标。

3. 理解店铺页面设计的原则和要素，包括布局、色彩、字体等方面。

4. 了解店铺装修的评价标准和优化策略，包括首页布局、商品陈列、视觉动线等方面。

☆能力目标

1. 能够使用数据分析工具进行店铺网站上用户行为的定量分析和评估。

2. 能够评估店铺页面设计的效果，分析用户体验和页面转化率。

3. 能够根据店铺装修的评价标准，对店铺进行综合评估和优化，提升整体形象和用户体验。

☆素质目标

1. 培养学生数据分析和解读能力，以便准确评估用户行为和页面效果。

2. 培养学生创造性思维和设计能力，以提升店铺页面的吸引力和用户体验。

3. 增强学生综合协调能力，能够在不同方面进行优化，提高整体形象和用户满意度。

思政目标

通过视觉设计，学生可以感受到美的力量，激发对美的追求和创造的激情，进而影响人生观和价值观。视觉设计也能培养学生的创造能力和团队合作精神，对学生成长成才起到积极的推动作用。

任务一　查询并计算首页跳出率

任务描述

在本任务中，学生将使用数据分析工具，对店铺网站的访问数据进行详细查询和分析。通过这些数据指标的综合分析，学生能够全面了解用户对店铺网站的访问行为，为后续的页面设计和装修优化提供有力的数据支持。

任务分析

通过收集和分析首页的访问数据，学生可以了解用户对首页的第一印象，从而判断首页设计是否吸引人，以及是否存在加载速度慢、页面设计不合理等问题。

知识积累

旺铺视觉诊断需要依据一系列指标实现，其中通过阿里巴巴国际站里的数据管家诊断网页跳出率具有较强的指示作用。

视觉诊断的常用指标包括以下几点。

店铺视觉诊断与优化

一、平均访问深度

平均访问深度指某流量来源带来的访客每次入店后在店铺内的平均访问页面数，即人均访问页面数。访问深度具有时间属性，一般衡量的是一段时间内的访问深度。如某店铺日访问深度，即该店铺该日期所有客户访问深度的平均值。

二、平均访问时间

访问时间为用户在一次访问内访问店铺页面的时长，平均访问时间即所有用户每次访问时长的平均值。

三、跳出率

跳出率指访客只访问了该店铺一个页面就离开的次数占总入店次数的比例。首页跳出率即仅访问店铺首页占总入店人次的比例，计算公式为

首页跳出率 = 仅访问店铺首页的人次 / 店铺首页的总访问人次

例如：某店铺首页昨日总访问量是 1 000 人次，仅访问首页的是 400 人次，则昨日该店铺的首页跳出率为

某店铺昨日首页跳出率 = 仅访问店铺首页的人次 / 店铺首页的总访问人次

=400/1 000=40%

注意：①跳出率总是在一定时间段内才有意义，这个时间段即统计周期，因此有日跳出率、周跳出率、月跳出率等。②跳出率可以针对某个页面、店铺、网站进行计算，但归根结底还是页面跳出率。

实训分析

网站访问数据计算

【实训目的】

（1）让学生了解数据分析工具的基本使用方法。

（2）培养学生获取、查询和分析网站访问数据的能力。

【实训描述】

在数字化时代，数据分析已经成为各行各业不可或缺的一项技能。为了更好地适应这一趋势，许多教育机构都在积极引入数据分析实训课程，以培养学生的实际操作能力和解决问题的能力。本文将对实训的目的和任务情景进行深入分析，以便学生更好地理解实训的重要性，并掌握相关的知识和技能。

【实训步骤】

（1）介绍数据分析工具，如 Google Analytics 和百度统计等的基本概念和使用方法。

（2）引导学生登录店铺网站的数据分析平台，查询和获取店铺首页的访问数据。

（3）分组讨论，对店铺的跳出率、平均访问深度和平均访问时间进行分析和解读。

（4）结合讨论结果，分析店铺的用户行为和店铺首页的设计优化方向。

（5）引导学生制定店铺首页设计优化方案，并交流分享思路和建议。

（6）指导学生使用数据分析工具，跟踪和评估店铺首页设计优化效果。

【实训反思】

经过本次实训，学生深入了解了数据分析工具的基本操作方式，并成功掌握了数据分析的完整流程与核心技术。

任务二　用数据评估各页面的设计效果

任务描述

在本任务中，学生将通过数据评估店铺网站的各个页面的设计效果。首先，学生需要建立视觉数据优化流程，以明确评估指标和数据分析方法。其次，学生需要对店铺首页及各级子页面的视觉效果进行数据评估，以了解不同页面的访问量、停留时长、页面转化率等指标。

任务分析

用数据分析来评估店铺各页面的设计效果。学生将记录各页面的访问次数、用户停留时间、转化率，并绘制用户的行为路径图。此外，还会使用热力图工具来分析用户在页面上的点击热点区域。通过这些数据，学生可以发现哪些页面设计得较好，哪些页面存在问题，从而为后续的优化工作提供依据。

知识积累

每个网店都有旺铺首页、分级页、详情页等，其中旺铺首页与详情页是最基础的页面。首页是店铺的基础，详情页是产品的基础，分级页则是各类页面的中间桥梁。网店可以实时记录访客在店内产生的行为数据，如访客点击了哪个页面、浏览了多长时间、更喜欢选择哪一个产品等数据，都被记录下来，精准地收集了每个访客的行为数据。在大多数情况下，运营者在迎合访客需求或引导访客的行为时，是需要通过店铺页面来实现的，所以运营的优化也是视觉的优化，视觉的优化也是数据的优化。本任务将讲述如何通过数据来评估各页面的设计效果。

一、视觉数据优化流程

视觉数据优化模型是基于数据优化模型上针对页面数据进行升级的优化模型，优化流程通常分为 4 个步骤：collection（数据采集）、analysis（数据分析）、handle（处理）、assessment（数据评估）。

（1）collection：利用店铺数据软件与记录工具进行视觉相关数据的抓取与整理。

（2）analysis：将抓取到的数据进行处理，从而得到决策时使用的相关数据，分析并找出数据异常的问题所在。

（3）handle：针对数据异常的问题制定优化方案，并且合理地执行优化方案，保证优化方案的落地。

（4）assessment：通过优化前后的数据对比来判断优化的效果，如要想知道新首页的发布效果如何，需要对优化前后的两个版本的数据进行对比。

使用该数据评估流程可以让商家客观分析问题，并且针对当下问题能够提出合理的优化方案，在方案执行后还能通过数据去判断执行的方案是否对改善问题有所帮助。

二、首页及各级子页面的视觉效果对应的数据评估指标

店铺首页是商家可以自定义设计的页面，很多商家也将首页设计作为日常工作的重要内容。店铺首页每天会承接大量的访客，商家通常会设计焦点海报、分类模块、商品陈列、公司介绍等内容，从而将访客引导到相应的页面中。

店铺首页的核心作用是引导访客，其效果可通过首页的跳出率来判断，跳出率越低说明首页引导访客的效果越好。一个访客进入到首页后，只会产生点击或退出两种行为，所以降低跳失率的唯一方法就是提升点击率，也是评估首页视觉效果的重要指标，跳出率的计算方式可回顾任务一。

通过点击店铺首页跳转至其他子页面同样会因为视觉效果而产生对应数据。

（1）访问人数：访问卖家全球旺铺（minisite）页面及产品详情（detail）页面的用户均被记为访客，当日去重，隔日不去重。

（2）人均访问时长：统计周期内，人均访问时长＝买家访问店铺页面时长的总和/买家数量。

（3）TM 咨询人数：通过 Trade Manager 与卖家联系的买家数（当日去重，包括全部终端、全部国家）。

（4）询盘个数：在卖家页面及商品详情页中，卖家收到的询盘数，买家针对商家的商品信息和公司信息发送的有效询盘，即对卖家成功发起有效 MC 询盘的买家，当日去重，隔日不去重（不包含系统垃圾询盘、TM 咨询等）。

（5）点击次数：在该店铺页面下，访客点击产品、联系信息、Banner 等各种链接的次数。

三、数据对比与分析评估表

卖家可以对比新版页面与旧版页面的数据，从而评估页面的优化效果，如图 9–1 所示为新旧页面数据对比表，将访客占比数按照不同渠道填入表格内，再进行数据对比。如果新版页面的访客占比数有提升，就说明该页面的优化有效果（其他数据指标同理）。如果出现个别优化失败的情况，也可通过该表格找出问题所在。

优化前日期：20XX-XX-XX			优化后日期：20XX-XX-XX			优化评估
访客所在页面	跳转页面	访客占比	访客所在页面	跳转页面	访客占比	
店铺首页	商品详情页	39.41%	店铺首页	商品详情页	43.32%	优化成功
	商品分类页	30.63%		商品分类页	40.74%	优化成功
	离开店铺	21.17%		离开店铺	11.29%	优化成功
商品详情页	商品详情页	24.70%	商品详情页	商品详情页	23.57%	优化失败
	商品分类页	0.68%		商品分类页	1.32%	优化成功
	离开店铺	59.64%		离开店铺	39.08%	优化成功
商品分类页	商品详情页	64.83%	商品分类页	商品详情页	63.29%	优化失败
	商品分类页	10.05%		商品分类页	11.97%	优化成功
	离开店铺	17.81%		离开店铺	18.28%	优化失败

图 9-1　新旧版页面数据对比表

实训分析

用数据评估各页面的设计效果实训

【实训目的】

（1）帮助学生理解数据对于评估网页设计效果的重要性。

（2）培养学生分析网页设计效果所需的数据分析能力。

【实训描述】

挑战任务中，学生需完成真实网页设计项目，并通过数据分析评估效果。例如，设计电子商务网站商品详情页，用数据验证设计能否提高购买转化率。学生需运用数据分析技能，收集并分析用户行为、购买数据等，找出设计不足并提出改进方案。此任务情景有助于将理论知识应用于实践，锻炼问题解决和团队合作能力。

【实训步骤】

（1）介绍数据评估在网页设计中的重要性，并解释评估指标的意义和作用。

（2）老师带领学生使用数据分析工具，获取店铺各页面的相关访问数据。

（3）分组讨论，对店铺各页面的访问量、停留时长、页面转化率和退出率进行数据分析和比较。

（4）结合数据分析结果，学生需要讨论各页面的设计优化方向，并提出相应的改进建议。

（5）学生利用数据分析结果提出具体的网页设计优化方案，包括内容、布局、导航等方面改进。

（6）学生通过小组展示和讨论，交流各自的设计优化方案，并接受其他组的建议和反馈。

【实训反思】

通过本次实训，学生将掌握数据分析工具的基本使用方法和数据提取技巧。

任务三　店铺装修综合评价与优化

任务描述

本任务旨在进行店铺装修的综合评价和优化，以提升店铺的视觉吸引力和用户体验。学生将评估店铺首页布局、设计风格、商品陈列方式和视觉动线布局等要素，并提出相应的优化方法和建议，以提高店铺的品牌形象和转化率。

任务分析

对店铺整体装修进行综合评估，需细致审视页面的视觉美感、加载效率、导航系统的便捷性以及信息呈现的清晰度。同时，也需搜集顾客的反馈意见，以便深入了解顾客对店铺的真实感受。

知识积累

在当下竞争激烈的互联网环境中，消费者面临太多选择。对于商家而言，如何让消费者转化为用户是最核心的问题。一个具有自己的特色和文化内涵的店铺，如果能够通过店铺视觉传达给消费者一个与其心理诉求相符合的文化理念，就更容易被消费者记住，而文化理念只要能被消费者记住，其引发复购的可能性就会大大提高。因此，拥有自己的特色对商家来说是非常重要的。店铺的风格也是店铺的一种特色。首页的风格在店铺风格传达中至关重要。商家在确定首页风格时，需要考虑品牌文化、商品信息、客户群等因素。这些因素也是我们评估旺铺装修效果及优化时需要思考的核心要素。

旺铺装修综合评价与优化指对旺铺的首页布局、设计风格、商品的陈列设计及视觉动线布局等方面进行综合评定，针对存在的问题梳理出优化方案的操作，以帮助卖家更好地适应变化，做出更明智的改进，提升店铺转化。

一、旺铺首页布局

对旺铺首页布局进行评价的标准是：店铺首页要由店铺招牌、导航、海报、商品分类、公司介绍、公司优势、客服旺旺、商品展示、店铺页尾、店铺背景等几部分组成，布局是否合理且完整。店铺的首页布局规划合理，可以让访客更好地把握店铺的风格，从而提高店铺转化率。

店铺的框架设计是旺铺装修的基础，就像商场布局。消费者走进商场，先看到什么，后看到什么，都有它的背后逻辑，店铺首页的布局要符合消费者的浏览习惯。

店铺的模块可以根据店铺商品分类的重要性或店铺活动的需要进行排列。一般来说，目标消费人群关注度越高的商品或分类越靠前，其店铺活动、热销品和活动商品通常放在最前面，然后逐次按照商品热度分类排列。

二、旺铺设计风格

对旺铺设计风格进行评价的标准是：旺铺设计风格是否与店铺定位、产品定位相匹配。影响旺铺风格的元素包含色彩、字体、图片等，不同色彩、不同字体代表着不同的视觉语言。如配合中国风特色，在色彩呈现上可以采用代表沉稳的棕色；在字体上，可以采用行书字体和篆体；在图片设计时，可以加入中国风元素点缀商品。

三、商品陈列方式

对商品陈列方式进行评价的标准为是否符合以下几个设计原则。

（1）显而易见：为了迅速引起消费者注意，让其能够快速看清商品、了解商品，商品的陈列应该做到醒目突出，同时还需要突出商品的卖点，以及与其他商品的差异化特点。

（2）整齐统一：商品的陈列形式需要整齐统一，以便消费者自行选购。

（3）重点突出：优秀的商品陈列能为消费者的浏览、选购提供引导和便利，应该适当突出重点以引导消费。

（4）关联有序：某些商品彼此之间是存在关联性的，如上衣与裤子、衬衫和领带。

四、视觉动线布局

对旺铺视觉动线布局进行评价的标准是：旺铺设计是否符合视觉动线设计。视觉动线是指眼睛在阅读时，视线移动而构成的方向路径。动线对于页面设计来说就像是一条逻辑主线，必须能够有序地串联商品。好的视觉动线，可以让消费者看完整个页面，从而大幅提升商品的曝光率，这对于网店页面来说是非常有价值的一种设计。

知识链接

视觉动线

常见的视觉动线有“Z”型和“W”型。人们平时养成的浏览习惯都是从左到右、自上而下的，这样的浏览习惯决定了我们在设计时，也要按照这样的路线轨迹来陈列商品。

五、旺铺优化方法

1. 使用符合品牌定位 / 产品定位的旺铺模板

在店铺设计的过程中，商家也可以使用一个固定的底层模板来保持店铺页面的视觉效果和视觉动线的统一。

2. 优化视觉动线

商家要对底层模板进行调整，需考虑布局方式产生的视觉动线是否符合消费者自左向右、自上而下的浏览习惯。

3. 结合消费者需求进行设计

页面设计应考虑消费者对首页内容的需求。解决以下常见疑问。

（1）这家店都卖什么？

（2）我想要的产品在哪里？

（3）这家店是否有活动？

（4）这家公司是否靠谱（针对有大批量采购需求的消费者）。

每个模块都有不同的目的和不同的跳转页面，因此需要对各个模块进行合理布局，让消费者轻松浏览店铺首页，从而提升店铺首页的点击率，提升消费者访问深度。

实训分析

店铺装修综合评价与优化

【实训目的】

本次实训活动旨在通过模拟电子商务店铺的装修与优化过程，让学生能够理解并掌握店铺装修的关键要素和优化方法，培养学生对视觉设计和用户体验的敏感性，提高学生在电子商务领域的实践能力。

【实训描述】

在当今电子商务飞速发展的时代，店铺装修作为吸引顾客、提升品牌形象的重要手段，越来越受到商家的重视。

【实训步骤】

（1）介绍店铺装修与优化的重要性和目标。

（2）分组讨论，每个小组选择一个虚拟店铺进行装修与优化。

（3）针对选定的店铺，小组成员共同分析其现有的布局、设计风格、商品陈列方式和视觉动线布局等要素。

（4）基于分析结果，小组成员讨论并确定店铺的优化目标和改进方向。

（5）小组成员在指导老师的帮助下，进行店铺装修与优化的实践操作。

（6）每个小组展示他们的优化成果，并对其设计思路和实施过程进行解释和讨论。

（7）全班共同评估每个小组的优化成果，以及提供改进意见和建议。

（8）指导老师总结本次活动的重点、难点和经验，提供课堂反馈和指导。

【实训反思】

通过本次实训活动，学生将能够通过模拟实践的方式，全面了解和掌握店铺装修与优化的关键要素和方法，培养学生对电子商务领域的实践能力和创新思维。

项目小结

在本次项目中对店铺的视觉诊断与优化进行了全面分析。首先，通过查询和计算首页的跳出率等指标，了解用户访问情况。其次，使用数据评估各页面设计效果，建立视觉数据优化流程，并深入分析数据对比与评估表。最后，综合评价与优化店铺装修，包括首页布局、设计风格、商品陈列和视觉动线布局，提出优化方法。通过本项目，帮助读者深刻认识到店铺视觉诊断与优化的重要性，以及数据评估和综合优化方法对店铺提升的意义和方法，为店铺发展提供了有力支持。

思考练习

一、选择题

1. 某店铺首页昨日总访问量是 1 200 人次，仅访问首页的是 600 人次，则昨日该店铺的首页跳出率为（　　）。

A. 1　　B. 0.5

C. 2　　D. 0.05

2. 在店铺视觉诊断与优化项目中，以下哪项不是首页跳出率的计算指标？（　　）

A. 平均访问深度　　B. 平均访问时间

C. 跳出率　　D. 点击率

3. 以下哪个步骤不是店铺设计效果评估的内容？（　　）

A. 视觉数据优化流程建立

B. 数据对比与分析评估表制作

C. 用户调研报告撰写

D. 首页及各级子页面数据评估指标制定

4. 优化流程通常分为 4 个步骤，下列错误的是（　　）。

A. 数据模拟　　B. 数据分析

C. 处理　　D. 数据评估

二、名词解释

1. 平均访问深度。

2. 访问时间。

3. 跳出率。

4. 视觉动线。

参 考 文 献

[1] 陈继莹，于才晟，杨竣茹，李红岩．跨境电子商务视觉设计 [M]．北京：清华大学出版社，2024.

[2] 倪莉莉．跨境电商视觉设计 [M]．大连：大连理工大学出版社，2023.

[3] 陈俊鹏，丁文剑．电商视觉营销与图像设计 [M]．2 版．北京：电子工业出版社，2024.

[4] 金贵朝，林洁，盛磊．跨境电商视觉营销 -- 理论案例与实训一体化 [M]．北京：电子工业出版社，2024.

[5] 陈芳，朱京京．新媒体视觉营销设计 [M]．北京：中国人民大学出版社，2022.

[6] 倪莉莉．跨境电商视觉设计 [M]．大连：大连理工大学出版社，2023.

[7] 速卖通大学．跨境电商美工阿里巴巴速卖通宝典 [M]．北京：电子工业出版社，2022.

[8] 张大卫，苗晋琦，喻新安．中国跨境电商发展报告 [M]．北京：社会科学文献出版社，2022.

[9] 农家庆．跨境电商平台规则 + 采购物流 + 通关合规全案 [M]．北京：清华大学出版社，2024.